애프터 이펙트로
유튜브 동영상 끝내기

| 현수진 저 |

SUBSCRIBE

DIGITAL BOOKS
디지털북스

| 만든 사람들 |
기획 IT·CG기획부 **| 진행** 양종엽 서정은 **| 집필** 현수진 **| 책임편집** D.J.I books design studio
표지디자인 D.J.I books design studio 김진 **| 편집디자인** 상ː想 company

| 책 내용 문의 |
도서 내용에 대해 궁금한 사항이 있으시면
저자의 홈페이지나 디지털북스 홈페이지의 게시판을 통해서 해결하실 수 있습니다.
디지털북스 홈페이지 www.digitalbooks.co.kr
디지털북스 페이스북 www.facebook.com/ithinkbook
디지털북스 카페 cafe.naver.com/digitalbooks1999
디지털북스 이메일 digital@digitalbooks.co.kr
저자 이메일 aestation@naver.com
본문 예제 파일 https://bit.ly/345VENr

| 각종 문의 |
영업관련 hi@digitalbooks.co.kr
기획관련 digital@digitalbooks.co.kr
전화번호 (02) 447-3157~8

머 ㅣ 리 ㅣ 말

계절이 어느덧 바뀐 것을 보면 책을 쓰는 시간은 참 빨리도 지나가는 것 같습니다.

세상도 참 빨리 변합니다. 처음 유튜브에 채널을 개설했을 때만 해도 몇몇 유튜버들은 인기가 있었고, 아프리카 TV에서 인기를 얻고 있던 BJ들이 유튜브로 넘어오는 시기였습니다. 하지만 지금은 일반인뿐만 아니라 다수의 언론, 방송, 기업과 유명인들이 너도나도 채널을 개설하여 가히 폭발적으로 성장하고 있고 그 속에서 숱한 흥망성쇠가 일어나고 있습니다.

이 시점에서 '이제야' 유튜버로서 첫 발을 내딛어도 될까 고민하는 분들도 당연히 있을 것입니다. 그 분들에게 일단은 한 번 해보라고 권하고 싶습니다. 유튜브는 또 다른 신기하고 어려운 세상이 아닙니다. 포털에 이메일을 만들고 블로그를 개설하듯 유튜브에 계정을 만들고 채널을 개설하는 과정은 다를 것이 없습니다. 그리고 블로그에 시간과 노력을 투자하여 성공한 파워블로거가 있듯이, 유튜브에는 성공한 유튜버들이 있습니다. 물론 그들도 엄청난 시간과 노력을 투자했을 것입니다.

저는 사실 잘나가는 유튜버라기보다는 영상 그래픽 디자이너이고 유튜브는 취미활동으로 하고 있습니다. 따라서 제가 알려드릴 수 있는 것은 어떻게 유튜브로 돈을 벌 수 있나? 같은 이야기는 아닙니다. 현재 제법 많은 유튜버들이 사용하는 프로그램 중 하나인 애프터 이펙트를 자신의 영상 퀄리티를 위해 좀 더 알차게 사용하는 방법을 알려드리기 위해서 이 책을 내게 되었습니다.

꾸준히 동영상을 계속 만들어 올린다는 것은 굉장한 인내심과 끈기를 요하는 일이지만 완벽하지 않더라도 시도해보는 것만으로도 재미있는 경험이 될 수 있습니다. 적어도 저는 그랬습니다. 자신의 정성이 들어간 동영상 하나에 전혀 모르는 사람이 공감하고 댓글을 달아주는 것만으로도 소소한 재미가 있습니다. 시작이 반이라고 다음에 올릴 동영상을 또다시 기획하고 있는 자신을 만나게 될 것입니다.

그 모든 것을 즐기시길 바랍니다. NEVER MIND!

2019년 가을

현수진

* 이 책이 나오도록 도움을 주신 디지털북스 양종엽 부장님, 서정은 님, 편집에 공들여주신 편집디자인 팀께 감사의 말씀을 전합니다. 여전히 저를 기억하고 제 주변에 계신 분들께 늘 감사하고 소중한 마음 간직하겠습니다.

CONTENTS

● PART 01 유튜브 동영상, 애프터 이펙트로 시작하기

Chapter 01 유튜브를 알고 동영상을 만들자 · 014

Section 01. 나도 유튜버가 되고 싶다 · 014

Section 02. 유튜브 콘텐츠에 따라 편집툴을 선택하자 · 015

Section 03. 유튜브에 내 채널 만들기 · 018

Section 04. 유튜브로 수익 창출 환경 설정하기 · 022

Section 05. 유튜브 저작권 정책을 알아야 수익이 보장된다 · 029

Section 06. 안전한 무료 콘텐츠 사용하기 · 032

Chapter 02 애프터 이펙트 시작하기 · 038

Section 01. 애프터 이펙트 설치하기 · 040

Section 02. 애프터 이펙트 살펴보기 : 인터페이스(Interface) · 045

Section 03. 작업환경 설정하기 : 워크스페이스(Workspace) · 047
　　　01. 애프터 이펙트가 제공하는 워크스페이스 · 048
　　　02. 내 입맛대로 바꾸는 작업환경 · 050

PART 02 애프터 이펙트의 기본기 다지기

Chapter 01 미디어 소스 불러오기 · 058

Section 01. 새 프로젝트 만들기 · 058

Section 02. 소스 파일을 푸티지로 불러오기 · 060

01. 사진이나 동영상 파일 불러오기 · 060

02. 연속된 이미지 파일 불러오기 · 061

03. 포토샵이나 일러스트레이터 파일 불러오기 · 063

04. 프로젝트 패널(Project Panel) 살펴보기 · 069

Section 03. 프로젝트 저장하고 다시 불러오기 · 071

01. 프로젝트 저장하기 · 071

02. 프로젝트 닫기 · 073

03. 프로젝트 불러오기 · 073

04. 사라진 미디어 소스 찾기 : Missing Footage · 074

Chapter 02 컴포지션과 레이어 이해하기 · 076

Section 01. 컴포지션 만들고 설정하기 · 076

01. 새 컴포지션 만들기 · 076

02. 컴포지션 설정하기 : Composition Settings · 077

03. 푸티지와 동일한 설정값을 가진 컴포지션 생성하기 · 080

Section 02. 레이어를 배치하고 타임라인 살펴보기 · 081

01. 레이어 배치하기 · 081

02. 컴포지션 패널(Composition Panel) 살펴보기 · 087

03. 타임라인 패널(Timeline Panel) 살펴보기 · 094

04. 툴바(Toolbar) 살펴보기 · 100

PART 03 애프터 이펙트로 편집하기

애프터 이펙트로 기초적인 편집하기 · 106

Section 01. 작업 영역과 프리뷰 · 107
    01. 작업 영역(Work Area) 설정하기 · 107
    02. 영상 미리보기 : Preview · 109

Section 02. 애프터 이펙트로 컷 편집하기 · 111

Section 03. 애프터 이펙트에서 오디오 설정하기 · 120
    01. 오디오 설정과 프리뷰 · 120
    02. 오디오 편집하기 · 124

Section 04. 동영상 파일로 출력하기 · 126
    01. 어도비 미디어 인코더로 출력하기 · 127
    02. 어도비 미디어 인코더의 유용한 기능 살펴보기 · 130

Section 05. 프로젝트 백업하기 : Collect Files · 132
    01. 불필요한 푸티지 정리하기 · 133
    02. 프로젝트에 사용된 파일 모으기 · 133

프리미어 프로 활용하기 · 137

Section 01. 프리미어 프로에서 즉시 연동하기 · 138

Section 02. 애프터 이펙트에서 연동하기 · 140
    01. 프리미어 프로의 시퀀스를 불러오기 · 140
    02. 프리미어 프로의 프로젝트를 불러오기 · 143

PART 04 애프터 이펙트로 애니메이션 효과 주기

레이어를 제어하고 변형하기 · 146

Section 01. 레이어의 속성 이해하기 · 146

Section 02. 레이어 변형하기 · 150

키프레임을 적용하여 애니메이션 만들기 · 156

프리-컴포지션 활용하기 · 164

영상 속도 조절하기 · 176

Section 01. 영상 전체 속도 조절하기 · 177

Section 02. 정지 화면 만들기 · 184

Section 03. 영상이 부드럽게 재생되도록 보정하기 · 186

Section 04. 레이어의 움직임을 가속 또는 감속하기 · 187

Section 05. 모션 블러 효과로 속도감 주기 · 194

　　01. 키프레임이 적용된 레이어에 모션 블러 효과 주기 · 194

　　02. 촬영 소스 영상에 모션 블러 효과 주기 · 198

PART 05 애프터 이펙트로 영상 꾸미기

레이어 스타일 사용하기 · 204

화면전환 효과 넣기 · 213

Section 01. 시퀀스 레이어를 만들고 디졸브 효과 주기 · 213

Section 02. 트랜지션 이펙트 사용하기 · 216

Section 03. 트랜지션 프리셋 사용하기 · 224

셰이프와 마스크 사용하기 · 227

Section 01. 셰이프 사용하기 · 227

Section 02. 마스크 사용하기 · 252

    01. 레이어에 마스크 적용하기 · 252

    02. 마스크 패스 조절하기 · 256

    03. 마스크 속성 조절하기 · 260

PART 06 애프터 이펙트로 자막 넣기

자막 만들기 · 270

Section 01. 자막 입력하기 · 270

Section 02. 자막 꾸미기 · 280

    01. 포토샵 텍스트 활용하기 · 280

    02. 패턴 자막 만들기 · 284

    03. 자막에 테두리선을 여러 겹 추가 · 290

움직이는 자막 만들기 · 293

Section 01. 텍스트 프리셋 활용하기 · 293

    01. 텍스트 프리셋 선택하기 · 293

    02. 텍스트 프리셋 적용하기 · 295

Section 02. 텍스트 애니메이션 만들기 · 304

    01. 키네틱 타이포그래피 · 304

    02. 패스를 따라 움직이는 텍스트 · 314

    03. 이펙트를 적용하여 흔들리는 자막 만들기 · 324

PART 07 애프터 이펙트로 유튜브 동영상 퀄리티 높이기

영상 보정하기 · 332

Section 01. 흔들리는 영상 보정하기 : Warp Stabilizer · 332

Section 02. 기울어진 영상 보정하기 · 336

Section 03. 영상 색보정하기 · 339

    01. 컬러 코렉션 이펙트로 색보정하기 · 339

    02. 블렌딩 모드 활용하기 · 345

Section 04. 프리셋으로 영상 보정하기 · 353

화면의 움직임을 따라 합성하기 · 357

Section 01. 개체를 따라 움직이는 자막 : Track Motion · 357

Section 02. 카메라를 따라 움직이는 자막 : Track Camera · 365

Section 03. 얼굴 인식 추적으로 모자이크 가리기 : Face Tracking · 370

질문과 대답 있어요

Q 애프터 이펙트 초급자인데 이 책으로 시작해도 될까요?

A 이 책은 애프터 이펙트를 처음 시작하는 분들을 기준으로 만들었습니다. 초점은 유튜브 동영상 제작에 맞추어져 있고 유튜브 동영상을 멋지게 꾸미고 싶어하는 일반인들이 어렵지 않게 접근할 수 있도록 모든 예제의 따라하기 과정을 꼼꼼하게 진행하였습니다. 유튜브 동영상뿐만 아니라 애프터 이펙트로 영상 그래픽을 시작하려는 초급자 또는 학교나 학원에서 그래픽 전문 과정을 거치는 학생들도 이 책을 통해 기본 실력을 탄탄하게 쌓을 수 있을 것입니다.

Q 애프터 이펙트의 모든 기능을 담고 있나요?

A 애프터 이펙트는 영화제작에도 쓰일 만큼 다양한 기능을 가진 프로그램이고 전문 유저들도 그 모든 기능을 다 사용하고 있지는 않습니다. 이 책은 애프터 이펙트의 수많은 기능 중에서 유튜브 동영상을 만들기 위해 도움이 될만한 필수 기능들을 담고 있습니다. 따라서 프로그램 전문 서적이 추구하는 다소 복잡하고 어려운 기능은 제외되었습니다. 예제들 역시 프리셋이나 쉬운 이펙트를 적용하는 방법으로 어렵지 않은 과정을 통해 좋은 결과를 낼 수 있는 것들을 엄선하였습니다.

Q 책을 처음부터 순서대로 학습해야 하나요?

A 순서대로 학습하는 것이 효율적이기는 하나 도중에 막히거나 재미없는 부분이 있다면 언제든 건너뛰고 다음 과정을 학습해도 괜찮습니다. 처음에는 익숙하지 않았던 용어나 기능들도 예제를 통해 반복적으로 꼼꼼히 설명하고 있으므로 반복학습을 통해 어느덧 내 것이 되어 있을 것입니다.

Q CC 2019 이전 버전이나 새 버전 사용자가 이 책을 보는데 문제는 없나요?

A 애프터 이펙트는 거의 매년 조금씩 업그레이드되고 있습니다. 작업 파이프라인이 조금 더 빠르고 단순해지고 시대 흐름에 따라 VR같은 새로운 기능들이 들어오기는 하지만, 핵심 기능은 수년째 변함없이 사용되고 있습

니다. 이 책에서 사용되는 설명과 예제들은 버전에 상관없이 학습하고 따라하실 수 있습니다. 대부분의 예제가 푸티지를 불러들이는 과정부터 시작하기 때문입니다. 단, 몇몇 예제에서 제공하고 있는 프로젝트 파일(.aep)은 CC 2019 아래 버전인 분들은 열어 볼 수 없습니다. 프로젝트 파일을 제공하는 이유는 레이어를 화면에 배치하는 과정을 생략함으로써 지면을 아끼기 위해서입니다. 이 경우에는 하위 버전 분들을 위해 별도의 간단한 설명을 추가하였으니 그 과정을 따라가면 무리 없이 예제를 따라하실 수 있습니다. 차후 새 버전이 새로 나온다 해도 CC 2019 버전의 예제 파일은 모두 열 수 있으므로 새 버전 이용자들은 전혀 문제될 것이 없습니다.

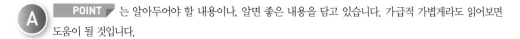 는 무엇인가요?

A **POINT** 는 알아두어야 할 내용이나, 알면 좋은 내용을 담고 있습니다. 가급적 가볍게라도 읽어보면 도움이 될 것입니다.

TIP 은 기능을 좀 더 빠르고 쉽게 사용하는 방법이나, 문제를 해결하는 방법 등을 담고 있습니다. 일종의 지름길이므로 알아두면 뼈와 살이 될 것입니다.

PLUS 는 다소 어렵거나 깊은 이해가 필요한 내용을 담고 있습니다. 좀 더 애프터 이펙트를 꼼꼼히 공부하고 싶거나 더 많은 기능을 알고 싶어하는 분들을 위한 내용들입니다. 초급자에겐 다소 어려울 수 있으므로 이 모든 것을 한 번에 다 알고자 한다면 학습이 지겹고 지레 지칠 수 있습니다. 처음 애프터 이펙트를 접하는 분들은 가볍게 읽고 넘어가거나 과감하게 건너뛰어도 됩니다. 나중에 그 내용이 필요하게 될 경우, 또는 애프터 이펙트가 익숙해졌을 때 다시 찾아서 읽어보기를 추천합니다.

 예제 파일은 어디에서 받나요?

A 예제 파일은 다음 인터넷 주소에서 다운받으실 수 있습니다.

https://bit.ly/345VENr

다운 받은 후 시스템의 원하는 위치에 압축을 풀고 [SC] 폴더 안에서 각 파트에 해당하는 폴더를 열면 예제를 학습할 수 있는 파일이 들어있습니다.

* 예제 파일 다운로드와 관련한 사항은 저자 이메일(aestation@naver.com) 또는 디지털북스(digital@dig-italbooks.co.kr)로 문의를 주시면 안내를 받으실 수 있습니다.

* 다운로드 링크가 변경되거나 다운로드가 되지 않을 시에는 저자 블로그(https://blog.naver.com/aestation)에서 공지합니다.

유튜브 동영상, 애프터 이펙트로 시작하기

Chapter 01	유튜브를 알고 동영상을 만들자
Section 01	나도 유튜버가 되고 싶다
Section 02	유튜브 콘텐츠에 따라 편집툴을 선택하자
Section 03	유튜브에 내 채널 만들기
Section 04	유튜브로 수익 창출 환경 설정하기
Section 05	유튜브 저작권 정책을 알아야 수익이 보장된다
Section 06	안전한 무료 콘텐츠 사용하기

Chapter 02	애프터 이펙트 시작하기
Section 01	애프터 이펙트 설치하기
Section 02	애프터 이펙트 살펴보기 : 인터페이스(Interface)
Section 03	작업환경 설정하기 : 워크스페이스(Workspace)

PART 01

Chapter 01 유튜브를 알고 동영상을 만들자

바야흐로 유튜브의 시대라고 해도 과언이 아닐 정도로 유튜브에 대한 관심이 뜨겁습니다. 포털 사이트에서 텍스트로 정보를 검색하고, 사진과 글로 소통하던 블로그가 유행처럼 번졌던 것은 '과거의 추억'이 되는 시대가 되었습니다. 이제는 단순한 정보 검색부터 개인의 일상을 다루는 것까지 모두 영상 플랫폼이 대체하고 있습니다. 그리고 그 선두에 유튜브가 있습니다.

● Section 01 나도 유튜버가 되고 싶다

전 세계에서 한달에 유튜브를 이용하는 사람이 19억 명에 달하며, 매일 10억 시간을 유튜브 영상을 보는 데 할애하고, 인터넷 이용자의 60%가 유튜브로 정보를 검색합니다. 모바일 앱 중 가장 오래 사용하는 앱으로도 인정받은 유튜브는 모바일에 익숙한 전 세계의 전 세대를 아우르는 플랫폼으로 성장하였습니다. (출처 : 와이즈앱 2018년 11월 한국 안드로이드 스마트폰 사용자의 세대별 사용 현황, 나스미디어 2019 인터넷 이용자 조사)

이런 유튜브라는 바다를 유영하는 사람들은 크게 제작자와 구독자로 나뉩니다. 유튜브를 또 하나의 시장으로 의식하고 경쟁적으로 뛰어드는 수많은 기업은 홍보를 위해, 유명인들은 더욱 인지도를 높이기 위해, 성장하고 싶은 일반인들은 개인의 역량을 인정받는 공간으로, 때로는 브이로그처럼 자신의 일상생활과 생각을 가감없이 표현하는 일기장으로 유튜브를 사용합니다.

다른 사람들이나 기업이 올린 영상을 보고, 댓글을 남기고, 공감하고, 다른 사람들과 공유하는 구독자로서의 단계를 넘어서 자신을 성장시키고, 표현하고, 타인과 소통하고 싶은 개인에게 유튜브는 또 하나의 열린 세상이 됩니다.

다른 사람들과 나누고 싶은 정보나 노하우가 있다면, 아니 단순히 함께 즐기거나 자신을 표현하고 싶은 것만으로도 충분합니다. 너무도 평범하다고 생각했던 나와 내 일상도 다른 사람들에게 건강한 영향을 주고 공감을 얻을 수 있는 멋진 콘텐츠가 될 수 있습니다. 국가 장벽과 언어의 한계를 넘어 소통하고 싶은 욕구가 있다면 그렇게 누구나 유튜버가 될 수 있습니다.

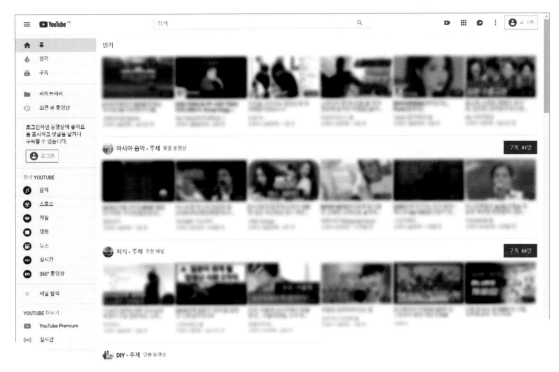

유튜브 초기화면 (유튜브 정책상 바뀔 수 있습니다.)

● Section 02   유튜브 콘텐츠에 따라 편집툴을 선택하자

유튜브는 진입장벽이 낮아 영상에 대해서 전혀 알지 못하던 사람들도 단순히 휴대폰으로 자신의 일상이나 관심있는 분야에 대한 영상을 찍어 올리는 것으로 쉽게 유튜브 안에 내 자리를 만들 수 있습니다. 그렇게 시작하는 것만으로도 충분히 새로운 경험이며 색다른 도전이 될 것입니다. 하지만 찍은 영상을 모두 그대로 올릴 수는 없으므로 필요한 부분만 자르고, 다른 영상을 이어 붙이는 정도의 기본적인 편집은 해야 합니다. 여기에 자막이나 멋진 효과를 추가하고 배경음악까지 넣는다면 더욱 영상의 품질이 올라갈 것입니다.

간단한 편집 작업은 데스크탑에서 지원되는 무비메이커나 아이무비, 곰믹스 등의 무료 동영상 편집 프로그램으로 할 수 있습니다. 모바일로 찍고 곧바로 파워디렉터나 키네마스터 등의 모바일앱으로 간단한 편집과 자막 작업 등을 할 수도 있습니다. 최근에는 모바일과 PC에서 무상으로 지원되는 어도비사의 프리미어 러쉬(Premiere Rush)가 런칭했는데 여타의 앱보다 영상을 고급스럽게 꾸밀 수 있도록 도움을 주고 있습니다.

데스크탑에서는 어도비 크리에이티브 클라우드를 설치한 후 어도비 제품 목록에서 프리미어 러쉬를 무료로 설치할 수 있습니다.

동영상 콘텐츠 제작에 있어서 콘텐츠 자체가 얼마나 재미있고 매력적인가도 중요하지만, 매일 수없이 쏟아지는 콘텐츠 속에서 비주얼적으로 사람들의 이목을 끄는 콘텐츠를 제작하는 것도 갈수록 중요해지고 있습니다. 그래서 어느 정도 자신의 채널을 성장시킨 크리에이터들은 영상을 자신의 채널 특성에 맞게 공들여 꾸밈으로써 차별화를 두는 것에도 점차 투자를 하고 있습니다.

어도비의 수많은 프로그램 중에서 오랜 역사를 가진 프리미어 프로(Premiere Pro)와 애프터 이펙트(After Effects)는 좋은 품질의 영상을 제작하는 데 우수한 프로그램으로 평가되고 있습니다.

프리미어 프로 CC 2019

애프터 이펙트 CC 2019

두 프로그램 모두 유튜버들이 많이 쓰는 프로그램으로 자리잡았지만 이 두 어플리케이션은 각자만의 특장점을 가지고 있습니다. 프리미어 프로는 영상을 자르고 붙이거나 오디오를 다루는 등 기본적인 편집 작업에 좀 더 충실한 프로그램입니다. 애프터 이펙트는 편집된 영상에 추가적인 그래픽 효과를 더하거나 멋진 자막을 넣고 인트로와 인포그래픽 등의 모션 그래픽을 제작하는 툴로 많이 사용됩니다.

하지만 두 프로그램 모두 모바일앱처럼 가볍게 배울 수 있는 프로그램은 아니어서 처음 영상 편집을 시작하거나 자신의 유튜브 채널을 업그레이드 하고 싶은 영상 제작자들은 하나만 선택해서 배워야 한다면 무엇을 선택하는 게 더 좋은지 질문하는 경우가 많습니다.

사실 두 프로그램을 모두 다룰 수만 있다면 프리미어 프로로 컷편집을 마치고, 애프터 이펙트로 가져와 자막과 각종 트랜지션, 이펙트를 넣는 것을 추천합니다. 그 후에 애프터 이펙트에서 바로 어도비 미디어 인코더 (Adobe Media Encoder)를 통해 출력할 수 있습니다. 좀 더 세밀한 오디오 편집이 필요하다면 다시 프리미어 프로로 가져가서 최종 출력을 할 수도 있습니다.

즉, 프리미어 프로에서는 비주얼적으로 다양한 영상 효과나 자막 효과를 넣는 것에 한계가 있고, 애프터 이펙트에서는 오디오를 들으면서 긴 영상을 편집하기에 다소 버겁습니다.

그래서 결국에는 자신이 유튜브에 올리고자 하는 영상 콘텐츠에 따라 툴을 선택해야만 합니다. 단순한 편집과 자막으로도 충분히 재미를 전달할 수 있는 포맷의 유튜브 채널이라면 프리미어 프로만으로 작업을 끝낼 수 있고, 뷰티 채널처럼 화면이 비주얼적으로 예뻐야 하고 다양한 그래픽이 많이 들어가는 경우에는 포토샵과 애프터 이펙트가 필수 툴이 될 것입니다.

최근에는 개인의 일상을 기록하는 브이로그마저도 화면의 비주얼적인 부분을 강조하여 애프터 이펙트로 작업할 정도로 애프터 이펙트의 비중이 갈수록 높아지고 있습니다. 특히 한국의 영상 제작자들이 올리는 유튜브 영상들이 TV 예능 채널을 모방하여 제작하는 경우가 많아지고 있는데다 유튜브에 올리는 영상은 편집을 오래 해야 할 만큼 러닝타임이 길지 않기 때문에 앞으로도 애프터 이펙트의 선호도는 더욱 높아질 전망입니다.

단, 애프터 이펙트는 정말로 많은 기능이 있는 프로그램이기 때문에 그 모든 것을 다 배우고 난 뒤에 영상을 만들어 올리려고 마음을 먹으면 지레 지쳐버릴 수 있습니다. 애프터 이펙트를 이용하여 유튜브 영상을 만들어보기로 결심했다면 이 책에서 설명하는 것 정도만 알고 있어도 충분히 영상의 퀄리티를 끌어 올릴 수 있을 것입니다.

유튜브에 나만의 공간, 즉 채널을 만들기 위해서는 먼저 구글 계정이 있어야 합니다.

01 구글사이트(www.google.co.kr)에서 오른쪽 상단의 앱서랍을 클릭하고, 다시 [Google 계정]을 클릭합니다.

구글 크롬 웹브라우저를 사용하였습니다.

02 새로운 계정을 만들기 위해 [Google 계정 만들기] 항목을 클릭합니다.

03 다음 〈Google 계정 만들기〉 대화창에서 성, 이름, 새 이메일 주소, 비밀번호를 입력한 후 [확인] 창을 눌러 비밀번호를 한 번 더 입력합니다. [다음] 버튼을 클릭하여 열린 대화창에서 전화번호, 생년월일, 성별 등을 입력한 후 [다음] 버튼을 클릭합니다.

❗ 전화번호 입력은 선택사항이지만, 계정이 잠기거나 비밀번호를 잊었을 경우 전화번호 인증을 통해 빠르게 복구할 수 있습니다.

04 다음 창에서 [보내기] 버튼을 눌러 전화번호 인증을 당장 할 수도 있고 [나중에]를 눌러 인증을 미룰 수도 있습니다. 다음 〈개인정보 보호 및 약관〉 대화창에서 스크롤을 끝까지 내리면 표시되는 [동의] 버튼을 클릭합니다.

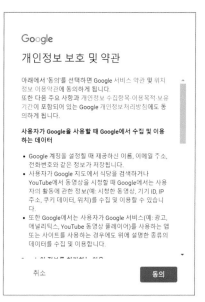

05 자신이 입력한 이름과 계정 이메일로 자동 로그인이 됩니다. [개인정보] 탭을 클릭하여 계정 이름과 개인 정보 공개여부 등을 재설정할 수 있습니다.

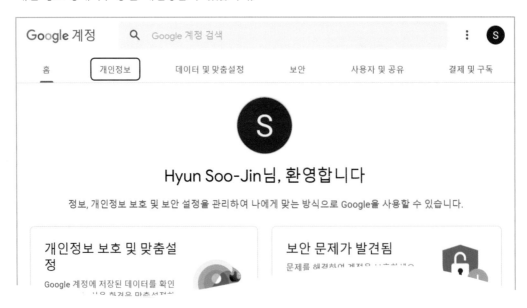

06 다시 구글 홈으로 이동한 후 앱서랍이나 바로가기에서 [YouTube]를 클릭하여 유튜브 홈(www.youtube.com)을 열도록 합니다.

07 유튜브 홈에서 오른쪽 상단의 프로필 아이콘을 클릭하면 로그인 정보와 설정 목록이 열립니다. [내 채널]을 클릭하여 채널을 만들어보겠습니다.

❗ 계정 이름은 이름–성 순으로 표기됩니다. 계정 이름을 바꾸고 싶다면 파란색 글씨의 [Google 계정 관리] 항목을 클릭하여 [개인정보]에서 변경할 수 있습니다.

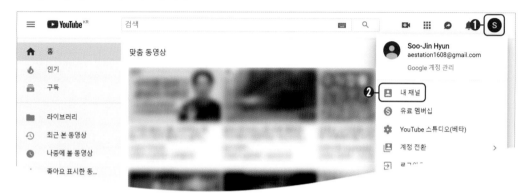

08 〈YouTube 계정 선택〉 대화창이 열리면 [채널 만들기] 버튼을 클릭합니다.

09 드디어 내 채널 페이지가 생성되었습니다. 앞으로는 프로필 아이콘에서 [내 채널]을 클릭하면 바로 내 채널이 열리게 됩니다.

해당 채널은 [유튜브에 내 채널 만들기] 절차를 설명하기 위해 임시로 만든 채널입니다.

이제 유튜브에 나만의 채널이 생겼습니다. 앞으로 내가 만든 동영상은 이 공간에 저장하여 다른 유튜버들에게 공개할 수 있습니다.

내 채널에 올린 동영상으로 수익을 창출하고자 한다면 구글 애드센스에 등록을 해야 합니다. 구글 애드센스는 구글에서 운영하는 광고 서비스 플랫폼입니다.

유튜브의 경우 인기 있는 동영상에 광고를 붙여 얼마나 많은 사람들이 그 광고를 보느냐에 따라 수익이 창출되고, 그 수익의 일부를 동영상 제작자에게 지급하는 방식으로 운영됩니다. 수익을 지급받으려면 애드센스 계정이 필요합니다.

애드센스 홈에서 가입할 필요없이 유튜브에서 수익 창출을 위한 프로세스를 제공하므로 다음과 같은 절차로 내 채널을 등록 신청합니다.

❶ 등록 절차와 메뉴의 이름 등은 유튜브의 정책상 바뀔 수 있습니다.

01 유튜브에 자신의 계정으로 로그인합니다. 유튜브 홈에서 오른쪽 상단의 프로필 아이콘을 클릭한 후 목록에서 [YouTube 스튜디오(베타)]를 클릭합니다.

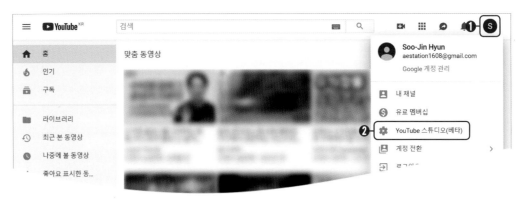

02 [YouTube 스튜디오]가 열리면 좌측에서 [기타 기능]을 클릭하여 하위 목록 중 [수익 창출]을 클릭합니다.

03 다음 화면에서 1단계 [YouTube 파트너 프로그램 약관 읽기 및 동의] 항목의 [시작하기] 버튼을 클릭합니다.

04 〈수익 창출 신청〉 대화창에서 수익 배분에 대한 약관 내용을 꼼꼼히 읽어본 후 모든 항목에 체크를 하고 [동의함] 버튼을 클릭합니다.

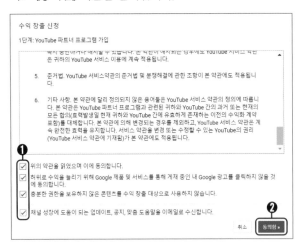

05 다음 화면에서 2단계 [애드센스 가입] 항목의 [시작하기] 버튼을 클릭합니다.

06 애드센스에 새 계정을 만들거나 계정을 연결하기 위해 자동으로 넘어가는 화면입니다. [다음] 버튼을 클릭합니다.

07 애드센스에 연결할 계정을 선택합니다. 직전에 만들었던 유튜브를 위한 구글 계정을 선택합니다. 수취인 이름당 애드센스 계정은 한 개만 가능합니다.

❗ 만 19세 미만인 경우 부모나 성인인 보호자의 구글 계정을 사용하여 가입할 수 있으며 이 때 수익은 책임자인 보호자에게 지급됩니다.

08 자동으로 내 채널 URL이 표시됩니다. 다음과 같이 체크하고 [계정 만들기] 버튼을 클릭합니다.

09 다음 화면에서 [시작하기] 버튼을 클릭한 후 주소와 이름, 우편번호를 입력합니다. 수익금과 관련해서 우편 통지를 받는 주소이므로 정확하게 입력해야 합니다.

10 본인인증을 할 수 있는 전화번호를 입력하고 인증코드 수신 방법을 선택한 후 [인증 코드 받기] 버튼을 클릭합니다. 문자 메시지(SMS)를 선택한 경우 인증 코드가 적힌 문자가 도착하면 다음 창에 인증 코드를 입력한 후 [제출] 버튼을 클릭합니다.

❶ 전화번호는 반드시 국가식별번호 +82를 입력한 후 나머지 휴대폰 번호를 입력합니다. 010의 맨 앞 0은 입력하지 않아도 됩니다.

11 잠시 기다리면 자동으로 애드센스 설정 과정이 끝나고 유튜브 화면으로 넘어갑니다.

12 유튜브 화면이 다시 나타나면 3단계 [수익 창출 환경설정 설정] 항목의 [시작하기] 버튼을 클릭합니다.

13 기본 설정대로 모두 체크된 상태에서 [저장] 버튼을 클릭합니다.

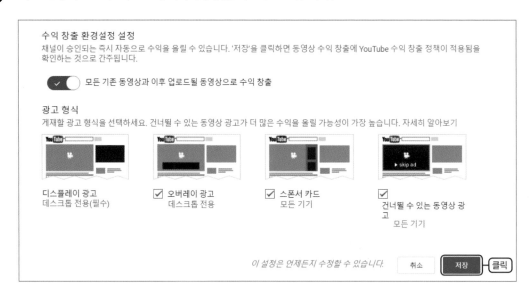

14 애드센스 계정과 내 채널이 연결되면서 유튜브에서 수익 창출을 위한 모든 설정이 완료되었습니다.

하지만 애드센스에 등록을 신청한다고 해서 모두 승인되는 것은 아닙니다. 내 채널의 구독자가 1,000명이 넘어야 하며, 지난 12개월 동안의 시청 시간이 4,000시간 이상이어야 합니다. 그만큼 충분한 공개 콘텐츠가 없으면 아예 채널 검토 조건에서 빠지게 됩니다. 하지만 이 까다로운 기준을 통과하더라도 채널 성격이 구글의 수익 창출에 반하는 방향이거나 유튜브의 가이드를 준수하지 않는다면 승인이 거절되거나 기존 승인이 취소될 수 있습니다. 유해 콘텐츠나 저작권 이슈로 인해 최근에는 승인이 거절되는 경우가 많습니다. 유튜버가 갈수록 급증하면서 승인 기준은 계속 높아지고 있습니다.

일정 기간의 검토 후(한 달 내라고 되어 있긴 하지만 더 걸릴 수도 있습니다.) 가입한 이메일 계정으로 결과가 통보되며, 승인이 거절되면 재승인 요청을 할 수도 있습니다.

모든 기준을 충족하여 광고가 게재되더라도 100달러 이상의 수익이 발생해야 비로소 내 통장에 입금이 됩니다. 추정치로 대략 10만여 명의 구독자가 모이면 비로소 월 수입 100여만 원 정도가 발생하는 것으로 예상합니다. 자신의 채널로 수익을 창출하길 원한다면 채널 성격과 업로드하는 동영상이 충분한 구독자를 모을 수 있는 인기 요소를 가졌는지 연구하고 고심해야 합니다.

● Section 05 유튜브 저작권 정책을 알아야 수익이 보장된다

유튜브가 지금처럼 부흥기에 접어들기 전에는 약간의 저작권 위반 사례는 크게 문제삼지 않고 넘어가곤 했었습니다. 하지만 거대 수익을 올리는 유튜버들이 나타나고 수익배분에 대한 이슈가 빈번해지면서 이를 더욱 엄격히 관리하고 통제하는 추세입니다.

유튜브는 개인이 동영상을 등록함과 동시에 AI 시스템을 통해 콘텐츠를 검증하는 작업을 진행합니다. 이 과정에서 미리 걸러져 해당 동영상에 저작권 이슈가 있다는 사전 고지를 받게 되면 이를 보완하여 다시 게시하거나 수익을 포기하고 동영상을 등록하게 됩니다. 등록 과정에서 저작권 고지를 받지 않아 일단 게시를 했더라도 저작권자의 신고를 통해 차후에 해당 동영상이 차단될 수 있으며, 이 경고가 반복될 경우 내 채널 전체가 갑자기 차단될 수 있으니 유의하여야 합니다.

유트브 저작권 정책

- 직접 만든 동영상 콘텐츠로 전세계에 상업적으로 사용할 수 있는 권한을 내가 가지고 있어야 합니다.
- 내가 만든 동영상이라도 독점 사용권을 타인이나 기업에 판매하거나 양도하지 않은 동영상이어야 합니다.
- 다른 사람이나 기업이 만든 콘텐츠를 활용하여 동영상을 만들고자 한다면 해당 콘텐츠의 저작권자나 기업에게 "서면"으로 허가를 받아 사용한 것임을 입증할 수 있어야 합니다. 단지 출처를 밝히거나 저작권 소유자를 명시하거나 '모든 권리는 원작자에게 있음', 면책조항(저작권 침해 의도 없음) 등을 표기하는 것으로는 권리가 부여되지 않습니다.
- 음원이나 시각적 이미지 등에 대한 상업적 사용권을 획득했다고 하더라고 해당 라이선스에서 저작자 및 출처에 대한 정보 고지를 요구하면 영상 게재 시 이를 반드시 고지해야 합니다.
- 유튜브의 자동 검색 시스템으로 내가 올린 동영상에 제 3자의 콘텐츠가 포함되어 있는지 검토하여 저작권자가 해당 동영상에 대한 소유권을 주장한 것이 있으면 동영상을 게시하지 못하거나 차단됩니다. 특히 방송사의 송출 영상 등이 포함된 경우는 아예 게시하는 것조차 불가할 수 있습니다. 단, 특정 국가에만 예외적으로 게시가 가능한 경우도 있습니다.

- 저작권자가 자신의 콘텐츠를 무단으로 사용한 영상에 대해 신고 차단하지 않는 대신 해당 영상에 광고를 걸어 수익을 100% 가져갈 수 있습니다.

- 저작권자가 리메이크 영상과 같은 2차 저작물을 신고 차단하지 않고 해당 영상으로 인한 수익을 공유할 수 있습니다.

- 개인적인 용도로 구입한 음원이라도 상업적으로 이용 가능한 라이선스를 취득하지 않은 경우 수익 창출을 할 수 없으며 삭제될 수 있습니다.

- 저작권 보호를 받는 노래를 짧은 소절이라도 직접 부르거나 노래방에서 녹음한 음원 역시 저작권에 위배됩니다. 저작권자가 해당 영상으로 인한 수익을 가져갈 수 있습니다.

- 녹화된 영상에 저작권 보호 콘텐츠가 단지 지나가는 배경이라도 포함되어 있다면 저작권자의 허가를 받아야 합니다.

- 수익 창출을 하지 않는다고 해서 저작권이 있는 콘텐츠를 사용할 수 있는 권리가 있는 것은 아닙니다.

- 다른 유튜버가 저작권이 있는 콘텐츠를 사용했다고 해서 자신도 사용할 수 있는 것은 아닙니다. 저작권자가 특별히 허가한 경우이거나 수익 창출을 포기한 영상일 수 있습니다.

- 한 콘텐츠에도 여러 저작권 소유자가 있을 수 있습니다. 모두에게 사용 허가를 받지 않는다면 해당 콘텐츠 사용에 제약이 따를 수 있습니다.

- 단 몇 초만 사용하는 것은 괜찮다는 것은 오해입니다. 얼마든지 저작권 소유자에 의해 신고되어 게시가 중단될 수 있습니다.

공정 사용은 저작권자의 허가 없이 가능하다?

공정 사용은 논평, 비평, 연구, 교육이나 뉴스 보도 등에 활용하기 위해 저작권자의 허가 없이 저작권이 있는 자료를 사용하는 경우로 이는 국가에 따라 법적 판단의 기준이 다릅니다.

대체로 허구가 아닌 사실에 입각한 콘텐츠를 사용해야 공정 사용으로 인정됩니다. 또한 원본에 새로운 의미와 표현, 메시지가 추가되었다면 이를 공정 사용으로 허용하는 경우도 있습니다. 패러디의 경우에는 원본 저작권자에게 피해가 갈 경우 공정 사용으로 인정되기 힘들 수 있습니다. 특히 상업적으로 수익을 창출할 경우 공정 사용으로 인정하는 경우는 극히 드뭅니다.

유튜브의 자동 검증 시스템은 이 공정 사용을 걸러내거나 분쟁 시 중재할 수 없습니다. 원 저작권자의 신고나 소송을 통해 단지 법정에서 사례별로 판결되는 사안이므로 절대적으로 필요한 경우가 아니라면 저작권이 보호된 자료를 마음대로 사용하지 않는 것이 좋습니다.

유튜브의 저작권 침해 신고 및 이의 제기 신청

자신의 저작권이 침해당한 경우 저작권 침해 신고를 할 수 있으며, 자신의 영상이 삭제된 것이 실수라 판단되는 경우 이의제기를 신청할 수 있습니다.

▶ https://www.youtube.com/yt/about/copyright/#support-and-troubleshooting

≡ ▶ YouTube

지원 및 문제해결   저작권에 대해 알기

저작권 침해 신고서 제출

YouTube에 저작권 침해 주장을 알리는 가장 쉬운 방법은 YouTube 웹 양식을 사용하는 것입니다.

이의제기 신청서 제출

동영상이 실수로 삭제되었다고 판단되는 경우 이의 제기 신청서를 제출할 수 있습니다.

저작권 위반 경고 기본사항

저작권 위반 경고를 받으셨나요? 그 이유와 최상의 해결 방법을 알아보세요.

저작권 침해 신고 철회

YouTube는 원래 저작권 침해 신고서를 제출했던 당사자가 신고를 철회하는 것을 허용합니다.

콘텐츠 ID 소유권 주장 이의 제기

동영상에 대한 Content ID 소유권 주장이 잘못되었다고 생각하는 경우 이의를 제기할 수 있습니다.

계정 상태 확인

저작권 및 커뮤니티 가이드 상태를 확인하세요

이미지, 동영상 소스, 음원, 폰트 등 내 동영상에 포함되어야 할 많은 것들이 내 것이 아닐 때, 저작권으로 인한 신고를 피해가려면 최대한 무료 콘텐츠를 제공하는 전문 사이트를 활용하는 것이 좋습니다. 큰 수익이 걸린 프로젝트의 경우에는 '셔터스톡(ShutterStock)' 같은 유료 콘텐츠 제공 사이트에 가입하기도 하지만 언제 수익이 날지 모르는, 또는 취미로 영상을 만드는 유튜버에게 콘텐츠 하나하나에 들어가는 개별 소스의 구입 가격은 분명 부담이 됩니다.

다행히도 최근에는 상업적으로도 사용할 수 있게끔 무료로 콘텐츠를 제공하는 사이트가 많이 생겼습니다. 각 사이트의 저작권 정책을 꼼꼼히 확인하여, 혹시나 개인용도로 사용할 경우에만 무료인 것은 아닌지, 상업적으로도 무료로 이용 가능한지, 영상에 사용이 가능한지, 출처를 표기해야 하는지 등을 확실히 한 후 자신의 동영상에 적용하는 것이 좋습니다.

● **픽사베이(Pixabay)** https://pixabay.com/ko/

사진, 일러스트, 벡터 그래픽, 비디오 등의 콘텐츠를 무료로 제공합니다. 상업적으로도 무료로 이용할 수 있으며 대부분 사용 시 출처를 따로 밝히지 않아도 됩니다. 고화질의 이미지를 다운로드 할 때는 계정에 가입해야 하고, 한꺼번에 여러 콘텐츠를 다운로드하면 숨은 그림 찾기로 로봇이 아님을 인증해야 합니다.

● 펙셀(Pexels) https://www.pexels.com/

고화질의 사진과 비디오 콘텐츠를 무료로 제공합니다. 상업적으로도 무료로 이용할 수 있으며 사용 시 출처를 따로 밝히지 않아도 됩니다.

● 프리픽(Freepik) https://www.freepik.com/

고품질의 벡터 그래픽, 사진, PSD 파일을 상업적으로 무료 이용할 수 있게 제공합니다. 단, 사용 매체별로(웹사이트, 소셜 미디어, 블로그, 전자책 등) 별도의 링크를 프리픽 홈페이지에서 복사한 후 이를 제작물에 표기해야 합니다. 이를 원치 않는다면 유료로 결제 후 사용할 수 있습니다. 핀터레스트(www.pinterest.co.kr)와 연동됩니다.

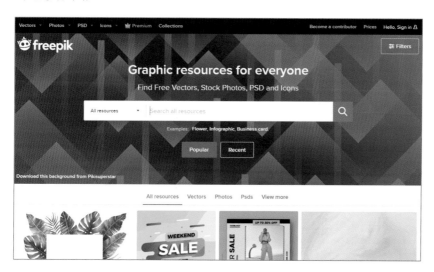

● 더 스톡스(The Stocks) http://thestocks.im/

이미지, 벡터 그래픽, 비디오 등 각종 콘텐츠를 제공하는 사이트를 찾아다니기 힘들다면, 이런 사이트들을 모아놓은 곳에서 클릭 한 번으로 해당 사이트로 이동할 수 있습니다. 제공하는 사이트 목록에는 유무료 사이트가 섞여 있으며 각 사이트마다 저작권 정책을 확인한 후 사용해야 합니다.

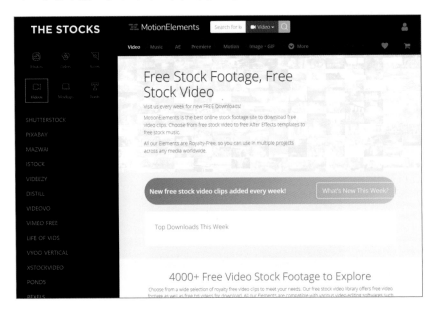

● 눈누 https://noonnu.cc/

상업적으로 이용할 수 있는 한글 서체를 모아서 제공하고 있습니다. 폰트를 클릭하면 사용 범위와 허용 여부에 대해 정리해놓았습니다. 간혹 사용 플랫폼을 제한하는 경우가 있으니 꼼꼼히 확인하여야 합니다.

● 다폰트(Dafont) https://www.dafont.com/

상단의 목록에서 원하는 폰트 유형을 선택한 후 [More Options ▼]를 클릭하여 [Public domain / GPL / OFL]이나 [100% Free] 항목에 체크하면 무료 폰트를 검색하여 선택할 수 있습니다.

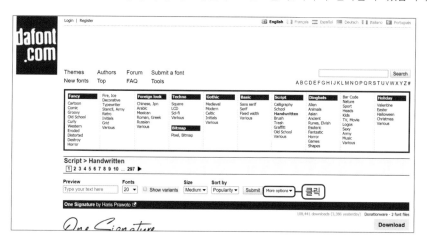

● 유튜브 오디오 라이브러리 https://www.youtube.com/audiolibrary/music

유튜브에 자유롭게 사용할 무료 음악 및 효과가 필요하다면 검색 후 다운로드 할 수 있습니다. 크리에이티브 스튜디오 메뉴 목록에서 [만들기]〉[음악 정책] 항목을 클릭하면 각 저작권 소유자가 설정한 저작권 정책이 나와 있습니다. 저작권자가 해당 오디오를 사용한 동영상에 자신의 수익 창출을 위해 광고를 붙일 수 있다는 정책이 대부분입니다.

● **자멘도(Jamendo)** https://www.jamendo.com/start

세련되게 정리되어 있는 인디펜던트 뮤직 사이트입니다. 비영리 목적으로 사용 가능한 음원이 많으며 CCL (Creative Commons License) 정보를 꼭 확인하고 사용하여야 합니다.

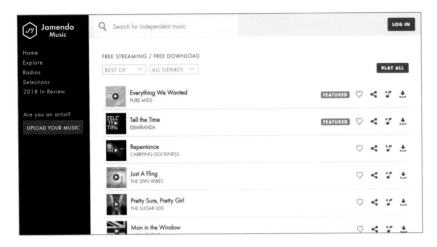

● **프리뮤직아카이브(FMA)** http://freemusicarchive.org/

장르별로 음악을 찾을 수 있습니다. 무료로 다운로드 가능하지만 제작자마다 저작권 설정이 다르므로 음원 클릭 후 CCL 정보를 꼭 확인하고 사용하여야 합니다.

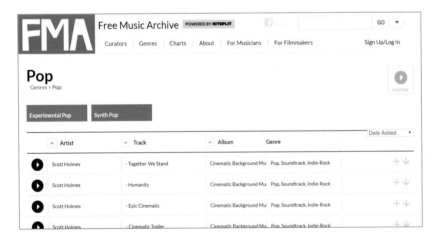

● 프리사운드(Freesound) https://freesound.org/

오디오 샘플이나 효과음 등을 사용할 수 있습니다. CCL 정보를 꼭 확인하고 사용하여야 합니다.

CCL(Creative Commons License) 정보

CCL은 다음 4가지 조건 중에서 원 저작자가 표기한 조건을 지키면 누구나 저작물을 자유롭게 사용할 수 있도록 허용한다는 저작권자의 의사 표시입니다.

(i) BY Attribution   저작권자의 이름이나 저작물의 제목, 출처 등을 표기해야 합니다.

(S) NC Non-Commercial   비영리 목적으로만 사용 가능합니다.

(=) ND No Derivative Works   저작물을 수정하거나 2차 저작물을 만들 수 없습니다.

(⟳) SA Share-Alike   저작물을 변경할 수 있지만 원 저작물과 동일한 CCL을 적용해야 합니다.

표시 예

(cc) (i) (S)   저작자를 표기해야 하며, 상업적으로 사용할 수 없습니다.
BY NC

02 애프터 이펙트 시작하기

애프터 이펙트는 어도비 홈페이지(http://www.adobe.com/kr)에 회원으로 가입하면 7일 동안 무료로 사용할 수 있는 체험판을 설치할 수 있습니다. (체험판과 정식 라이선스의 모든 기능은 동일합니다.)

정품 구매는 매월 또는 매년 비용을 지불하는 방식으로 어도비 홈페이지에서 결제할 수 있습니다. 정식으로 어도비 제품군을 구매하면 계약기간 동안 수시로 기능이 추가되는 최신 버전의 제품을 사용할 수 있고, 하나의 라이선스로 두 대의 플랫폼(PC, 노트북, 태블릿 등)에 설치할 수 있습니다.

이 책은 한글 Windows 10과 Chrome 웹브라우저, 영문 Adobe After Effects CC 2019를 기준으로 설명하고 있습니다.

POINT

애프터 이펙트 설치 전 주의사항

- 사용하는 웹브라우저에 따라 낮은 버전의 웹브라우저에서는 어도비 사이트가 제대로 보이지 않을 수 있으므로 최신 버전의 웹브라우저에서 설치를 진행합니다.
- 광고차단앱인 애드블록(AdBlock) 등이 설치된 경우에는 설치화면이 제대로 나타나지 않는 경우가 있으므로 해당 앱을 임시로 해제하고 설치를 진행합니다.
- 개인 취향에 따라 한글판을 사용할 수도 있으나, 실무에서의 커뮤니케이션을 위해 애프터 이펙트 유저 대부분이 영문을 사용하고 있습니다. 그리고 애프터 이펙트 참고서적이나, 유튜브 및 비메오 등에서의 튜터리얼 역시 대부분 영문 명령어들을 알고 있어야 따라하기 수월하기 때문에 애프터 이펙트는 영문으로 설치하여 학습을 진행하기를 권장합니다.

설치를 위한 최소 시스템 요구 사양(CC 2019 기준)

• Windows

프로세서	Multicore Intel 프로세서(64비트 지원)
운영체제	Microsoft Windows 10(64비트) 버전 1703(크리에이터스 업데이트) 이상
RAM	최소 8GB(16GB 권장)
하드디스크	5GB의 사용 가능한 하드 디스크 공간, 설치 중 추가 여유 공간 필요(이동식 플래시 저장 디바이스에는 설치할 수 없음) 디스크 캐시를 위한 추가 디스크 공간(10GB 권장) 필요
모니터	1280 x 1080 이상의 해상도를 지원하는 디스플레이

• Mac OS

프로세서	Multicore Intel 프로세서(64비트 지원)
운영체제	macOS 버전 10.12(Sierra), 10.13(High Sierra), 10.14(Mojave)
RAM	최소 8GB(16GB 권장)
하드디스크	6GB의 사용 가능한 하드 디스크 공간, 설치 중 추가 여유 공간 필요(대/소문자 구분 파일 시스템을 사용하는 볼륨이나 이동식 플래시 저장 디바이스에는 설치할 수 없음) 디스크 캐시를 위한 추가 디스크 공간(10GB 권장) 필요
모니터	1440 x 900 이상의 해상도를 지원하는 디스플레이

• 공통 추가옵션

애프터 이펙트의 3D 기능을 사용하려면 Ray-trayced 3D Renderer용 어도비 인증 GPU 카드가 선택적으로 필요하나, 이 책에서 설명하는 정도의 기능을 활용한다면 필수 요건은 아닙니다.

❗ Ray-trayced 3D Renderer : 텍스트나 셰이프 레이어에 3D 두께를 적용할 때 사용됩니다.

수시로 업그레이드 되는 앱을 다운로드 받거나 크리에이티브 클라우드의 라이브러리 기능을 활용하려면 인터넷 연결이 필요합니다.

❗ 설치된 OS가 최소 요구사항에 미치지 못한다면 애프터 이펙트 구버전을 구매하여 설치하거나, OS를 업그레이드하도록 합니다. 단, 애프터 이펙트 구버전은 무료 체험판을 다운로드할 수 없습니다.

아래의 설치방법은 어도비의 정책에 따라 바뀔 수 있습니다.

01 어도비 홈페이지(http://www.adobe.com/kr)의 상단 메뉴 중 [크리에이티비티 및 디자인]을 클릭하고 하위 메뉴에서 [모든 제품 보기]를 클릭합니다.

02 다음 화면에서 [다운로드하기] 버튼을 클릭합니다.

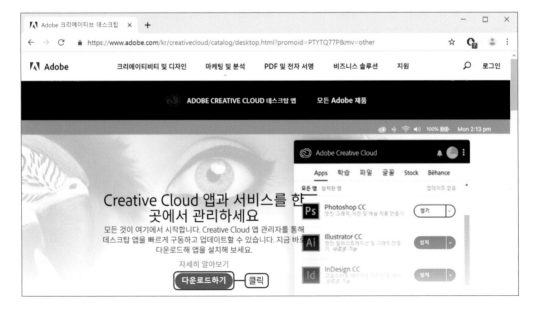

03 [Creative_Cloud_Set-Up.exe] 파일이 자동으로 다운로드 됩니다. 아래 항목을 클릭하여 Adobe Creative Cloud 설치 프로그램을 실행합니다. (해당 파일은 C:₩Users₩사용자이름₩Downloads 폴더에 다운로드 됩니다.)

❗ 애프터 이펙트를 설치하려면 먼저 Adobe Creative Cloud 앱이 설치되어야 합니다.

[이 앱이 디바이스를 변경할 수 있도록 허용하시겠어요?]라는 팝업창이 뜨면 [예]를 클릭하여 계속 진행합니다.

04 다음 팝업창에서 기존 어도비 가입 회원은 [로그인] 버튼을 클릭하고, 비회원은 [등록] 버튼을 클릭한 후 계속 진행합니다. (13세 이상의 사용자만 가입이 가능합니다.)

05 이어서 이름 등 각종 개인 정보를 입력한 후 스크롤을 아래로 내려 필수항목들에 체크를 하고 [지금 등록] 버튼을 클릭합니다.

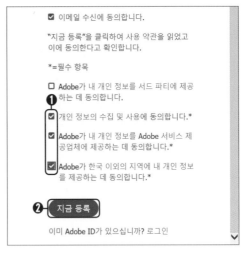

06 다음 창에서 [설치 시작] 버튼을 클릭하면 자동으로 크리에이티브 클라우드 데스크탑앱 설치가 진행됩니다.

07 업데이트까지 모두 끝나고 Creative Cloud 앱이 설치되면 상단의 설정메뉴 ⋮ 에서 [환경설정]을 선택합니다.

08 [Creative Cloud] 탭을 클릭하여 앱 언어를 [한국어]에서 [English (International)]로 바꾼 후 전단계로 돌아가기 버튼 ❮ 을 클릭합니다.

09 설치화면으로 돌아오면 스크롤을 내려 After Effects CC의 [시험 사용] 버튼을 클릭하여 설치를 진행합니다.

10 애프터 이펙트 설치가 끝나면 Media Encoder CC 2019가 영문 버전으로 자동 설치됩니다. 설치가 끝나면 추가로 어도비 브릿지(Adobe Bridge) 앱을 설치합니다.

❶ 이 책에서는 프리미어를 추가로 설명하고 있으므로 해당 프로그램을 사용하실 분들은 체험판으로 설치합니다.

Media Encoder CC 2019 자동 설치

Adobe Bridge 추가 설치

11 모든 설치가 끝나면 Creative Cloud 앱에서 애프터 이펙트의 [시험사용] 버튼을 클릭하거나 내 컴퓨터의 시작버튼에서 설치된 애프터 이펙트 앱을 클릭합니다. (자주 쓰는 프로그램은 바탕화면이나 작업표시줄에 고정하여 쓰도록 합니다.)

Creative Cloud 앱

내 컴퓨터의 시작 버튼

애프터 이펙트를 실행하면 다음과 같이 애프터 이펙트 체험판의 초기 화면이 나타납니다.

〈Home〉 대화창은 프로젝트를 새로 만들거나([New Project] 버튼) 기존에 작업했던 프로젝트를 열 때 ([Open Project] 버튼) 명령을 즉시 실행하도록 합니다.

일단, 애프터 이펙트의 전체 인터페이스를 확인하기 위해 〈Home〉 대화창 우상단의 X를 클릭하여 〈Home〉 대화창을 끄도록 합니다.

다음과 같이 애프터 이펙트의 인터페이스가 나타납니다.

❶ **메뉴바(Menu Bar)** : 애프터 이펙트에서 사용할 수 있는 전반적인 명령 목록을 표시합니다.

❷ **툴바(Toolbar)** : 유용한 툴들을 빨리 클릭하여 사용할 수 있도록 모아놓았습니다.

❸ **워크스페이스 바(Workspace Bar)** : 작업스타일에 따라 자주 쓰는 기능들에 쉽게 접근할 수 있도록 미리 설정된 작업환경을 빠르게 선택할 수 있습니다.

❹ **동기화 세팅(Sync Settings)** : 현재 크리에이티브 클라우드에 로그인되어 있는 아이디를 통해 동기화된 다른 컴퓨터에서 작업한 환경설정 등을 공유할 수 있습니다.

❺ **프로젝트 패널(Project Panel)** : 프로젝트에 사용할 소스(푸티지)와 애프터 이펙트에서 직접 생성한 솔리드 레이어, 컴포지션 등을 모아놓고 관리할 수 있습니다.

❻ **컴포지션 패널(Composition Panel)** : 작업과정을 직관적으로 보여주며, 화면(Viewer)을 통해 최종 작업 상태를 확인할 수 있습니다. 약식으로 컴프(Comp) 패널로 부릅니다.

❼ **타임라인 패널(Timeline Panel)** : 레이어와 컴포지션들을 쌓고 배치하여 시간의 흐름에 따른 다양한 움직임과 효과 등을 키프레임을 통해 만들어낼 수 있습니다.

❽ **기타 패널들** : 각 패널 탭을 클릭하면 패널마다 고유의 세부옵션이 확장되고, 다시 클릭하면 패널 탭 형태로 축소되어 공간을 유용하게 활용할 수 있습니다.

마우스 커서로 각 패널을 클릭하면 해당 패널이 파란색 테두리선으로 바뀌면서 해당 패널에서 각종 선택과 명령어를 적용할 수 있는 상태로 활성화됩니다.

PLUS 인터페이스의 밝기 변경하기

불러온 영상이나 작업하고 있는 컴포지션 패널의 화면이 인터페이스의 색상에 묻혀 잘 구별되지 않는 경우, 또는 어두운 인터페이스가 싫은 경우 메뉴바의 [Edit]〉[Preferences]〉[Appearance]에서 인터페이스의 밝기를 변경할 수 있습니다.

• **Brightness** : 슬라이드바를 오른쪽으로 당겨 현재 진회색인 인터페이스의 밝기를 밝은 회색으로 바꿀 수 있습니다.

  – [Default] 버튼을 클릭하면 초기 상태로 복귀할 수 있습니다.

  – [Affects Label Colors]를 체크하면 밝기를 조절함에 따라 라벨 색상도 그에 맞춰 저절로 변경됩니다.

• **Highlight Color** : 인터페이스에서 현재 활성화(On) 상태임을 표시하는 파란 색상의 밝기를 슬라이드바로 조절합니다.

● Section 03 작업환경 설정하기 : 워크스페이스(Workspace)

애프터 이펙트가 익숙하지 경우, 인터페이스가 앞서 살펴본 초기 화면과 같지 않다며 다음 작업과정으로 진행하지 못하는 분들이 있습니다. 흐트러진 인터페이스의 원인은 엉뚱한 단축키가 눌리거나 잘못된 클릭 등으로 인해 패널 크기가 변경되거나 패널이 사라진 경우입니다. 작업환경의 변경은 직전으로 되돌리기(Undo)가 되지 않기 때문에, 이를 쉽게 해결하기 위해서는 미리 작업환경에 대해 약간의 이해를 하고 다음 과정으로 넘어가는 것이 좋습니다.

01 애프터 이펙트가 제공하는 워크스페이스

애프터 이펙트는 사용자가 작업하기 좋도록 다양한 작업환경을 미리 세팅하여 제공하고 있습니다.

워크스페이스 바에 보이는 [Default], [Learn], [Standard], [Small Screen], [Libraries] 각각을 클릭해 보면 초기화면에서 제공하던 [Default] 작업환경뿐만 아니라 다양한 맞춤 작업환경을 볼 수 있습니다. (현재 설정된 작업환경이 파란색 글씨로 표시됩니다.)

워크스페이스 바

현재 워크스페이스 바에는 가장 많이 쓰이는 작업환경 몇 가지만 표시되어 있는데, 워크스페이스 바 우측의 확장메뉴 ≫ 를 클릭하면 워크스페이스 바에 표시되지 않은 작업환경들을 선택할 수 있습니다. 이 목록은 메뉴바의 [Windows]〉[Workspace]에도 표시되어 있으므로 어디서 선택하든 동일하게 설정된 작업환경을 가져옵니다.

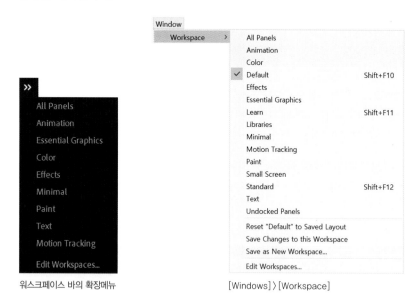

워크스페이스 바의 확장메뉴   [Windows]〉[Workspace]

PLUS **사전 설정된 워크스페이스 목록**

- **All Panels** : 애프터 이펙트가 가진 모든 패널을 인터페이스에 표시합니다.
- **Animation** : Motion Sketch, Smoother, Wiggler 등 자동 설정 애니메이션 관련 패널들을 표시합니다.
- **Color** : 영상의 컬러 속성을 표시하는 Lumetri Scopes 패널을 표시합니다.
- **Dafault** : 제일 많이 쓰이는 패널들을 표시합니다. 초기 화면과 동일합니다.
- **Effects** : Effect Controls, Effects & Presets 등 이펙트 적용과 관련된 패널들을 표시합니다.
- **Essential Graphics** : 모션 그래픽 템플릿을 설정하는 Essential Graphics 패널을 표시합니다.

- **Learn :** 애프터 이펙트 튜터리얼을 볼 수 있는 Learn 패널을 표시합니다.
- **Libraries :** 라이브러리를 검색하기 쉽도록 기타 패널 위치에 Libraries 패널만 표시됩니다.
- **Minimal :** Comp 패널과 Timeline 패널만 표시합니다.
- **Motion Tracking :** 모션 트래킹 작업을 위한 Tracker 패널을 표시합니다.
- **Paint :** 페인팅 관련 옵션을 사용할 수 있는 Paint 패널과 Brushes 패널을 표시합니다.
- **Small Screen :** 기타 패널 항목을 최소한으로 표시합니다. 해상도가 제한적인 태블릿PC 등의 터치스크린에서 활용하기 좋습니다.
- **Standard :** 이전 버전의 작업환경이 익숙한 사용자를 위해 제공됩니다.
- **Text :** Character 패널과 Paragraph 패널 등 자막 작업에 유용한 패널을 표시합니다.
- **Undocked Panels :** 모든 기타 패널들을 단독 창으로 분리하여 표시합니다.

사용자마다 선호하는 작업환경이 다릅니다. 모니터가 작은 노트북 등에서 활용하려면 좀 더 단순한 작업환경을 선호할 것입니다. 특정 명령을 적용하면 해당 명령에 사용되는 패널이 자동으로 열리므로, 보통의 경우에 초기화면인 [Default] 작업환경에서 작업합니다.

추가로 필요한 패널이 있을 때 메뉴바의 [Window]에서 해당 패널을 클릭(체크 상태)하면 기타 패널 위치에 표시됩니다. 메뉴바의 [Window]에서 체크된 패널을 다시 클릭하면 체크가 해제되면서 기타 패널 위치에서도 사라집니다.

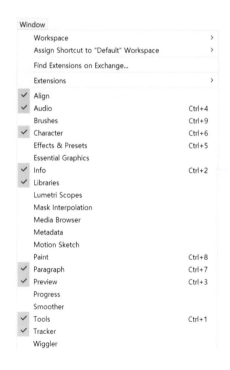

현재 작업환경에서 기타 패널 위치에 표시되고 있는 패널은 체크 표시된 Align, Audio, Character, Info, Libraries, Paragraph, Preview, Tools, Tracker 패널이라는 것을 확인할 수 있습니다.

02 내 입맛대로 바꾸는 작업환경

애프터 이펙트를 사용하다 보면 패널의 크기나 위치를 바꾸고 싶은 때가 생깁니다. 그리고 기타 패널 위치에 없는 패널을 메뉴바의 [Window]에서 일일이 체크해서 불러내기 귀찮아질 수도 있습니다. 이럴 때는 내 입맛에 맞게 작업환경을 바꾸고 저장해서 수시로 다시 불러 쓰는 방법을 알면 좋습니다.

패널 크기 바꾸기

특정 패널을 좀 더 크게 넓혀서 쓰거나 작게 줄이고 싶은 경우에 패널과 패널 사이의 경계에서 커서가 ⬌ (패널의 가로폭 변경) 또는 ⬍ (패널의 세로폭 변경)로 바뀌었을 때 클릭 앤 드래그하여 패널의 크기를 변경할 수 있습니다. 또한 세 패널이 만나는 경계에서 커서가 ✛ 로 바뀌었을 때 클릭 앤 드래그하면 패널의 가로세로폭을 동시에 변경할 수 있습니다.

패널의 가로폭 변경

패널의 세로폭 변경

패널의 가로세로폭 동시 변경

TIP

하나의 패널을 전체 화면으로 보기

패널 위에 커서를 놓고 키보드 좌상단의 단축키 `~` 를 클릭하면 해당 패널을 AE 인터페이스 전체로 가득 채워 볼 수 있습니다. 주로 세밀한 작업을 할 때나 레이어가 너무 많을 때 Comp 패널이나 Timeline 패널의 공간을 좀 더 넓게 사용하기 위해 적용합니다. 기타 패널은 기타 패널 그룹 전체로 채웁니다. 되돌리려면 다시 한 번 단축키 `~` 를 클릭합니다.

패널 위치 바꾸기

패널의 이름이 적혀있는 탭(Tab) 부분을 클릭 후 그대로 드래그하면 커서가 ▸ 로 바뀝니다.

패널 탭 클릭

다른 패널이 있는 곳으로 드래그할 때의 커서 모양

이때 다른 패널이 있는 곳으로 드래그하면 패널을 놓을 만한 위치가 자동으로 파란색 블록으로 표시됩니다. 파란색으로 표시된 블록 위치에 놓으면 놓은 위치에 따라 이동한 패널이 현재 패널의 상하좌우에 배치됩니다.

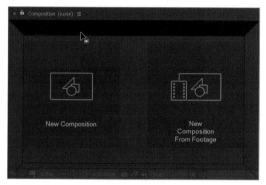
이동한 패널이 이 패널의 위쪽에 배치됩니다.

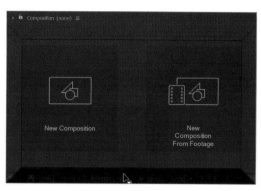
이동한 패널이 이 패널의 아래쪽에 배치됩니다.

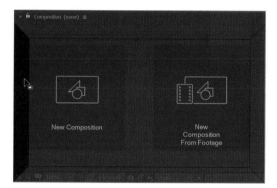
이동한 패널이 이 패널의 왼쪽에 배치됩니다.

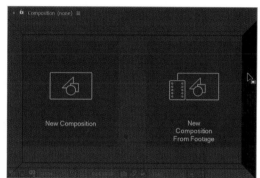
이동한 패널이 이 패널의 오른쪽에 배치됩니다.

또한 다른 패널의 탭 부분이나 패널 중앙에 놓으면 패널 그룹으로 묶을 수 있습니다.

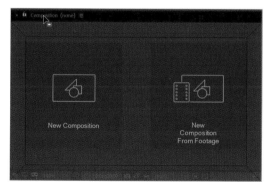
다른 패널의 탭 위치에 놓기

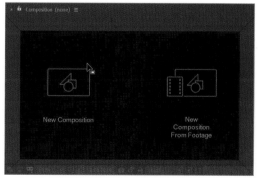
다른 패널의 중앙에 놓기

패널 그룹은 한 블록에 여러 개의 패널을 모아놓은 것으로, 여러 패널이 동일한 공간을 사용할 수 있어 작업공간을 넓게 사용할 수 있습니다.

같은 패널 그룹 내에서 Project 패널 탭을 클릭했을 때

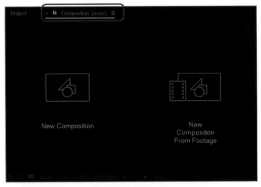
같은 패널 그룹 내에서 Composition 패널 탭을 클릭했을 때

기타 패널들도 서로 위치를 바꿀 수 있습니다. 패널 탭을 클릭한 후 위 또는 아래로 드래그한 후 커서를 놓으면 위치가 변경됩니다.

물론 기타 패널 위치에 있는 패널들도 Project나 Composition, 또는 Timeline 패널이 있는 위치로 옮기거나 서로 패널 그룹으로 묶을 수 있습니다. 어떤 패널이든 어떤 위치든 옮길 수 있습니다.

> **TIP**
>
> **빠르게 패널 관리하기**
>
> · **패널 닫기 :** 활성화된 패널 이름 왼쪽의 X를 클릭합니다.
> · **패널을 새창으로 분리하기 :** 패널 이름이 있는 탭을 클릭한 후 인터페이스 밖으로 드래그 앤 드롭합니다.
> · **여러 기타 패널을 동시에 확장하여 표시하기 :** 확장하고 싶은 기타 패널의 패널 메뉴 ▤를 클릭하고 [Panel Group Settings]〉[Solo Panels in Stack] 명령의 체크 상태를 해제합니다.

나만의 워크스페이스 저장하기

패널의 위치나 크기를 바꾸고 원하는 패널들로 작업환경을 설정한 뒤, 이 상태를 저장하여 언제든 다시 불러 쓸 수 있습니다.

워크스페이스 바에서 현재 사용하고 있는(파란색 글씨로 활성화된) 작업환경 탭 우측의 메뉴 ▤ 를 클릭하면 워크스페이스를 초기화하거나 저장할 수 있는 명령어들이 있습니다.

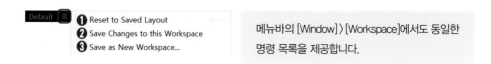

메뉴바의 [Window]〉[Workspace]에서도 동일한
명령 목록을 제공합니다.

❶ **Reset to Saved Layout** : 내 맘대로 변경한 현재의 작업환경을 어도비에서 애초에 설정한 디폴트 작업환경으로 초기화합니다.

❷ **Save Changes to this Workspace** : 변경된 작업환경을 현재 활성화된 작업환경에 덮어씌웁니다. 초급자는 사용에 유의합니다.

❸ **Save as New Workspace** : 내 맘대로 변경한 작업환경을 새로운 이름의 작업환경으로 저장합니다. 〈New Workspace〉 대화창이 뜨면 이름을 입력하고 [OK] 버튼을 클릭합니다.

새로운 워크스페이스가 만들어지면 워크스페이스 바에 추가됩니다.

워크스페이스 바의 확장 메뉴 ≫ 나 메뉴바의 [Window]〉[Workspace]의 목록에도 내가 만든 작업환경이 추가된 것을 확인할 수 있습니다.

워크스페이스 지우기

워크스페이스 바에서 현재 사용하고 있는 작업환경 탭 우측의 메뉴 ▤ 를 클릭하거나 워크스페이스 바의 확장 메뉴 ❯❯ 또는 메뉴바의 [Window]〉[Workspace]〉[Edit Workspaces]를 선택합니다.

〈Edit Workspaces〉 대화창에서 지울 워크스페이스를 선택한 후 [Delete] 버튼을 클릭하면 [Bar]의 목록에서 지워집니다. [OK] 버튼을 클릭하여 최종 승인합니다.

이제 애프터 이펙트가 약간 익숙하게 느껴진다면 다음 파트에서 본격적으로 애프터 이펙트를 사용하는 방법을 배워보겠습니다.

memo

애프터 이펙트의
기본기 다지기

Chapter 01   미디어 소스 불러오기

Section 01   새 프로젝트 만들기
Section 02   소스 파일을 푸티지로 불러오기
Section 03   프로젝트 저장하고 다시 불러오기

Chapter 02   컴포지션과 레이어 이해하기

Section 01   컴포지션 만들고 설정하기
Section 02   레이어를 배치하고 타임라인 살펴보기

PART 02

미디어 소스 불러오기

유튜브에 올릴 동영상이나 사진 소스 등을 애프터 이펙트로 불러오고 작업 파일을 저장하는 방법을 알아보겠습니다.

● Section 01   새 프로젝트 만들기

애프터 이펙트의 프로젝트 파일에는 애프터 이펙트에 연결된 소스 정보뿐만 아니라, 변형이나 키프레임으로 애니메이션을 주고 이펙트를 추가하는 등 하나의 영상을 만들기 위한 모든 작업 데이터가 담깁니다. 애프터 이펙트에서 사용되는 프로젝트 파일의 확장자는 .aep 입니다.

애프터 이펙트를 처음 시작할 때 자동으로 열리는 〈Home〉 대화상자에서 [New Project] 버튼을 클릭하면 프로젝트를 새로 만들 수 있습니다. 〈Home〉 대화창을 닫았다면 툴바에서 Home Tool 🏠 을 클릭하여 대화창을 다시 불러올 수 있습니다.

새 프로젝트를 만드는 다른 방법으로 메뉴바의 [File] 〉 [New] 〉 [New Project] (= Ctrl + Alt + N)를 실행합니다.

명령을 실행하면 자동으로 Untitled Project.aep 라는 새 프로젝트가 생성되어 활성화됩니다. 저장 명령을 적용하기 전까지 이 이름은 유지됩니다. 프로젝트 이름은 인터페이스 상단에도 표기됩니다.

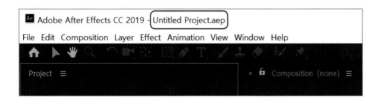

PLUS **프로젝트 설정하기 : Project Settings**

메뉴바에서 [File]〉[Project Settings]를 선택하거나, Project 패널 아래쪽의 █ 8 bpc █ 버튼을 클릭하면〈Project Settings〉 대화창이 열립니다.

상단 탭에서 [Time Display Style]을 클릭하여 현재의 프로젝트에서 시간을 표기하는 방식을 타임코드(Timecode) 형식으로 할 것인지, 프레임(Frames) 형식으로 할 것인지 선택합니다. 디폴트로 타임코드가 선택되어 있습니다.

- **Timecode** : 시간을 0:00:00:00 (시:분:초:프레임) 형식으로 표기합니다. 촬영된 동영상 파일을 소스로 하여 작업하는 경우 대부분 이 형식을 사용합니다.
  - [Footage Start Time] : 동영상 미디어에 기록된 시간대로 시작 시간을 표기(Use Media Source)하거나, 00:00: 00:000에서 시작하도록 선택할 수 있습니다.
  - [Default Base] : 초당 몇 프레임으로 재생(Play)될 지를 설정합니다. 이를 프레임 레이트(Frame Rate)라고 하며 fps(Frame per second) 단위를 사용합니다.

- **Frames** : 시간을 프레임 수 형식으로 표기합니다. 모션 그래픽 등 짧은 그래픽 애니메이션 작업을 할 때 많이 쓰이는 형식입니다.
  - [Use Feet + Frames] : 체크하면 필름으로 촬영한 영상을 소스로 사용하는 경우 16mm 또는 35mm 필름의 길이 (Feet 단위)와 프레임 수 형식을 함께 표기합니다.
  - [Frame Count] : 첫 프레임을 0부터 시작할지, 1부터 시작할지 등 시작 시간의 표기 방식을 선택합니다.

작업에 사용하기 위해 애프터 이펙트로 불러들인 모든 동영상이나 이미지 등의 소스를 "푸티지(Footage)"라고 합니다. 푸티지는 원본 소스 파일과 링크로 연결된 것으로, 푸티지를 지워도 특정 저장소(하드디스크 등)에 위치한 원본 소스 파일은 지워지지 않습니다.

예제의 [SC]–[P02] 폴더에서 다양한 포맷의 파일들을 임포트 해보도록 하겠습니다.

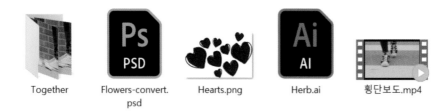

01 사진이나 동영상 파일 불러오기

메뉴바의 [File]〉[Import]〉[File] (= Ctrl + I)을 실행하여 〈Import File〉 대화창이 열리면 소스들이 저장된 위치를 찾아 원하는 소스 파일을 선택한 후 [Import] 버튼을 클릭합니다. Ctrl 이나 Shift 로 여러 소스 파일을 동시에 선택한 후 [Import] 버튼을 클릭하면 한꺼번에 불러들일 수 있습니다.

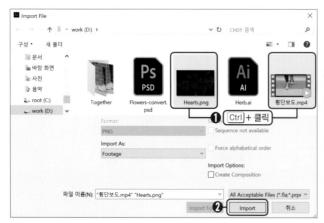

〈Import Files〉 대화창에서 소스 파일을 동시에 선택한 후 [Import]

Project 패널에 푸티지로 들어온 상태

소스 파일을 불러오는 다른 방법

방법 1 Project 패널의 빈 공간을 더블클릭합니다.

방법 2 윈도우 탐색기에서 파일(들)을 선택한 후 Project 패널로 드래그 앤 드롭합니다.

방법 3 Project 패널의 빈 공간에서 마우스 오른쪽 버튼을 클릭한 후 [Import] 〉 [File] 명령을 실행합니다.

소스가 들어있는 폴더째로 불러오기

방법 1 〈Import File〉 대화창에서 소스가 들어있는 폴더를 선택한 후 대화창 아래쪽의 [Import Folder] 버튼을 클릭합니다.

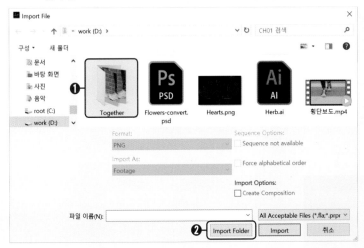

방법 2 윈도우 탐색기에서 [Alt] + 폴더를 선택한 후 Project 패널로 드래그 앤 드롭합니다.

02 연속된 이미지 파일 불러오기

저장된 파일 이름에 넘버링이 순차적으로 붙어있는 연속 촬영 사진이나 시퀀스 형식(파일이름_####)으로 저장된 이미지 파일 등을 한 장씩 따로 불러들이지 말고 하나의 푸티지로 묶어서 불러들이면 Project 패널 공간을 좀 더 효율적으로 사용할 수 있습니다.

단축키 Ctrl + I 를 누르거나 Project 패널의 빈 공간을 더블클릭하여 〈Import File〉 대화창을 엽니다. 시퀀스 이미지 파일 중 하나를 클릭하면 자동으로 시퀀스 파일의 특성을 파악하여 대화창 아래쪽의 [Sequence Options]에서 [Importer확장자 Sequence] 항목이 체크됩니다. 이 상태로 [Import] 버튼을 클릭합니다.

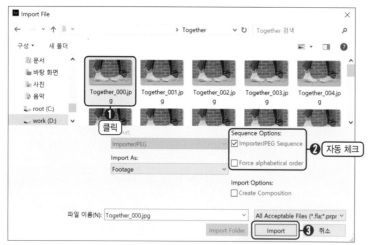

[SC]–[P02]–[Together] 폴더 안에 26장의 연속 이미지로 저장된 시퀀스 파일 "Together_###.jpg"

Project 패널에 시퀀스 파일이 하나의 푸티지로 묶여 들어옵니다. 푸티지를 클릭하면 파일에 대한 자세한 정보가 표시됩니다.

000부터 025까지 넘버링이 된 시퀀스 파일의 경우 "파일이름_[000–025].확장자"의 형태로 묶어서 임포트합니다.

윈도우 탐색기에서 시퀀스 파일 불러오기

윈도우 탐색기에서 시퀀스 이미지가 들어있는 폴더를 클릭한 후 Project 패널로 바로 드래그 앤 드롭하면 폴더 안에 있는 파일들을 시퀀스로 불러들일 수 있습니다.

중간에 넘버링이 빠져 있는 시퀀스 파일 불러오기

〈Import File〉대화창 하단의 [Sequence Options]에서 [Force alphabetical order] 항목을 체크하면 중간에 번호가 빠진 시퀀스의 경우 빠진 프레임들을 무시하고 하나의 시퀀스로 들어옵니다. 만일 체크하지 않으면 하나의 시퀀스로 묶되 빠진 프레임들은 컬러바로 대체됩니다.

연속된 넘버링이 붙어있지 않은 파일들을 하나의 시퀀스로 불러오기

어떤 폴더 안에 있는 이미지 파일들이 전부 다른 파일 이름을 가지고 있을 경우, 이를 강제로 시퀀스로 불러들일 수 있습니다. 〈Import File〉대화창에서 해당 폴더 안에 있는 파일 하나를 선택한 후 대화창 하단의 [Sequence Options]에서 [Importer확장자 Sequence] 항목을 체크하면 해당 폴더의 이름으로 Project 패널에 시퀀스로 들어옵니다. 이 때 다른 확장자의 파일은 제외됩니다.

03 포토샵이나 일러스트레이터 파일 불러오기

❗ 다음 설명은 포토샵이나 일러스트레이터 프로그램과 해당 파일 특성에 대해 잘 모르는 분들에게는 어렵게 느껴질 수 있으므로 해당 파일을 열어야 할 필요가 생겼을 때 다시 찾아서 읽어보길 권합니다.

포토샵 PSD 파일 불러오기

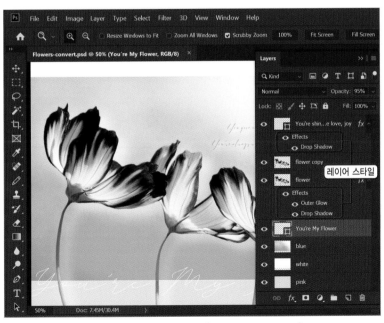

7개의 레이어와 레이어 스타일이 적용된 포토샵 PSD 파일 [Flowers-convert.psd]

〈Import File〉 대화창에서 예제의 [SC]-[P02]-[Flowers-convert.psd] 파일을 선택하고 [Import] 버튼을 누르면 다음과 같이 옵션창이 열립니다.

● **[Import Kind]를 [Footage]로 선택하는 경우**

선택한 PSD 파일을 한 장의 이미지로 불러들입니다. 이 경우 선택할 수 있는 [Layer Options]는 다음과 같습니다.

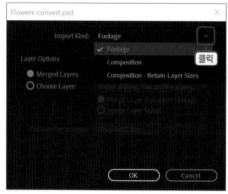
[Import Kind] 항목에서 선택메뉴 ▨ 클릭

[Import Kind]를 [Footage]로 선택한 경우

❶ **Merged Layers** : 체크하면 PSD 파일 안의 레이어들이 하나로 합쳐져 한 장의 이미지 형태의 푸티지로 들어오며 이때 이미지의 크기는 PSD 파일의 도큐먼트 크기로 불러옵니다.

❷ **Choose Layer** : PSD 파일에 포함된 여러 레이어 중 ▨ 목록에서 선택한 레이어 하나만 불러옵니다.
- **Merge Layer Styles into Footage** : 선택한 레이어에 레이어 스타일을 결합하여 불러옵니다.
- **Ignore Layer Styles** : 선택한 레이어에 적용된 레이어 스타일은 제거하고 불러옵니다.

❸ **Footage Dimensions ▼** : [Choose Layer] 항목이 체크된 경우에만 활성화되는 옵션입니다.
- **Layer Size** : 선택한 레이어의 원형 크기대로 불러옵니다.
- **Document Size** : PSD 파일의 도큐먼트 크기와 동일한 크기로 불러옵니다.

각 옵션을 다양하게 적용하여 임포트한 후에 다음과 같이 Project 패널에서 해당 푸티지의 정보를 확인할 수 있습니다.

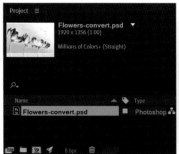

Merged Layers

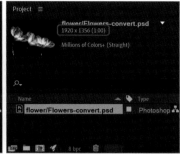

Choose Layer ▼—flower
Merge Layer Styles into Footage
Document Size

Choose Layer ▼—flower
Ignore Layer Styles
Layer Size

● [Import Kind]를 [Composition]이나 [Composition-Retain Layer Sizes]로 선택하는 경우

선택한 PSD 파일의 모든 레이어를 이름과 쌓은 순서까지 그대로 유지하여 불러올 수 있습니다.

- **Composition** : PSD 파일의 모든 레이어 크기는 도큐먼트의 크기와 동일하게 불러옵니다. 이때 모든 레이어의 앵커포인트는 도큐먼트 크기의 중앙에 동일하게 위치합니다.
- **Composition-Retain Layer Sizes** : PSD 파일이 가진 레이어 각각의 크기를 보존하여 불러옵니다. 이때 각 레이어의 앵커포인트는 각 레이어의 중앙에 위치하게 됩니다.

❶ 앵커포인트(Anchor Point)는 레이어의 크기나 위치, 배율 등을 설정할 때 기준이 되는 변형 기준점입니다.

임포트 방법을 [Composition]이나 [Composition-Retain Layer Sizes]로 선택하는 경우 다음과 같이 동일한 [Layer Options]를 가집니다.

 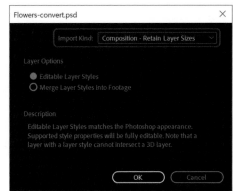

[Import Kind] 항목에서 [Composition]이나 [Composition–Retain Layer Sizes]로 선택한 경우

❶ **Editable Layer Styles** : 포토샵에서 각 레이어에 추가한 레이어 스타일(Layer Styles)을 애프터 이펙트에서 편집할 수 있게 불러옵니다.

❷ **Merge Layer Styles into Footage** : 포토샵에서 각 레이어에 추가한 레이어 스타일을 해당 레이어에 결합하여 불러옵니다.

[Composition]이나 [Composition–Retain Layer Sizes]로 PSD 파일을 불러들인 경우 Project 패널에 PSD 파일 이름으로 하나의 컴포지션이 생성됩니다. 그리고 PSD 파일에 포함된 각 레이어들은 하나의 폴더 안에 묶여서 들어옵니다. 폴더 아이콘 앞의 〉를 클릭하면 폴더 안의 레이어 목록이 펼쳐집니다. (레이어 이름/파일이름.psd)

파일 이름으로 컴포지션 자동 생성

폴더 안에 PSD 파일의 레이어들 포함

한 장의 이미지로 결합(Merge)시켜 불러들인 PSD 파일의 레이어를 다시 분리하기

[Import Kind]를 [Footage]로 선택하여 한 장의 이미지로 불러들인 PSD 파일의 레이어를 다시 모두 분리하여 쓰고 싶다면, Project 패널에서 해당 푸티지를 선택한 후 마우스 오른쪽 버튼을 클릭하여 [Replace Footage]〉[With Layered Comp] 명령을 실행합니다. [Composition-Retain Layer Sizes]로 불러들인 것처럼 컴포지션과 레이어 모음 폴더가 생성됩니다.

일러스트레이터 AI 파일 불러오기

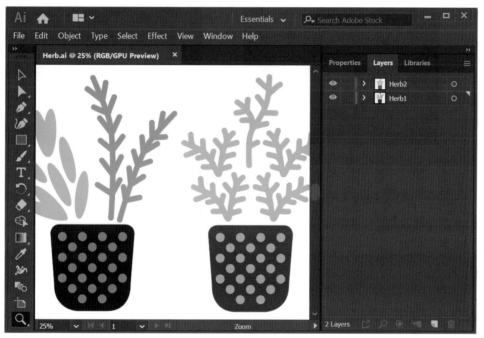

2개의 레이어를 가진 일러스트레이터 AI 파일 [Herb.ai]

〈Import File〉 대화창에서 예제의 [SC]-[P02]-[Herb.ai] 파일을 선택하고 [Import] 버튼을 누르면 다음과 같은 옵션창이 추가로 열립니다.

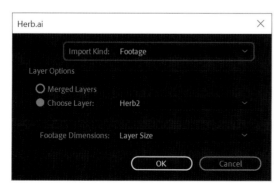

[Import Kind] 항목에서 [Footage]로 선택하는 경우

[Import Kind] 항목에서 [Composition]으로 선택하는 경우

[Import Kind]를 [Footage]로 선택하는 경우 선택한 AI 파일의 모든 레이어를 결합시켜([Merged Layers] 체크) 한 장의 이미지로 불러오거나, 레이어들 중 선택한 레이어만([Choose Layer] 목록에서 선택) 한 장의 이미지로 불러올 수 있습니다.

[Import Kind]를 [Composition]으로 선택하는 경우에는 AI 파일의 모든 레이어를 그대로 유지하여 불러올 수 있습니다. 이 경우 포토샵 PSD 파일을 불러들였을 때와 동일한 형태로 Project 패널에 임포트됩니다.

[Layer Options]의 특성은 포토샵 PSD 파일 불러오기에서 설명한 것과 동일합니다.

각 옵션을 다양하게 적용하여 불러들이면 다음과 같이 Project 패널에 임포트되는 방식이 달라집니다.

Import Kind ▼-Footage
Merged Layers

Import Kind ▼-Footage
Choose Layer ▼-Herb1
Layer Size

Import Kind ▼-Composition
Layer Size

TIP

애프터 이펙트에서의 작업을 가볍게 하기 위한 PSD와 AI 파일 사용법

어도비 앱에서 만들어진 파일들은 데이터가 큰 편입니다. 지나치게 큰 소스는 애프터 이펙트가 느려지는 원인이 됩니다. 애프터 이펙트 영상에서 어차피 작은 크기로 사용할 소스는 크기를 적당히 줄인 후에 푸티지로 불러들입니다. 또한 불필요한 작업영역이나 사용하지 않을 레이어들은 애초에 포토샵이나 일러스트레이터에서 삭제한 후 가져오는 것이 좋습니다.

04 프로젝트 패널(Project Panel) 살펴보기

Project 패널은 푸티지나 컴포지션, 폴더 등을 생성하고 관리하는 패널입니다.

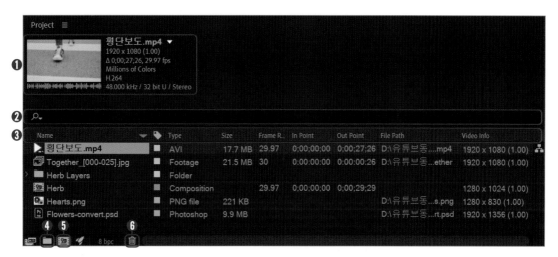

❶ 각 푸티지 앞에 붙는 아이콘의 모양은 각자의 시스템에 설치된 이미지 뷰어나 동영상 뷰어가 무엇이냐에 따라 다릅니다.

❶ 썸네일 이미지와 푸티지 속성

Project 패널로 불러들인 푸티지가 어떤 것인지 간략한 속성을 표시합니다.

Project 패널의 푸티지 중 하나를 클릭하면 해당 푸티지의 썸네일 이미지와 가로세로 크기, 영상의 길이, Frame Rate(fps), 사운드 속성 등 각 푸티지의 특성에 맞는 정보가 표시됩니다.

❶ 썸네일 창이 블랙으로 보일 때는 키보드의 [Caps Lock] 키가 눌러있는 것이므로, 이를 해제하고 해당 푸티지를 다시 클릭하면 썸네일 창에 이미지가 표시됩니다.

❷ 푸티지 검색

불러들인 푸티지가 너무 많아 스크롤을 내려 일일이 찾기 힘들 때 사용합니다.

검색창 을 클릭하거나, Project 패널이 선택된 상태에서 단축키 [Ctrl] + [F] 를 누르면 검색창이 로 활성화됩니다.

푸티지의 이름에 포함된 문자를 입력하면 해당 문자가 포함된 푸티지 목록만 패널에 표시되고 나머지 푸티지들은 숨깁니다. 검색창 우측의 ✕ 를 클릭해야 다시 모든 푸티지가 Project 패널에 표시됩니다.

❸ 컬럼(Columns)

푸티지의 속성을 보여주고, 푸티지들을 컬럼 항목에 따라 오름차순이나 내림차순으로 정렬합니다. (가령 [Name] 컬럼을 클릭하면 알파벳순으로 정렬된 푸티지들을 역알파벳순으로 재정렬합니다. 한 번 더 클릭하면 다시 알파벳순으로 정렬합니다.)

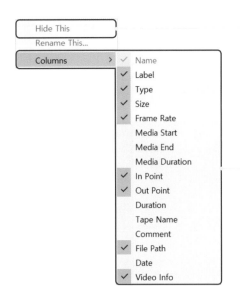

숨기고 싶은 컬럼 항목 위에서 마우스 오른쪽 버튼을 누른 후 [Hide This]를 선택하면 해당 컬럼이 더 이상 컬럼 부분에 표시되지 않습니다.

컬럼 항목은 Project 패널에 디폴트로 표시되어 있는 것 외에 더 추가하거나 숨길 수 있습니다. 컬럼 위에서 마우스 오른쪽 버튼을 누른 후 [Columns]의 목록에서 추가할 항목은 체크하고 숨길 항목은 체크를 해제합니다.

❹ ▣ : 푸티지가 너무 많은 경우 Project 패널에 폴더를 생성하여 관리합니다.

클릭하면 바로 폴더가 생성되면서 즉시 새로운 폴더 이름을 입력할 수 있습니다. Ctrl 이나 Shift 로 여러 푸티지를 선택하여 생성한 폴더 위로 드래그 앤 드롭하면 푸티지들이 폴더 안으로 들어갑니다.

폴더 안에 있는 푸티지를 밖으로 꺼내려면 폴더 왼쪽의 〉를 눌러 폴더 안의 푸티지 목록을 펼친 후에 푸티지들을 선택한 후 Project 패널의 빈 공간으로 드래그 앤 드롭합니다.

❺ ▣ : 새로운 컴포지션을 만들 수 있습니다.

❻ ▣ : 선택한 푸티지/컴포지션/폴더 등을 삭제합니다. 여러 푸티지/컴포지션/폴더를 선택한 후 아이콘을 클릭하거나, 아이콘 위로 드래그 앤 드롭합니다. 키보드의 Delete 키나 Back Space 키를 클릭해도 삭제됩니다.

TIP

푸티지나 컴포지션, 폴더 이름 바꾸기

Project 패널에서 푸티지나 컴포지션, 폴더 등을 선택한 후 키보드의 Enter↵ 키를 누르면 새 이름을 입력할 수 있습니다. 푸티지의 원본 소스 이름과 상관없이 원하는 이름으로 설정할 수 있습니다.

TIP

컬럼 폭 조절하기

푸티지 이름이나 푸티지 속성의 이름이 길어서 …로 축약되어 있는 경우, 컬럼 간의 경계에서 커서가 ↔ 모양일 때 좌우 드래그하여 각 컬럼의 폭을 조절할 수 있습니다.

● Section 03 프로젝트 저장하고 다시 불러오기

01 프로젝트 저장하기

애프터 이펙트의 프로젝트 파일은 [파일이름.aep]로 저장됩니다. 현재 작업 중인 프로젝트가 저장되지 않은 상태라면 인터페이스 상단의 프로젝트 이름 뒤에 * 표시가 나타납니다.

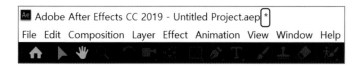

메뉴바의 [File]에 다음과 같은 다양한 저장 명령이 있습니다.

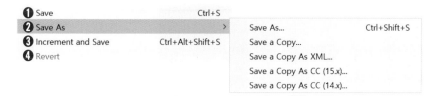

❶ **Save** (= Ctrl + S) : [파일이름.aep]로 현재 열려있는 프로젝트에 덮어쓰기로 저장됩니다.

❷ **Save As** : 기존 파일에 덮어씌우지 않고 저장하는 방법들입니다.

- **Save As** (= Ctrl + Shift + S) : 다른 이름으로 저장한 다음 그 프로젝트를 오픈합니다.
- **Save a Copy** : [파일이름 copy.aep]로 사본을 저장하지만 현재 열려있는 프로젝트는 그대로 둡니다.
- **Save a Copy As XML** : [파일이름 copy.aepx]로 저장합니다.
- **Save Copy As CC (15.x)** : CC 2018 버전인 [파일이름 copy CC (15.x).aep]로 저장합니다.
- **Save Copy As CC (14.x)** : CC 2017 버전인 [이름 copy CC (14.x). aep]로 저장합니다.

> **PLUS XML 프로젝트 파일**
>
> 서로 다른 프로그램간에 데이터를 주고 받을 때 이해하기 쉽도록 프로젝트 세부 정보를 텍스트로 표시하여 저장하는 프로젝트 파일입니다. 텍스트 편집기로 열어서 일부 프로젝트 정보를 편집할 수도 있습니다. 애프터 이펙트에서 오픈하면 일반 프로젝트 파일과 동일하게 열리며, 모든 작업 상태가 일반 프로젝트 파일을 열었을 때와 동일하게 유지됩니다.

---

❸ **Increment and Save** (= Ctrl + Alt + Shift + S) : 저장할 때마다 [파일이름 #(넘버).aep]로 오름차순의 번호를 붙이며 저장한 후 그 프로젝트를 오픈합니다.

❹ **Revert** : 마지막으로 저장된 작업 상태로 복구합니다.

자동저장(Auto-Save) 설정하기

애프터 이펙트는 복잡한 명령을 수행하다가 자주 다운되는 프로그램입니다. 수시로 프로젝트를 저장하는 습관이 되어 있지 않다면, 몇 분 간격으로 자동저장되도록 설정하는 것이 좋습니다. 이미 애프터 이펙트에서는 20분 간격으로 [파일이름 auto-save #.aep]로 오름차순의 번호가 붙으며 자동저장되도록 설정되어 있습니다.

좀 더 자주 저장되도록 바꾸고 싶다면 메뉴바의 [Edit]〉[Preferences]〉[Auto-Save]에서 설정할 수 있습니다.

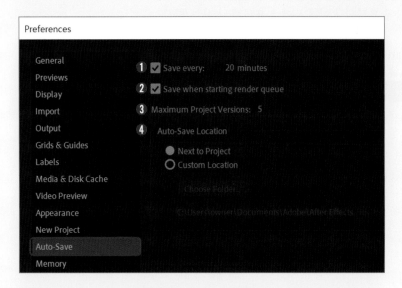

❶ **Save Every** : 몇 분 간격으로 자동 저장할지 설정합니다. 디폴트는 20분입니다.

❷ **Save when starting render queue** : 컴포지션을 렌더링 대기열로 추가하면 즉시 저장합니다. 디폴트로 체크되어 있습니다.

❸ **Maximum Project Versions** : 자동저장되는 파일의 최대 개수를 지정합니다. 최대 파일 개수에 도달하면 오래된 파일부터 덮어씌우면서 계속 저장합니다.

❹ **Auto-Save Location** : 자동저장 프로젝트 파일을 어디에 저장할지 지정합니다.

• **Next to Project** : 디폴트로 프로젝트 파일이 저장된 폴더 안에 [Adobe After Effects Auto-Save] 폴더를 생성하고 저장합니다.

• **Custom Location** : 저장 위치를 직접 설정하려면 체크하고 [Choose Folder] 버튼을 클릭하여 다른 위치를 지정합니다.

02 프로젝트 닫기

애프터 이펙트는 새 프로젝트를 만들거나 다른 프로젝트를 열 때 현재 열려있는 프로젝트를 자동으로 닫습니다. 만일 현재 프로젝트가 저장되지 않은 상태라면 저장 여부를 묻는 대화창을 오픈합니다.

메뉴바에서 [File]〉[Close Project] 명령을 사용하거나, Project 패널을 클릭한 다음 메뉴바에서 [File]〉[Close]를 선택해도 프로젝트를 닫을 수 있습니다.

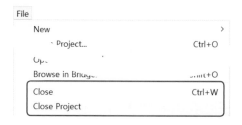

03 프로젝트 불러오기

애프터 이펙트를 처음 시작할 때 자동으로 열리는 〈Home〉 대화창에서 [Open Project] 버튼을 클릭하면 기존에 저장되어 있던 프로젝트를 열 수 있습니다. 〈Home〉 대화창을 닫았다면 툴바에서 Home Tool 🏠 을 클릭하여 대화창을 다시 불러올 수 있습니다.

프로젝트를 불러오는 다른 방법으로 메뉴바의 [File]〉[Open Project](= Ctrl + Alt + O)를 실행하거나, 파일 탐색기에서 원하는 프로젝트 파일을 더블클릭할 수 있습니다.

최근에 작업했던 프로젝트라면 〈Home〉 대화창의 [Recent] 목록에 표시되므로 그 중 클릭하여 선택합니다. 메뉴바의 [File]〉[Open Recent]를 클릭하여 나타나는 목록에서 선택해도 됩니다.

❶ 가장 최근에 작업했던 프로젝트를 여는 방법으로는 단축키 Ctrl + Alt + Shift + P 를 사용합니다.

04 사라진 미디어 소스 찾기 : Missing Footage

원본 소스 파일의 저장 경로를 바꾸거나 삭제한 다음 애프터 이펙트에서 해당 파일을 푸티지로 사용한 프로젝트 파일을 불러오면, 원본 파일의 위치를 감지하지 못해 에러 메시지가 뜹니다. Project 패널에서는 푸티지 아이콘이 로 바뀌고 푸티지 이름도 *이탤릭체*로 바뀝니다

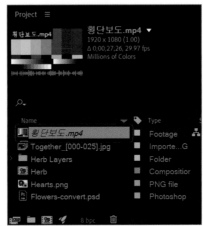

1개의 푸티지를 찾을 수 없다는 에러 메시지

Project 패널에 누락된 푸티지가 표시됩니다.

누락된 푸티지를 정상 파일로 교체하려면 누락된 푸티지를 선택한 후 마우스 오른쪽 버튼(또는 메뉴바의 [File])을 누르고 [Replace Footage]〉[File]을 선택합니다. 새로운 경로에 저장된 원본 파일을 찾거나, 아예 다른 파일을 선택하여 새 푸티지로 대체할 수 있습니다.

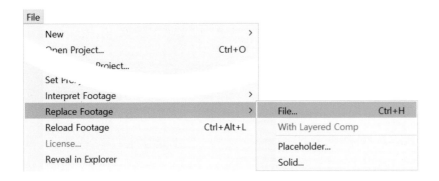

Project 패널에 푸티지가 너무 많이 쌓여 있어서 어떤 푸티지가 누락되었는지 찾기 힘들 경우가 있습니다. 이때 Project 패널의 검색창을 클릭하여 나타나는 목록에서 [Missing Footage]를 선택하면 Project 패널에 누락된 푸티지들만 표시됩니다. (메뉴바에서 [File]〉[Dependencies]〉[Find Missing Footage]를 실행해도 됩니다.)

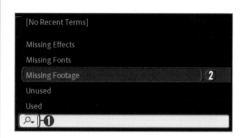
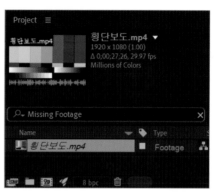

다시 모든 푸티지 목록들이 표시되도록 하려면 검색창의 X 표시를 클릭합니다.

02 컴포지션과 레이어 이해하기

계속 새로운 용어가 나오기 때문에 이해를 돕기 위해 일반적으로 프로젝트를 진행하는 순서를 정리해 보면 다음과 같습니다.

프로젝트 파일 만들기 〉 푸티지 불러오기 〉 컴포지션 만들기 〉 레이어 배치하기 〉 레이어 변형하기

● Section 01 컴포지션 만들고 설정하기

예제 파일 [SC]-[P02]-[타이핑.mp4], [휴대폰.mp4]

Project 패널의 빈 공간을 더블클릭하여 〈Import Files〉 대화창이 열리면 예제의 [SC]-[P02] 폴더에서 [타이핑.mp4], [휴대폰.mp4]을 함께 선택한 후 [Import] 버튼을 클릭하여 푸티지로 불러들입니다.

준비된 소스들을 애프터 이펙트로 불러들였다면, 다음 순서는 이 푸티지들을 놓을 공간을 만드는 일입니다. 컴포지션은 Project 패널로 불러들인 소스들을 쌓아서 배치하고 변형을 주어 최종적인 결과물을 만들어 내는 작업공간이라 할 수 있습니다.

01 새 컴포지션 만들기

푸티지들을 배치하기에 앞서 내가 만들 영상이 방송용인지, 유튜브에 올릴 영상인지, 프로필 데모용인지, 개인 소장용인지 등에 따라 해당 영상 규격에 맞는 컴포지션을 준비해야 합니다.

컴포지션을 생성하면서 내가 만들 영상 화면의 크기(Width x Height)나 초당 프레임 수(Frame Rate, fps), 컴포지션의 길이(Duration), 배경색(Background Color) 등을 지정할 수 있습니다.

Project 패널 아래쪽의  아이콘을 클릭하거나, Project 패널의 빈 공간에서 마우스 오른쪽 버튼(또는 메뉴바에서 [Composition])을 클릭하여 [New Composition] 명령을 실행합니다. 단축키 Ctrl + N 도 많이 사용됩니다.

■ 아이콘 클릭

Project 패널 빈 공간에서 마우스 오른쪽 버튼 클릭

자동으로 〈Composition Settings〉 대화창이 열리면서 새 컴포지션의 이름과 기타 옵션들을 설정할 수 있습니다.

02 컴포지션 설정하기 : Composition Settings

〈Composition Settings〉 대화창은 컴포지션을 새로 만들 때는 자동으로 열리고, 이미 열려있는 컴포지션의 설정값을 수정하고자 할 때는 메뉴바의 [Composition]〉[Composition Settings] (= Ctrl + K) 명령을 사용합니다.

기본적으로 [Basic] 탭이 선택된 상태이며 여기서 컴포지션의 기본 설정을 합니다. 설정을 바꾸고 싶다면 해당 숫자 부분을 클릭하여 설정값을 변경합니다.

❶ **Preset** : 애프터 이펙트에서 미리 세팅하여 제공하는 비디오 포맷 리스트입니다. 선택 메뉴 ▨를 클릭하여 프리셋 중 하나를 선택하면 자동으로 나머지 설정들이 세팅됩니다. 프리셋을 선택했다 하더라도 설정값을 임의대로 바꿀 수 있습니다. 가장 많이 쓰이는 Full HD 비디오 영상 타입으로 설정하려면 프리셋 중 [HDTV 1080 29.97]을 선택합니다.

❷ **Width/Height** : 작업할 컴포지션 화면의 가로/세로 크기를 설정합니다. 단위는 픽셀(px)입니다. 오른쪽 [Lock Aspect Ratio(화면의 가로 vs 세로 비율)] 체크박스에 체크하면 가로나 세로 크기 중 하나를 변경할 때 현재 화면 비율에 맞게 다른 하나를 자동으로 변경시켜 줍니다. 현재 HD영상은 16:9(1.78:1)의 화면 비율로 설정된 상태입니다.

TIP

컴포지션의 크기를 변경할 때 기준 위치 바꾸기

[Advanced] 탭을 클릭하면 다음 그림과 같이 컴포지션의 크기를 바꿀 때 어디를 변화의 기준으로 삼을지 선택할 수 있습니다. 화살표 중의 하나를 클릭하면 그 위치를 기준으로 화면이 커지거나 작아지게 됩니다. 기본 세팅으로는 화면 중앙을 기준으로 화면의 크기가 바뀝니다.

❸ **Pixel Aspect Ratio(픽셀 종횡비)** : Full HD 1920x1080 화면은 가로 1920개, 세로 1080개의 픽셀로 이루어 져 있습니다. 이때 한 픽셀의 가로 vs 세로 크기 비율을 설정할 수 있습니다. 과거 720x480 SD 방송 시 절에는 직사각형의 픽셀이 사용되었으나 HD 또는 웹용 영상을 제작하고자 할 때는 [Square Pixels(정 사각형 픽셀)]을 선택합니다.

❹ **Frame Rate** : fps(frames per second, 초당 전송하는 프레임수) 단위를 사용합니다. 선택 메뉴 ■를 클릭 하여 많이 쓰이는 fps 중에서 선택하거나, 숫자 부분을 클릭하여 직접 입력할 수 있습니다. 한국의 NTSC 방송 규격으로는 29.97fps, 웹이나 그래픽 소스용 영상의 경우에는 30fps를 주로 사용합니다. UHD 4K 영상을 제작하고자 하는 경우에는 보통 60fps를 세팅합니다. 유튜브에는 다양한 프레임 레이트로 제작 된 전 세계의 영상이 올라오고 있습니다.

PLUS **Drop Frame / Non-Drop Frame**

NTSC 방식의 영상에서 영상 클립에 기록된 타임코드와 실시간의 불일치를 맞추기 위해 보정하는 방식입니다. NTSC 컬 러TV의 신호는 초당 29.97프레임이므로 초당 30 프레임 기준으로 볼 때 한 시간에 108프레임의 오차가 생깁니다. 이때 타임코드와 실제 주행 시간을 맞추어 보정된 것을 'Drop Frame' 타임코드라 하고, 보정하지 않고 타임코드의 연속성을 이어가며 카운트하는 방식을 'Non-Drop Frame' 타임코드라고 합니다. 한국의 NTSC 방송 규격에 따라 방송용으로 제 작되는 동영상은 'Drop Frame' 방식을 사용합니다.

---

❺ **Resolution(화면 해상도)** : [Width/Height]에서 설정한 컴포지션 크기 대비 작업 화면 상으로 표시되는 해 상도를 설정합니다. 컴퓨터 사양에 따라 작업 속도가 현저히 떨어질 때 화면 해상도를 실제(Full, 100%) 보다 낮게 설정하면 작업속도를 향상시킬 수 있습니다. [Full], [Half], [Third], [Quarter], [Custom] 중 선택하면 우측에 설정한 화면 해상도가 표시됩니다. 단지 작업 화면 상으로만 표시되는 해상도이므로, 최 종 렌더링 결과물의 퀄리티에 영향을 주지 않습니다.

❻ **Start Timecode** : 컴포지션의 시작 시간을 설정합니다. 기본은 0;00;00;00 입니다.

❼ **Duration** : 작업할 컴포지션의 전체 길이를 설정합니다. 작업 도중에도 언제든 늘리거나 줄일 수 있습니다. 10초짜리 영상물을 계획하고 있다면 0;00;10;00으로 설정합니다. 작업할 때는 만들고자 하는 최종 영상 의 길이보다 충분히 여유 있게 설정하는 것이 좋습니다.

❽ **Background Color** : 컴포지션의 기본 바탕은 투명한 상태입니다. 하지만 작업할 때 레이어들이 잘 보이도 록 하기 위해, 또는 배경 색상으로 쓰기 위해 특정한 색을 설정합니다. 기본은 블랙 색상이며, 색상 상자 를 클릭하면 색을 지정할 수 있는 대화창이 열립니다. 또는 색상 상자 오른쪽의 Eyedropper 🖊️아이콘 을 클릭하여 모니터에 보이는 어떤 색상이든지 캡처할 수 있습니다. 최종 출력을 위해 렌더링을 할 때 알 파 채널 항목을 설정하면 배경을 투명하게 렌더링 할 수 있습니다. 기본적으로는 여기서 지정한 색상으 로 배경색을 채워 렌더링 합니다.

03 푸티지와 동일한 설정값을 가진 컴포지션 생성하기

아직 아무런 작업을 하지 않은 프로젝트라면(Comp 패널과 Timeline 패널이 모두 비어 있다면), Project 패널에서 푸티지를 선택한 후 현재 비어있는((none) 표시된) Comp 패널이나 Timeline 패널로 바로 드래그 앤 드롭합니다.

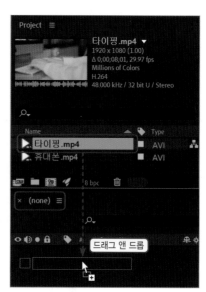

Comp 패널로 드래그 앤 드롭

Timeline 패널로 드래그 앤 드롭

다른 방법으로, Project 패널에서 푸티지를 선택한 다음 Project 패널 아래쪽의 🖼 아이콘 위로 드래그 앤 드롭하거나, 푸티지를 선택한 후 마우스 오른쪽 버튼에서 [New Comp from Selection] 명령을 실행할 수 있습니다. (메뉴바에서 [File]>[New Comp from Selection]를 실행해도 됩니다.)

Project 패널에서 컴포지션 생성하기

이렇게 하면 푸티지가 가진 속성과 동일한 설정값, 동일한 이름을 가진 컴포지션이 자동으로 만들어집니다.

Project 패널의 썸네일 옆에 표시된 [타이핑] 컴포지션의 설정값을 보면 [타이핑] 푸티지의 설정값(영상 크기, 픽셀 비율, 영상 길이, fps 등)과 동일한 것을 확인할 수 있습니다.

Project 패널에 [타이핑] 컴포지션이 생성되면서 Comp 패널과 Timeline 패널에 현재 컴포지션으로 활성화된 상태입니다.

● Section 02 레이어를 배치하고 타임라인 살펴보기

01 레이어 배치하기

Project 패널에 있던 푸티지는 하드디스크 등의 저장소에 있는 원본 소스 파일과 링크된 소스 데이터에 불과합니다. 이것을 컴포지션에 레이어로 배치해야 비로소 어떤 변형이나 효과를 줄 수 있습니다.

레이어에 변형을 주어도 Project 패널의 푸티지 원본에는 영향을 주지 않습니다. 또한 동일한 푸티지를 사용하여 하나의 컴포지션 또는 여러 컴포지션에 레이어를 중복하여 배치한 후 다른 방식의 변형이나 효과를 줄 수 있습니다.

새 컴포지션에 레이어 배치하기

Project 패널 아래쪽의 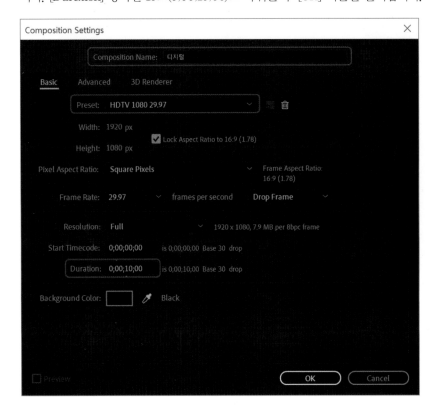 아이콘을 클릭하여 〈Composition Settings〉 대화창이 열리면 새 컴포지션의 이름을 [디지털]로 설정합니다. [Preset]을 [HDTV 1080 29.97]로 선택하면 나머지 설정이 자동으로 세팅됩니다. [Duration] 항목만 10초(0;00;10;00)로 바꿔준 후 [OK] 버튼을 클릭합니다.

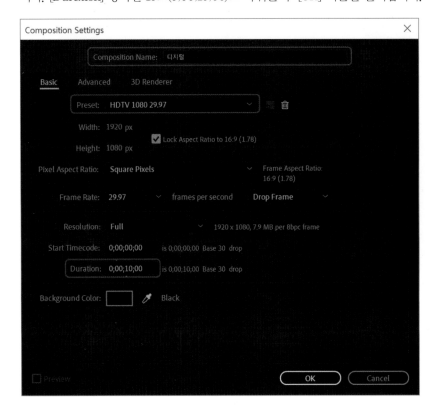

Project 패널에서 [타이핑.mp4] 푸티지를 클릭하여 Comp 패널 위로 드래그하면, 화면(Viewer)의 아무 곳에 나 놓을 수 있으며 컴포지션의 가로폭, 세로폭, 중앙에 스냅(Snap)이 작동되므로 쉽게 배치할 수 있습니다.

Comp 패널로 드래그 앤 드롭하면 레이어의 크기를 와이어프레임(Wireframe)으로 표시하여 레이어가 놓이는 위치를 가늠할 수 있습니다.

Timeline 패널로 드래그 앤 드롭하면, 자동으로 현재 컴포지션의 중앙에 배치됩니다.

Project 패널 안에서 [타이핑.mp4] 푸티지를 [디지털] 컴포지션 위로 드래그 앤 드롭해도 해당 컴포지션의 중앙에 배치됩니다.

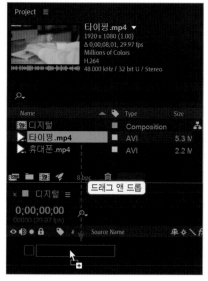

드래그 앤 드롭

Timeline 패널로 드래그 앤 드롭

드래그 앤 드롭

Project 패널에 있는 컴포지션으로 드래그 앤 드롭

[타이핑.mp4] 푸티지가 다음과 같이 [타이핑.mp4] 레이어로 배치된 것을 확인합니다. 처음 레이어로 배치하면 푸티지의 이름이 그대로 사용됩니다. 레이어를 선택한 후 키보드의 [Enter.┘] 키를 누르면 레이어의 이름을 변경할 수 있습니다.

❗ 동일한 푸티지를 여러 번 레이어로 배치할 때, 레이어의 이름은 처음엔 모두 푸티지와 동일하게 설정됩니다. 동일한 이름의 레이어가 많을 때는 구분하기 위해서 각 레이어를 클릭하여 선택한 후, [Enter.┘] 키를 눌러 새로운 이름을 입력해주는 것이 좋습니다.

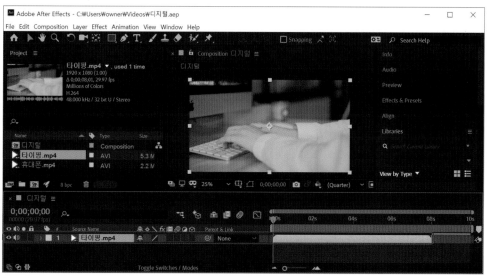

[디지털] 컴포지션의 1번 레이어로 놓인 [타이핑.mp4] 레이어

이제 이 레이어의 길이를 자르거나, 크기를 바꾸는 등 변형을 줄 수 있습니다. 일단 Ctrl + S 를 눌러 프로젝트 파일 이름을 [디지털]로 저장합니다. (디지털.aep)

현재 작업 중인 컴포지션에 레이어 배치하기

Project 패널에서 [휴대폰.mp4] 푸티지를 클릭하여 현재 작업 중인 [디지털] 컴포지션의 Comp 패널 위로 드래그 앤 드롭하면 화면상의 원하는 위치에 레이어를 놓을 수 있으며, 기존 레이어들보다 위에 배치됩니다.

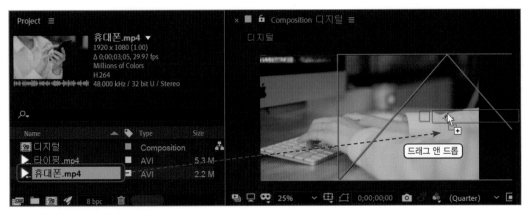

Comp 패널로 드래그 앤 드롭

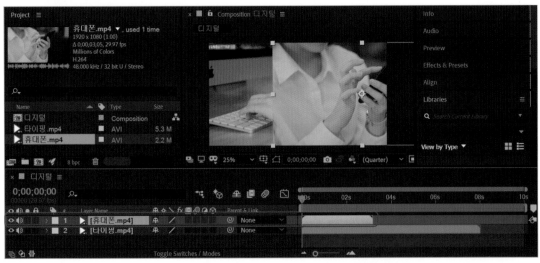

[타이핑.mp4] 레이어보다 위에 배치되어 1번 레이어가 된 [휴대폰.mp4] 레이어

Project 패널에서 [휴대폰.mp4] 푸터지를 드래그하여 Timeline 패널에 현재 활성화된 컴포지션의 빈 공간에 드롭하면 컴포지션의 중앙에 레이어를 놓을 수 있습니다. 이때 기존에 있던 레이어 아래에 배치됩니다.

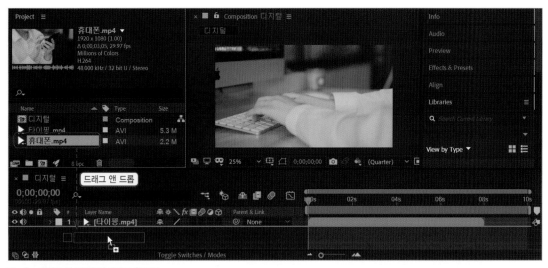

Timeline 패널의 빈 공간으로 드래그 앤 드롭

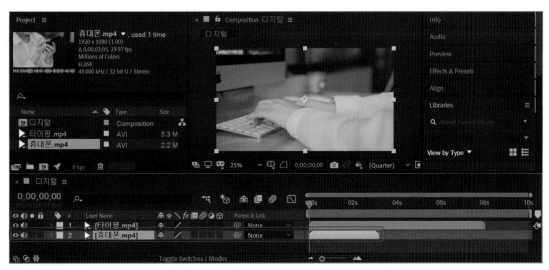

[타이핑.mp4] 레이어보다 아래에 놓여 2번 레이어가 된 [휴대폰.mp4] 레이어

[타이핑.mp4] 레이어보다 아래에 놓여 [휴대폰.mp4] 레이어가 화면상으로는 보이지 않습니다.

기존에 있던 레이어보다 위에 배치하고 싶다면 기존 레이어 위에 파란색 선이 표시되는 위치에 드롭하면 됩니다. 레이어가 여러 개 쌓여 있더라도 파란색 선이 표시되는 위치에 놓으면 다른 레이어들 사이에도 놓을 수 있습니다.

Timeline 패널에서 다른 레이어 위에 표시되는 파란색 선 위치에 드롭

[타이핑.mp4] 레이어보다 위에 놓여 1번 레이어가 된 [휴대폰.mp4] 레이어

[휴대폰.mp4] 레이어가 같은 정중앙 위치의 [타이핑.mp4] 레이어보다 위에 놓여 [타이핑.mp4] 레이어를 가리게 됩니다. 만일 아래에 놓인 레이어보다 크기가 작은 레이어를 위에 놓으면 위 레이어로 가려지지 않는 아래 레이어 부분이 화면상에 표시됩니다.

레이어바(Duration Bar)

레이어바는 Timeline 패널에서 각 미디어의 재생시간(Duration)을 확인할 수 있도록 바 형태로 표시됩니다. [휴대폰.mp4] 레이어의 재생시간(3초 5프레임)이 [타이핑.mp4] 레이어의 재생시간(8초 1프레임)보다 짧은 것을 확인할 수 있습니다.

선택된 레이어가 좀 더 환하게 표시됩니다.

❶ 동영상이나 시퀀스 레이어, 오디오 레이어는 레이어바의 시작점과 끝점에 삼각형 표시가 되어 있고, 사진이나 솔리드 레이어 (단색 레이어) 등 단순 이미지 레이어에는 삼각형 표시가 없습니다.

앞으로 이 레이어바를 잘라내거나 길이를 줄이고, 위치를 바꾸어 화면에 표시되는 영상의 길이나 순서에 변화를 줄 수 있게 됩니다.

---

02 컴포지션 패널(Composition Panel) 살펴보기

예제 파일 [SC]-[P02]-[gift.png]

Composition 패널은 간단히 컴프(Comp) 패널이라고 부르며, 레이어들을 배치(Layout)하고 레이어의 위치와 형태를 화면(Viewer)을 통해 직관적으로 보면서 레이어를 직접 클릭하여 변형까지 할 수 있는 공간입니다.

Comp 패널에 표시되는 화면(Viewer)은 컴포지션 설정(Composition Settings)에서 지정한 크기와 해상도에 따라 레이어들의 이미지가 표시되는 영역이자 최종적으로 렌더링되어 영상으로 출력되는 영역입니다. 화면의 검은 색은 〈Composition Settings〉 대화창에서 설정한 [Background Color] 색상을 가상으로 채운 것이며 실제로는 투명한 빈 공간입니다.

다음 설명에서 Comp 패널의 각종 아이콘 중 사용 빈도가 떨어지는 것은 제외하였습니다. 자주 쓰는 아이콘은 앞으로의 학습을 통해 자연스럽게 익히게 될 것입니다. 나중에 잘 기억나지 않는 아이콘이 있다면 이 페이지로 돌아와 빠르게 확인할 수 있습니다.

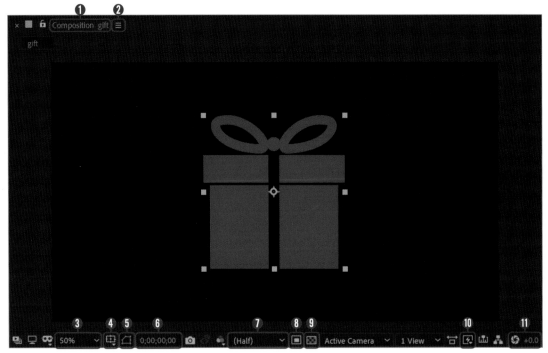

컴포지션 하단의 아이콘 중 On/Off 아이콘의 경우 파란색으로 표시되면 "On(적용)" 상태를 나타냅니다.

❶ **현재 컴포지션 이름** : 현재 작업 중인(활성화 상태의) 컴포지션 이름이 파란색으로 표시됩니다.

❷ **컴포지션 패널 메뉴** ☰ : 컴포지션 패널에서 사용할 수 있는 추가 명령어들이 표시됩니다.

❸ **Magnification ratio** : 화면(Viewer)의 크기를 확대하거나 줄일 수 있습니다. 1.5~6400%까지 선택할 수 있으며 Comp 패널 크기를 임의로 변경해도 선택한 비율이 유지됩니다.

- **Fit** : Comp 패널 크기를 임의로 변경하면 패널 크기에 맞춰 자동으로 화면의 크기를 조절합니다.
- **Fit up to 100%** : Comp 패널을 확대해도 컴포지션의 원래 크기인 100%의 화면 크기를 유지합니다. 단, 100%보다 패널 크기를 줄이면 그에 맞춰 화면 크기도 작아집니다.

TIP

화면(Viewer) 크기를 조절하는 빠른 방법

방법 1 Comp 패널에서 마우스휠을 아래로 한 단계 드래그하면 화면이 1/2배씩 축소되고, 위로 드래그하면 2배씩 확대됩니다. 가장 많이 쓰이는 방법입니다.

방법 2 키보드에서 □(쉼표)키를 한번 클릭할 때마다 화면이 1/2배 축소되고, □(마침표)키를 한번 클릭할 때마다 2배 확대됩니다.

❹ **Grid and guide options** ▦ : 레이어의 레이아웃을 도와주는 보조선을 화면에 표시합니다. 메뉴바의 [View] 항목에서 동일한 명령어를 선택할 수 있습니다.

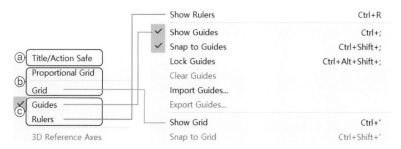

Grid and guide options   메뉴바의 [View] 명령어에는 스냅을 적용할 수 있는 명령어가 더 있습니다.

ⓐ **Title/Action Safe (=['] 작은따옴표)** : TV나 모니터 등 디스플레이에서는 오버스캔으로 실제 작업한 화면이 100% 다 보이지 않는 부분이 발생하게 됩니다. 이렇게 화면이 잘리는 것을 방지하기 위해 애프터 이펙트에서 작업할 때 작업 화면에 가상의 보조선을 표시해줍니다.

반드시 디스플레이 상에 나타나야 할 이미지는 Action-safe Line 안쪽으로 배치하고, 글씨는 가급적 Title-safe Line 안쪽으로 배치하도록 합니다.

Center-cut Action-safe Line과 Center-cut Title-safe Line은 작업 중인 컴포지션의 종횡비가 16:9인 경우 4:3 디스플레이에서 재생될 때 잘려나갈 수 있는 영역을 표시합니다.

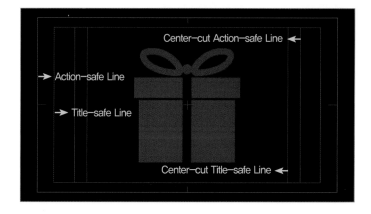

❗ 영상의 배경으로 사용할 이미지를 포토샵 등에서 미리 만들어 올 경우, 화면에 반드시 나타나야 할 중요한 이미지나 텍스트는 이 Safe Line 영역을 고려하여 제작한 후 애프터 이펙트로 불러들이도록 합니다. 보통 Action-safe Line은 화면 크기의 10% 이내, Title-safe Line은 화면 크기의 20% 이내로 설정합니다.

ⓑ **Proportional Grid** : 컴포지션의 가로/세로 크기 비율에 맞춰 분할한 선을 화면에 표시합니다.

Grid (= Ctrl + `'`) : 화면에 그리드 선을 표시합니다. 그리드에 스냅을 적용하려면 메뉴바의 [View] 〉[Snap to Grid] (= Ctrl + Shift + `'`)를 적용합니다.

Proportional Grid   Grid

ⓒ **Guides** (= Ctrl + `;`) / **Rulers** (= Ctrl + R) : [Rulers]를 먼저 적용하여 화면에 표시되면, 왼쪽과 위에 있는 룰러 위에서 커서가 ↔나 ↕로 바뀌었을 때 클릭한 다음 패널 안쪽으로 드래그하여 가이드선을 생성합니다.

가이드에 스냅을 적용하려면 메뉴바의 [View]〉[Snap to Guides] (= Ctrl + Shift + `;`)를 적용합니다. 가이드가 움직이지 않도록 고정하려면 메뉴바의 [View]〉[Lock Guides] (= Ctrl + Alt + Shift + `;`) 를 적용합니다.

가이드를 지우려면 각 가이드선을 클릭하여 패널 밖으로 드래그합니다. 메뉴바의 [View]〉[Clear Guides]를 적용하면 모든 가이드선을 지울 수 있습니다.

그리드와 가이드의 세부 옵션 설정하기

메뉴바의 [Edit] 〉 [Preferences] (= Ctrl + Alt + ;)를 실행하여 〈Preferences〉 대화창을 엽니다. [Grids & Guides] 카테고리에서 그리드와 가이드, 세이프 라인의 세부 옵션을 설정할 수 있습니다. 주로 그리드의 색상과 간격, 선의 형태 등을 조정하기 위해 많이 사용합니다.

❶ [Safe Margins] 항목은 Action-safe Line과 Title-safe Line의 위치를 설정하는 것으로 디폴트 세팅값을 일반적으로 사용합니다.

❺ **Toggle Mask and Shape Path Visibility** ◰ : 마스크나 셰이프의 패스(Path)를 화면에 표시합니다. 아이콘이 파란색이면 적용된 상태입니다.

❻ **Preview Time** : CTI(Current Time Indicator)가 위치한 현재 시간(Current Time)을 타임코드 `0;00;00;00` 또는 프레임 `00000` 형식으로 표시합니다. Ctrl + 클릭하면 타임코드와 프레임 표시 형식을 전환할 수 있습니다. 그냥 클릭하면 〈Go to Time〉 대화창이 열리며, 이동하고 싶은 시간대를 직접 입력할 수 있습니다.

❼ Resolution/Down Sample Factor (Full) ⌄ : 뷰어에 표시되는 화면 해상도를 설정합니다. 이는 최종 렌더링 아웃풋의 해상도와는 무관합니다.

컴퓨터 시스템 성능에 따라 Full, Half(1/2), Third(1/3), Quarter(1/4)로 화면 해상도를 줄여 작업속도를 높일 수 있습니다. 이 설정은 〈Composition Settings〉 대화창의 [Resolution] 항목과 동일합니다.

❗ Full 해상도가 HD(1920x1080px)인 경우 Half는 960x540px, Third는 640x360px, Quarter는 480x270px의 해상도로 표시됩니다.

[Auto]로 지정하면 Magnification ratio 100% ⌄ 와 연동하여 뷰어 크기에 따라 자동으로 해상도가 조절됩니다. [Auto]는 Comp 패널에서만 설정할 수 있으며 괄호 안에 변동 해상도가 표시됩니다.

❽ Region of Interest ▣ : 용량이 큰 작업을 할 때 화면의 일부분만 보면서 작업할 수 있습니다. 최종 렌더링 아웃풋에는 영향이 없습니다.

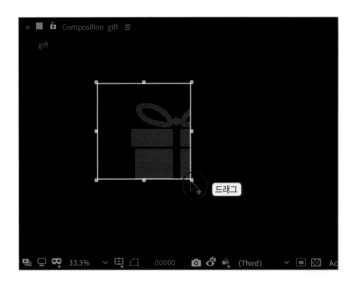

▣ 아이콘을 클릭한 후 뷰어 위에서 보고 싶은 영역을 ▸⊹ 커서로 박스 드래그하면 해당 영역만 뷰어에 표시됩니다.

아이콘이 파란색일 때 적용된 상태이며, 다시 클릭하면 적용이 해제되어 모든 이미지가 다시 표시됩니다.

리셋하고 범위를 새로 지정하려면 Alt + ▣ 아이콘을 클릭합니다.

❗ Shift + 박스 드래그하면 정사각형으로 범위를 설정할 수 있으며, 박스의 엣지(Edge)를 클릭하여 이동시키거나, 사각형 조절점들을 클릭하여 박스의 크기를 변경할 수 있습니다. Shift 를 누르면 박스를 이동할 때 수직/수평으로 제한하거나, 박스 크기를 변경할 때 가로/세로 비율을 고정하여 적용할 수 있습니다.

TIP

Region of Interest ▣로 설정된 영역으로 컴포지션 크롭하기

화면에 Region of Interest ▣를 설정한 후 메뉴바의 [Composition]〉[Crop Comp to Region of Interest] 명령을 적용하면 컴포지션의 크기가 박스 크기에 맞춰 크롭(Crop)됩니다.

❾ **Transparency Grid** 🔲 : 뷰어의 배경색을 투명하게 표시합니다.

❿ **Fast Previews** ⚡ : 그래픽카드 성능에 따라 화면에서 프리뷰(Preview) 되는 성능을 조정할 수 있습니다.

- **Off (Final Quality)** : 최고 퀄리티로 보면서 작업합니다.
- **Adaptive Resolution** : Timeline 패널에서 속성값을 커서로 드래그하여 설정하거나, Comp 패널에서 레이어를 직접 변형시킬 때는 레이어의 퀄리티를 낮춥니다. (디폴트)
- **Fast Draft** : 복잡한 장면을 프리뷰할 때 1/4 해상도로 낮춥니다.
- **Wireframe** : 레이어를 와이어프레임으로 표시합니다.

⓫ **Exposure** 🔆 +0.0 : 화면에 표시되는 영상이 너무 밝거나 어두울 경우 원활한 작업을 위해 화면의 밝기를 임시로 조절할 수 있습니다. 파란색 속성값을 클릭하여 수치를 직접 입력하거나 속성값 위에서 커서로 좌우 드래그하여 수치를 변경하는 것으로 밝기를 조절합니다. 처음 상태로 리셋 하려면 🔆 아이콘을 클릭합니다. 최종 렌더링 아웃풋에는 영향을 주지 않습니다.

03 타임라인 패널(Timeline Panel) 살펴보기

Comp 패널이 뷰어를 통해 작업 중인 이미지를 직접 확인할 수 있는 공간이라면, Timeline 패널은 레이어들을 레이어바 형태로 순차적으로 쌓아 올려 각 레이어의 재생시간(Duration)을 조정하고 키프레임을 주어 애니메이션 작업을 할 수 있는 공간입니다.

다음의 설명들은 다소 어려워 보여도 앞으로의 학습에서 반복적으로 사용되므로, 잘 이해가 안가는 부분이 있다면 괴로워하지 말고 가볍게 읽고 넘어가길 바랍니다. 나중에 잘 기억이 안나는 부분은 이 페이지로 돌아와 빠르게 확인할 수 있습니다.

현재 시간과 CTI

현재 시간(Current Time)은 Comp 패널의 화면에 현재 이미지가 표시되는 시간을 가리킵니다. 현재 시간이 0;00;00;00이라면 화면에는 영상의 제일 첫 이미지가 표시됩니다.

CTI(Current Time Indicator)는 현재 시간을 가리키는 표시기입니다. 정지된 이미지 레이어가 아니라면 CTI를 이동시켜 현재 시간을 변경시킬 때 화면에 표시되는 이미지도 바뀌게 됩니다.

● 현재 시간 표시 형식 변경하기

현재 시간은 타임코드 또는 프레임 형식으로 표기됩니다. 어떤 형식이든 두 타입을 동시에 표기하고 있으므로 타임코드와 프레임을 한 번에 모두 확인할 수 있습니다.

타임코드 형식   프레임 형식

Ctrl + 현재 시간 영역을 클릭하면 타임코드와 프레임 표시 형식이 전환(Toggle)됩니다.

● 현재 시간 변경하기

많이 쓰이는 방법들은 다음과 같습니다.

방법 1 CTI를 클릭하여 좌우로 드래그합니다.

❶ Shift + 클릭하여 드래그하면 컴포지션의 시작/끝 지점, 레이어의 인/아웃점, 작업 영역(Work Area)의 시작/끝 지점, 키프레임, 마커(Marker)에 스냅이 걸려서 원하는 위치로 쉽게 이동이 가능합니다.

방법 2 시간 표시 영역(Time Ruler)을 클릭하면 CTI가 클릭 위치로 이동하면서 현재 시간이 바뀝니다.

방법 3 단축키를 이용합니다.

1프레임 전/후 시간대로 이동 = [Page Up] / [Page Down]
10프레임 전/후 시간대로 이동 = [Shift] + [Page Up] / [Page Down]
컴포지션의 시작/끝 프레임(Start/End Frame)으로 이동 = [Shift] + [Home] / [End]
작업영역(Work Area)의 시작/끝 지점(Start/End Point)으로 이동 = [Shift] + [Home] / [End]

방법 4 현재 시간(Current Time) 영역을 직접 클릭하여 시간을 바꿉니다.

· **현재 시간 영역을 클릭하여 키보드로 입력하기**

키보드로 "215"를 입력하면

타임코드 형식의 경우 ➡ 0;00;02;15 (75 frame) 시간대로 이동

프레임 형식의 경우 ➡ 215 frame (0:00:07:05) 시간대로 이동

TIP

현재 시간을 키보드로 변경할 때 연산자 이용하기

현재 시간 영역을 클릭한 후
· "+15"를 입력하면 15프레임 뒤로 이동
· "+ −15"를 입력하면 15프레임 전으로 이동
· "−15"를 입력하면 −15프레임으로 이동

- 현재 시간 영역을 클릭한 후 커서를 좌우로 드래그하기

    ❶ Shift + 드래그하면 10프레임씩 이동합니다.

타임코드 형식　　　　프레임 형식

시간 표시 영역(Time Ruler) 조절하기

키프레임 설정 등 복잡한 작업을 하다 보면 시간 표시 영역을 확대하거나 축소해야 할 경우가 많이 생깁니다.

- CTI의 위치를 중심으로 Time Ruler를 확대/축소하여 보기

= Timeline 패널 하단의  에서 산 모양의 아이콘을 좌(축소)/우(확대) 클릭하거나 가운데 슬라이드바를 좌우로 드래그

- Time Ruler 위에 커서가 놓인 위치를 기준으로 확대/축소하여 보기

= Alt + 마우스휠을 위아래로 드래그

- Time Navigator의 Start/End 부분을 커서가 ↔ 상태일 때 클릭 앤 드래그하여 확대/축소하여 보기

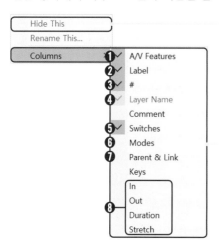

- Time Ruler가 확대되어 있을 때 Time Ruler를 좌우로 이동하기

= Shift +마우스휠을 위아래로 드래그

타임라인의 컬럼(Columns) 살펴보기

컬럼 항목에서 마우스 오른쪽 버튼을 클릭하면 컬럼에 표시할 항목을 추가하거나 숨길 수 있습니다.

| Hide This |
| Rename This... |
Columns	❶ A/V Features
	❷ Label
	❸ #
	❹ Layer Name
	Comment
	❺ Switches
	❻ Modes
	❼ Parent & Link
	Keys
	In
	Out
	❽ Duration
	Stretch

숨기고 싶은 컬럼 항목 위에서 마우스 오른쪽 버튼을 누른 후 [Hide This]를 선택하면 해당 컬럼이 더 이상 컬럼 부분에 표시되지 않습니다.

컬럼 위에서 마우스 오른쪽 버튼을 누른 후 [Columns]의 목록에서 추가할 항목은 체크하고 숨길 항목은 체크를 해제합니다.

Timeline 패널의 컬럼 항목에서 레이어마다 다른 설정을 적용할 수 있습니다.

❶ A/V Features

레이어마다 각각의 체크 상자를 클릭하여 특정 기능을 On/Off 합니다.

- **Video** ⊙ : 레이어를 화면에 표시하거나 임시로 숨깁니다.
- **Audio** ◑ : 동영상 레이어에 포함된 오디오나 오디오 레이어를 On/Off 합니다.
- **Solo** ◉ : Solo ◉ 아이콘이 On 상태인 레이어들만 Comp 패널에 표시합니다. (카메라/라이트 레이어 는 제외)

> ❶ Alt + ◉ 아이콘을 On 설정하면 해당 레이어만 [Solo]가 적용되고 그 외의 레이어들은 [Solo] 설정이 해제됩니다.

> ❶ 최종 렌더링 시 〈Render Settings〉 대화창에서 별도로 설정을 변경하지 않는 한, [Solo]가 On 상태인 레이어만 렌더링 되므로 주의합니다.

- **Lock** 🔒 : 설정하면 해당 레이어가 수정되지 않도록 잠글 수 있습니다.

❷ Label 🏷

각 레이어의 특성에 따라 레이어바의 색상을 다르게 하여 레이어를 구별하기 쉽도록 합니다. 이미 〈Pref-erences〉 대화창의 [Labels] 카테고리에서 레이어 타입에 따라 디폴트 색상이 지정되어 있지만, 임의로 색상을 변경할 수 있습니다. 〈Preferences〉 대화창에서 레이어 타입별 색상을 다른 색으로 변경할 수도 있고, Timeline 패널에서 각 레이어의 라벨 컬럼 아래에 위치한 색상 상자를 클릭한 후 다른 색상으로 즉시 변경할 수 있습니다.

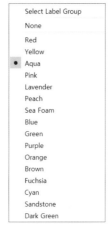

메뉴바의 [Edit]〉[Preferences]〉[Label]에 설정된 레이어 타입별 디폴트 지정색   Label 컬럼에서 색상 변경

- **같은 라벨 색상을 가진 모든 레이어의 색상을 한 번에 변경하기**

 : Timeline 패널에서 색상을 바꿀 레이어의 라벨 컬러 상자를 클릭하여 목록 중 [Select Label Group]을 선택하면 그와 동일한 라벨 색상을 가진 모든 레이어가 선택됩니다. 그 중 하나의 라벨 색상 상자를 클릭하여 다른 색상을 선택합니다.

- **다양한 라벨 색상을 가진 레이어들을 하나의 라벨 색상으로 통일하기**

: Ctrl 또는 Shift 로 여러 레이어를 선택한 다음 그 중 하나의 라벨 색상 상자를 클릭하여 다른 색상을 선택합니다.

❸ **# (레이어 번호)** : 제일 위에 놓인 레이어를 1번으로 하여 밑으로 레이어가 쌓일수록 번호가 올라갑니다.

❹ **Source Name / Layer Name** : 해당 컬럼 부분을 클릭하면 푸티지 이름과 레이어 이름이 전환되면서 표시됩니다. 처음 레이어를 만들면 레이어 이름은 푸티지와 동일한 이름으로 대괄호 [ ] 안에 표기됩니다.

레이어를 선택한 후 Enter↵ 키를 누르면 레이어 이름을 바꿀 수 있고, 레이어 이름을 변경하면 대괄호 [ ]는 사라집니다. 여러 레이어에 동일한 레이어 이름을 줄 수도 있습니다.

❗ [Source Name]은 Timeline 패널에서 변경할 수 없고, Project 패널에서 푸티지 이름을 선택한 후 Enter↵ 키를 눌러 변경합니다.

❺ **Switches** : 이 컬럼은 Timeline 패널 왼쪽 하단의 Layer Switches pane 🔳 아이콘을 On/Off하여 표시하거나 숨길 수 있습니다. 각각의 체크 상자를 클릭하여 레이어에 특정 기능을 적용합니다.

ⓐ **Shy** 🐵 : 레이어가 많아 복잡할 때 특정 레이어를 임시로 Timeline 패널의 레이어 목록에서 숨깁니다. 단, Comp 패널에는 해당 레이어가 숨겨지지 않고 그대로 표시됩니다.

숨기고 싶은 레이어의 🐵 스위치를 클릭하면 ⬛ 로 스위치가 바뀌는데 이것만 설정해서는 아무런 변화가 없습니다. Timeline 패널 상단의 Hide Shy Layers 🐵 버튼을 눌러야 ⬛ 스위치가 설정된 모든 레이어를 Timeline 패널의 레이어 목록에서 숨깁니다.

ⓑ **Collapse Transformations / Continuously Rasterize** ☀ :

대표적으로는 두 가지 기능을 가지고 있는 스위치입니다. 컴포지션 레이어에 설정하면 렌더링하는 순서에 영향을 주는 'Collapse Transformations(변형 축소)'의 기능을 하고, Shape/Text/Vector 레이어에 설정하면 레이어를 확대하거나 축소할 때 레이어의 퀄리티를 유지해주는 'Continuously Rasterize(연속 래스터화)'의 기능을 합니다. 그 외에도 프리-컴포지션에 포함된 레이어가 잘리지 않도록 가져오는 데 사용할 수 있습니다.

ⓒ **Quality and Sampling** ▨ : 레이어를 확대하거나 축소할 때 화질 보정에 사용됩니다. 스위치 상자를 클릭 할 때마다 Draft ▨, Best ◢, Bicubic ◗ 이 차례로 전환됩니다. 기본적으로는 Best ◢ 가 설정되어 있습니다.

- **Draft** ▨ : 레이어에 안티알리아스(Anti-Alias)를 적용하지 않고, 일부 효과도 제거하여 표시합니다.
- **Best** ◢ : Bilinear Sampling 방식으로 보정하며, 퀄리티는 좋으나 다소 렌더링 시간이 증가합니다.
- **Bicubic** ◗ : 레이어의 사이즈를 키웠을 때 Bilinear Sampling 방식보다 더 화질이 선명하도록 보정하나, 렌더링 시간도 더 증가합니다.

ⓓ **Effect** *fx* : 레이어에 적용한 이펙트를 일시적으로 On/Off 합니다.

ⓔ **Frame Blending** ▤ : 영상의 재생시간(Duration)을 늘렸거나, 초당 프레임 수(fps)가 컴포지션의 설정 값보다 적게 촬영된 영상, 또는 촬영된 화면 속도가 불규칙한 영상의 경우 영상이 부드럽게 재생되도록 보완합니다.

스위치 상자를 클릭할 때마다 Frame Mix ▤, Pixel Motion ▦, Off(적용 안함)가 차례로 전환됩니다. 스위치를 설정하면 Timeline 패널 상단의 Enable Frame Blending ▤ 버튼이 자동으로 실행되어 Frame Blending ▤ 스위치를 설정한 모든 레이어에 프레임 블렌딩을 적용합니다. 단, 작업이 다소 느려질 수 있으므로 저사양의 시스템이라면 Enable Frame Blending ▤ 버튼을 임시로 Off했다가 렌더링 할 때 다시 On하도록 합니다.

- **Frame Mix** ▤ : 재생시간을 현저히 늘린 경우에 사용하며, 전후 프레임을 섞어 새로운 중간 프레임을 생성함으로써 영상을 부드럽게 만듭니다.
- **Pixel Motion** ▦ : 전후 프레임의 움직임을 분석하여 새로운 중간 프레임을 생성합니다. 단, 움직임이 너무 빠르거나 모션 블러가 많이 포함된 영상에는 사용하지 않는 것이 좋습니다. 렌더링 시간이 다소 증가합니다.

  ❶ 더 좋은 결과물을 내고 싶다면 Quality and Sampling ▨ 스위치에서 Best ◢ 나 Bicubic ◗ 을 함께 적용합니다.

ⓕ **Motion Blur** ◉ : 시간이 변함에 따라 레이어에 위치(Position), 크기(Scale) 및 회전(Rotation)의 변화가 있을 때 모션 블러 효과를 적용하여 좀 더 실감나는 속도감을 줄 수 있습니다. 스위치를 설정하면 Timeline 패널 상단의 Enable Motion Blur ◉ 버튼이 자동으로 On 상태가 됩니다. 모션 블러를 적

용하면 작업이 다소 느려질 수 있으므로 Enable Motion Blur ⊘ 버튼을 임시로 Off했다가 렌더링 할 때 다시 On하도록 합니다.

ⓖ **Adjustment Layer** ⊘ : 조정 레이어는 투명한 레이어로, 여기에 마스크나 이펙트 등을 적용하여 그 아래에 위치한 모든 레이어에 한꺼번에 영향을 줄 수 있습니다. 메뉴바의 [Layer]〉[New]〉[Adjustment Layer] (= Ctrl + Alt + Y)로 조정 레이어를 만든 경우에는 자동으로 이 스위치가 적용되어 있으며, 이 스위치를 Off하면 조정 레이어가 흰색의 솔리드 레이어로 바뀝니다.

일반 레이어에 이 스위치를 설정하면 레이어가 투명해지면서 조정레이어와 동일하게 사용할 수 있습니다.

ⓗ **3D Layer** ⬚ : 레이어를 3D 레이어로 변경하고자 할 때 설정합니다. 이 책에서는 다루지 않습니다.

❻ **Modes** : 레이어끼리 색상을 섞어 합성하는 방식인 블렌딩 모드, 그리고 레이어의 알파(Alpha)와 루미넌스(Luminance)를 이용하여 다른 레이어와 합성할 수 있는 트랙 매트를 설정합니다. 이 컬럼은 Timeline 패널 왼쪽 하단의 Transfer Controls pane ▣ 아이콘을 On/Off하여 표시하거나 숨길 수 있습니다.

❗ 패널 하단에 표시되는 Toggle Switches/Modes `Toggle Switches / Modes` 버튼을 클릭하면 Switches 컬럼 위치에 Modes 컬럼이 대신 표시되도록 하여 Timeline 패널을 넓게 사용할 수 있습니다.

❼ **Parent & Link** : 레이어들간에 부모/자식으로 연결하여 부모 레이어가 자식 레이어에게 영향을 끼치도록 할 수 있습니다. 이 책에서는 다루지 않습니다.

❽ **In/Out/Duration/Stretch** : 레이어의 In Time(시작 위치), Out Time(끝나는 위치), Duration(재생시간), Stretch(재생시간 확대/축소)를 표시합니다. 이 컬럼은 Timeline 패널 왼쪽 하단의 In/Out/Duration/Stretch panes ⚒ 아이콘을 On/Off하여 표시하거나 숨길 수 있습니다. 숫자 부분을 클릭하여 직접 설정값을 변경할 수 있지만, 이보다는 레이어바를 조절하여 변경하는 방식을 주로 사용합니다.

---

04 툴바(Toolbar) 살펴보기

인터페이스의 메뉴바 아래 위치하고 있는 툴바(Toolbar)에는 다양한 툴들이 제공되고 있습니다. 이 책에서 모든 툴을 다루지는 않지만, 어떤 툴들이 있는지 살펴보는 의미로 가볍게 읽어보시길 바랍니다. 각 툴의 사용법은 앞으로의 학습에서 좀 더 자세하게 설명될 것입니다.

- 툴 가까이 커서를 가져가면 툴 이름과 함께 단축키를 표시합니다.
- 툴에 삼각형 ◢ 표시가 있으면 추가로 여러 개의 툴을 포함하고 있는 툴 모음입니다. 길게 누르면 숨겨져 있던 나머지 툴들이 표시됩니다.
- 특정 툴을 선택하면 해당 툴 특성에 따라 오른쪽에 툴 옵션이 추가로 표시됩니다. 해당 툴을 선택할 때 추가 기능을 설정하여 사용할 수 있습니다.

❶ 🏠 Home Tool

애프터 이펙트를 실행하면 가장 먼저 뜨는 〈Home〉 대화상자를 다시 불러내는 툴입니다.

❷ ▶ Selection Tool (= V)

애프터 이펙트의 모든 패널에서 선택에 관련된 작업을 할 때 사용합니다.

❸ ✋ Hand Tool (= H = Space Bar = 마우스휠 클릭)

모든 패널에서 화면을 이동시키고자 할 때 사용합니다. 주로 단축키나 마우스휠을 많이 사용합니다.

❹ 🔍 Zoom Tool

Comp 패널에서 화면을 줌인(= Z = 마우스휠을 위로 드래그)하거나 줌아웃(= Alt + Z = 마우스휠을 아래로 드래그) 할 때 사용합니다. 주로 마우스휠을 많이 사용합니다. Timeline 패널에서는 줌 툴이 적용되지 않으나, 그래프 에디터에서는 사용할 수 있습니다.

❗ 마우스휠을 Project 패널이나 Timeline 패널에서 위아래로 드래그하면 푸티지나 레이어 리스트를 위아래로 슬라이딩합니다.

❺ 🔄 Rotation Tool (= W)

이 툴을 선택하고 Comp 패널에서 레이어를 직접 클릭한 후 드래그하면 레이어가 회전합니다.

❻ 📷 Camera Tools (= C 를 클릭할 때마다 네 가지 카메라 툴들이 차례로 선택됩니다.)

카메라 툴 모음입니다. 3D 레이어가 있는 상태에서 카메라 레이어를 생성한 경우 Comp 패널에서 직접 카메라를 움직일 때 사용합니다.

❼ ⌖ Pan Behind (Anchor Point) Tool (= Y)

두 가지 기능을 가지고 있는 툴입니다. Comp 패널에서 앵커포인트를 직접 클릭하여 다른 곳으로 이동시키거나(Anchor Point Tool 기능), 레이어에 마스크를 적용했을 때 마스크 뒤로 레이어를 움직여 마스크에 보이는 부분을 바꿀 때(Pan Behind Tool 기능) 사용합니다.

❽ ◼ Shape Tools (= Q 를 클릭할 때마다 다섯 가지 도형 툴들이 차례로 선택됩니다.)

도형 툴 모음입니다. 툴 모음에 포함된 여러 모양의 도형 툴 중 하나를 선택한 후 Comp 패널에서 직접 드래그하여 셰이프나 마스크를 생성할 수 있습니다.

❾ ✎ Pen Tools (= G 를 클릭할 때마다 Pen Tool과 Mask Feather Tool 간에 선택이 바뀝니다.)

펜 툴 모음입니다. Pen Tool ✎ 을 선택한 후 Comp 패널에서 직접 곡선이나 직선을 생성하여 불규칙한 셰이프나 마스크를 만들 수 있습니다.

❿ T Type Tools (= Ctrl + T 를 클릭할 때마다 가로쓰기 툴과 세로쓰기 툴이 번갈아 선택됩니다.)

타입 툴 모음입니다. Comp 패널에 직접 텍스트를 작성할 수 있습니다.

⓫ Paint Tools (= Ctrl + B 를 클릭할 때마다 다음 세 가지 페인트 툴이 차례로 선택됩니다.)

- ✐ Brush Tool : Layer 패널 위에 브러시로 그림을 그릴 수 있습니다.
- ▣ Clone Stamp Tool : 레이어 이미지의 일부를 다른 영역에 복제할 수 있습니다.
- ◆ Eraser Tool : 브러시로 그린 그림이나 레이어의 이미지를 지울 수 있습니다.

⓬ ✐ Roto Tools (= Alt + W 를 클릭할 때마다 두 로토 툴이 번갈아 선택됩니다.)

로토 툴 모음입니다. Layer 패널에서 레이어의 Foreground와 Background 영역을 분리하여 블랙/화이트 매트(Matte)로 활용할 수 있습니다.

⓭ ✦ Puppet Tools (= Alt + P 를 클릭할 때마다 세 가지 퍼핏 툴이 번갈아 선택됩니다.)

퍼핏 툴 모음입니다. 레이어에 관절을 적용한 듯 자연스러운 움직임을 주고자 할 때 사용합니다.

memo

애프터 이펙트로
편집하기

Chapter 01   **애프터 이펙트로 기초적인 편집하기**

Section 01   작업 영역과 프리뷰
Section 02   애프터 이펙트로 컷 편집하기
Section 03   애프터 이펙트에서 오디오 설정하기
Section 04   동영상 파일로 출력하기
Section 05   프로젝트 백업하기 : Collect Files

Chapter 02   **프리미어 프로 활용하기**

Section 01   프리미어 프로에서 즉시 연동하기
Section 02   애프터 이펙트에서 연동하기

PART 03

애프터 이펙트로
기초적인 편집하기

편집은 촬영된 동영상 소스를 불러들여 작업할 경우 필수적인 과정입니다. 촬영된 동영상에는 불필요한 부분이 섞여있기 때문입니다.

수많은 촬영본 중에서 불필요하거나 제대로 찍히지 않은 NG컷들을 걸러내고, 컨셉에 적합하면서도 초점이 잘 맞으며 흔들림 없이 찍은 GO컷(Go-Cut, OK-Cut이라고도 하며 작업에 사용할 영상 컷)들을 선별하여 쭉 클립들을 이어 붙이는 작업을 "가편집"이라고 합니다. 그래픽과 배경음악, 음향 효과까지 들어간 최종 마무리 편집 작업인 "종편"에서 영상 클립들의 순서는 달라질 수 있지만 보통 가편집에는 어느 정도 기획의도에 맞게 순서대로 클립들을 배열하는 작업까지 포함됩니다.

촬영본부터 편집까지 모든 데이터가 디지털화된 요즘에는 전문가들의 영역이었던 편집 작업과 수정이 훨씬 수월하게 되었습니다. 특히 유튜브에 올리는 영상은 재생시간이 길지 않아서 프리미어 프로만큼 가볍지는 않지만 별도의 편집앱을 거치지 않고 애프터 이펙트로 아예 가편집부터 하는 경우도 많습니다.

예제파일 [SC]-[P03]-[숲속.aep]

❶ [숲속.aep] 프로젝트를 열 수 없는 분들은 Project 패널의 빈 공간을 더블클릭하여 [SC]-[P03]-[숲속] 폴더에 있는 모든 소스 파일들을 임포트합니다. [나뭇잎.mp4] 푸티지를 빈 컴포지션에 드래그 앤 드롭하여 레이어로 배치하고 단축키 Ctrl + K 를 눌러 〈Composition Settings〉 대화창을 엽니다. 컴포지션 이름을 [숲속]으로 변경하고, [Duration]을 1분(0:01:00:00)으로 설정합니다.

● Section 01 작업 영역과 프리뷰

일단 영상을 재생해볼 수 있어야 하기 때문에 프리뷰를 할 영역인 작업 영역(Work Area)을 설정하는 방법과 영상을 프리뷰(Preview)하는 방법을 알아보겠습니다.

01 작업 영역(Work Area) 설정하기

프리뷰를 하거나 최종 렌더링할 부분을 정하기 위해 컴포지션의 총 길이(Duration) 중에서 특정 시간만큼 작업 영역을 설정합니다.

작업 영역의 시작/끝 부분 설정하기

작업 영역(Work Area)의 시작 부분과 끝 부분에서 각각 커서가 다음과 같이 바뀌었을 때 클릭한 다음 좌우로 드래그하여 설정합니다. [Shift] + 드래그하면 주요한 부분에 스냅이 적용되어 좀 더 정확한 위치로 이동할 수 있습니다.

작업 영역의 시작 위치 설정

작업 영역의 끝 위치 설정

CTI가 있는 위치를 작업 영역의 시작점으로 설정하려면 단축키로 [B]키, 끝점으로 설정하려면 [N]키를 클릭합니다. 컴포지션의 길이(Duration)가 길 경우 커서로 드래그하는 방식보다 정확도가 높으며 빠른 편집에 도움이 되므로 자주 사용하여 익숙해지도록 합니다.

❶ 단축키는 모든 경우에 키보드 자판이 [영문]일 때 적용되므로, 단축키가 적용되지 않는다면 키보드의 [한/영]키를 클릭하여 [영문] 입력 상태로 변경합니다.

❶ 작업 영역을 짧게 조정한 상태에서 다시 전체 컴포지션 길이를 작업 영역으로 사용하려면 작업 영역의 중앙 부분에서 커서가 ↔로 바뀌었을 때 더블클릭합니다.

작업 영역 이동하기

설정한 작업 영역의 전체 구간을 통째로 이동하려면 작업 영역의 중앙 부분에서 커서가 ↔로 바뀌었을 때 클릭 후 좌우로 드래그합니다. Shift + 드래그하면 스냅이 적용되어 좀 더 정확한 위치로 이동할 수 있습니다.

TIP

CTI를 작업 영역의 시작/끝 위치로 이동하기

CTI를 작업 영역의 시작 위치로 이동하기 = Shift + Home
CTI를 작업 영역의 끝 위치로 이동하기 = Shift + End

컴포지션의 길이를 작업 영역에 맞추기

작업이 마무리되어 작업 영역 이외의 컴포지션 길이(Duration)가 더 이상 불필요하다면 이를 제거하여 시간 표시 영역(Time Ruler)을 좀 더 넓게 쓸 수 있습니다. 작업 영역에서 마우스 오른쪽 버튼을 클릭하여 [Trim Comp to Work Area] 명령을 선택하면 컴포지션 길이가 작업 영역 길이에 딱 맞게 줄어듭니다.

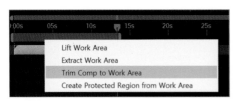

작업 영역(Work Area)에서 마우스 오른쪽 버튼 클릭

[Trim Comp to Work Area] 명령 적용 전 작업 영역 설정

[Trim Comp to Work Area] 명령을 적용하면 [컴포지션의 길이] = [작업 영역]

02 영상 미리보기 : Preview

프리뷰(Preview)는 Comp 패널의 화면(Viewer)을 통해 영상이 재생되는 것을 의미합니다.

CTI를 클릭하여 좌우로 빠르게 드래그(Scrubbing)하면 뷰어에서 영상의 흐름을 볼 수 있지만, 실제 속도 (Real-time) 또는 실제 속도와 가깝게 재생하여 영상의 속도를 가늠할 필요가 있습니다.

❶ 컴퓨터 성능이 떨어지면 프리뷰를 할 때 실제 속도(Real-time)보다 느리게 재생될 수 있습니다.

❶ 기타 패널 위치에 있는 Info 패널에서 실제 속도로 재생되는지 표시됩니다.

❶ Comp 패널의 화면이 검게 보인다면 키보드의 Caps Lock 키가 켜진 상태이므로 Off하도록 합니다.

PLUS **리얼타임(Real-time) 프리뷰와 RAM 용량**

애프터 이펙트는 사용 가능한 RAM이 꽉 찰 때까지 빠르게 프레임들을 렌더링하고 캐싱(Caching, 렌더링된 프레임을 저장하는 것)한 후, 캐시(Cache) 프레임들을 리얼타임으로 재생합니다. 재생 영역(Work Area)을 모두 렌더링하기 전에 RAM 이 꽉 차버리면 캐싱한 프레임들만 재생합니다. 결국 RAM에 캐싱할 수 있는 프레임의 수는 RAM 용량에 좌우되므로 리얼타임 프리뷰를 위해 RAM은 많을수록 좋습니다.

Preview 패널 살펴보기

애프터 이펙트는 기타 패널 위치에 있는 Preview 패널을 통해 여러 방식의 프리뷰를 미리 세팅하여 제공합니다.

기타 패널 위치에 있는 Preview 패널을 클릭하여 확장한 후 [Shortcut] 항목의 ▾ 목록을 열어보면 여러가지 비디오와 오디오 프리뷰 타입을 각각의 단축키에 설정해 놓았습니다. 즉, 각 단축키마다 다른 방식의 프리뷰를 제공합니다.
목록 중 하나의 단축키를 선택하면 패널의 나머지 옵션들은 그에 맞게 세팅이 바뀝니다.

❶ 나머지 옵션 세팅을 건드려 각 단축키에 입력된 프리뷰 타입 설정을 바꿀 수도 있으나 애프터 이펙트에 익숙한 사용자가 아니라면 대부분 설정된 대로 사용합니다. 혹시 옵션 세팅을 건드렸다가 초기 상태로 되돌리려면 각 단축키마다 [Shortcut] 목록 옆에 있는 Reset preview options 🔄 아이콘을 클릭합니다.

Preview 패널에서는 기본적으로 재생에 관련된 버튼을 제공합니다.

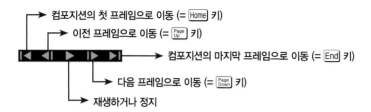

- 컴포지션의 첫 프레임으로 이동 (= Home 키)
- 이전 프레임으로 이동 (= Page Up 키)
- 컴포지션의 마지막 프레임으로 이동 (= End 키)
- 다음 프레임으로 이동 (= Page Down 키)
- 재생하거나 정지

하지만 실제로는 일일이 Preview 패널을 열어 이 버튼들로 재생을 하는 대신 단축키를 사용합니다. 재생과 멈추기는 [Shortcut]에 미리 설정되어 있는 단축키를 사용하고, 1프레임씩 이동하는 것은 Page Up / Page Down 키를, 컴포지션의 처음/마지막 프레임으로 이동하는 것은 Home / End 키를 사용합니다.

재생과 멈추기에 해당하는 여러 단축키 중에서도 제일 많이 사용하는 단축키는 Space Bar 와 숫자 키패드 (Numeric pad)에 있는 0 키 입니다.

- Space Bar : 클릭하면 CTI가 있는 부분부터 재생되며, 프리뷰를 멈출 때 사용하면 CTI가 재생을 멈춘 시간으로 이동합니다.
- Num 0 : CTI의 위치와 상관없이 클릭하면 무조건 작업 영역(Work Area)의 시작 지점부터 재생되며 작 업 영역 구간을 반복하여 재생합니다. 프리뷰를 멈출 때 사용하면 CTI의 위치가 원래대로 유지됩니다.

❶ Space Bar 를 눌러 재생을 했다고 해서 멈출 때도 반드시 Space Bar 를 사용해야 하는 것은 아닙니다. 각 재생 단축키에 설 정된 멈추기 기능도 각기 다르므로, 재생을 멈출 때는 다른 재생 관련 단축키를 적용해도 됩니다.

❶ 재생을 멈추고자 할 때 단축키 대신 Comp 패널을 클릭해도 CTI의 위치를 유지하면서 재생을 멈출 수 있습니다.

❶ Preview 패널에서 Play ▶ 버튼은 [Shortcut] 목록에서 선택된 단축키의 설정을 기준으로 재생합니다. 디폴트 프리뷰로 Space Bar 가 선택되어 있습니다.

TIP

영상 재생 속도를 향상시키는 방법

- 처음 푸티지를 가져올 때 영상에 사용될 크기를 가늠하여 지나치게 큰 파일을 가져오지 않도록 합니다. 만일 크기가 크다면 레이어에 사용할 만큼만 마스크를 적용합니다.
- 포토샵 PSD 파일이나 일러스트 AI 파일을 가져올 때 불필요한 레이어들은 제거하여 가져옵니다.
- Timeline 패널에서 각 레이어에 적용된 모션 블러나 프레임 블렌딩 등 각종 스위치나 버튼을 임시로 Off 합니다.
- Comp 패널의 Resolution/Down Sample Factor (Full) ∨ 를 좀 더 낮은 퀄리티로 조정합니다. 최종 렌더링 아 웃풋에는 영향이 없습니다.
- Comp 패널의 Region of Interest ▣ 를 사용하여 화면의 일부분만 보면서 작업합니다. 최종 렌더링 아웃풋에는 영 향이 없습니다.
- Comp 패널의 Fast Previews ▣ 항목 설정으로 레이어의 프리뷰 성능을 낮춥니다. 최종 렌더링 아웃풋에는 영향 이 없습니다.

애프터 이펙트는 Footage 패널과 Layer 패널에 별도의 편집 관련 아이콘들을 가지고 있습니다.

Project 패널에서 [나뭇잎.mp4] 푸티지를 더블클릭하면 Footage 패널이 열립니다.

Timeline 패널에서 [나뭇잎.mp4] 레이어를 더블클릭하면 Layer 패널이 열립니다.

하지만 실제로는 이 패널들을 옮겨 다니며 해당 아이콘들을 사용하여 편집을 하기보다는 Timeline 패널에서 직접 단축키와 커서를 이용하여 레이어바를 자르고 이동하고 붙이는 방법을 많이 사용합니다.

레이어의 인점(In Point)/아웃점(Out Point) 조정하기

각 레이어의 재생시간 중 사용할 길이만큼 시작 위치(In Point)와 끝 위치(Out Point)를 설정하는 작업입니다.

01 [숲속.aep] 프로젝트를 열고 키보드의 `Space Bar` 또는 `Num 0` 키를 눌러 [나뭇잎.mp4] 레이어를 프리뷰해보거나, CTI를 클릭한 다음 좌우로 스크러빙(Scrubbing)하여 원하는 시작 위치를 써치합니다. 영상이 시작될 적당한 위치가 정해지면 CTI를 놓습니다. 6초 지점으로 설정하였습니다.

❶ CTI는 `Page Up` / `Page Down` 키를 사용하면 1프레임씩, `Shift` + `Page Up` / `Page Down` 키를 사용하면 10프레임씩 전/후 시간대로 이동할 수 있습니다.

02 레이어바의 시작 부분에서 커서가 ↔ 모양일 때 클릭하여 `Shift` + 오른쪽으로 드래그하면 CTI가 있는 위치에 자동으로 스냅이 적용되어 붙게 됩니다. 여기에서 커서를 놓습니다.

❶ `Shift` + 클릭 앤 드래그하면 스냅이 걸려서 원하는 위치로 쉽게 이동이 가능합니다.

CTI 위치에 인점(In Point) 지정

CTI 위치에 레이어의 IN점을 설정하는 단축키는 `Alt` + `[` (왼쪽 대괄호)입니다. (커서로 드래그하다가 프레임이 약간씩 밀릴 수도 있기 때문에 단축키가 익숙해지면 단축키를 더 많이 사용합니다.)

03 같은 방법으로 12초 18프레임 위치에 OUT점을 지정합니다. 이번엔 CTI를 해당 시간대에 놓은 후 레이어의 OUT점을 설정하는 단축키 `Alt` + `]` (오른쪽 대괄호)를 사용해보도록 합니다.

❶ 단축키는 해당 레이어가 선택되어 있어야 적용됩니다.

CTI 위치에 아웃점(Out Point) 지정

레이어에 IN/OUT점이 모두 적용되었습니다. 레이어의 전체 길이 중 사용하지 않는 영역(IN/OUT점 바깥 영역)은 레이어바가 반투명으로 표시됩니다.

레이어 이동하기

 레이어의 IN점을 컴포지션의 시작 시간(Start Frame)으로 이동해보겠습니다.

 레이어바의 중앙에 커서를 올려놓아 주름선이 보일 때 클릭하여 드래그하면 레이어를 좌우로 이동할 수 있습니다. [Shift] + 왼쪽으로 드래그하면 스냅이 적용되어 컴포지션의 시작 지점에 레이어의 IN점이 달라붙게 됩니다.

 다른 방법으로는, 먼저 키보드의 [Home] 키를 눌러 CTI를 컴포지션의 첫 프레임으로 이동시킨 후, 단축키 [[] (왼쪽 대괄호)를 클릭하면 CTI 위치에 선택한 레이어의 IN점이 붙게 됩니다.

❗ CTI의 위치로 레이어의 OUT점을 붙이는 단축키는 []] (오른쪽 대괄호)입니다.

다른 레이어 연결하기

  첫 번째 영상 뒤에 두 번째 영상이 나오도록 다른 레이어를 붙여보겠습니다.

[햇빛.mp4] 푸티지를 타임라인으로 드래그하여 [나뭇잎.mp4] 레이어 위에 파란색 선이 보이는 자리에 놓습니다.

레이어가 놓이는 시간대 선정

레이어를 만들면 기본적으로 컴포지션의 시작 위치에 레이어의 첫 프레임이 놓입니다.
이는 메뉴바의 [Edit]〉[Preferences]〉[General] 명령으로 열리는 〈Preferences〉 대화창에서 [Create Layers at
Composition Start Time] 항목에 디폴트로 체크가 되어 있기 때문입니다. 체크를 해제하면 레이어를 만들 때 CTI
가 있는 위치에 레이어의 첫 프레임을 놓을 수 있지만, 대부분의 경우 디폴트 설정으로 사용합니다.

06 [햇빛.mp4] 레이어를 프리뷰하거나 CTI를 스크러빙하여 앞서 설명한 마찬가지 방법으로 IN/OUT점
을 설정합니다. 11초 4프레임 위치에서 IN점을, 16초 11프레임 위치에서 OUT점을 지정하였습니다.

07 [햇빛.mp4] 레이어바의 중앙을 클릭하고 [Shift] + 오른쪽으로 드래그하면 스냅이 걸려 나뭇잎의 OUT
점 바로 뒤에 붙게 됩니다.

08 IN/OUT점을 지정한 후 앞 레이어와 붙여서 프리뷰 해보았을 때 막상 영상이 잘 이어지지 않는 경
우가 많이 발생합니다. 이 때는 레이어바에서 IN/OUT점 바깥 영역인 반투명 영역에서 커서가 ▐◀▶▌
일 때 좌우로 드래그하면 사용할 영상의 길이(Duration)를 바꾸지 않고 사용할 영상 위치를 조절할
수 있습니다.

레이어바의 반투명 영역에서 좌우로 드래그

Duration은 고정된 채로 레이어의 IN/OUT점 조절

앞뒤 영상이 자연스럽게 붙는 위치를 찾을 때까지 프리뷰를 반복하면서 새로운 IN/OUT점을 찾습니다.

Timeline 패널에서 [햇빛.mp4] 레이어를 더블클릭하여 Layer 패널을 열어보면 IN/OUT점이 각각 10초 8프레임과, 15초 15프레임으로 변경된 것을 확인할 수 있습니다.

여러 레이어를 동시에 배치하기

09 다음은 Project 패널에서 Ctrl 키를 누르고 [꽃.mp4], [벌.mp4], [새.mp4] 푸티지를 차례로 선택한 다음 타임라인으로 드래그하여 [햇빛.mp4] 레이어 위에 파란색 선이 보이는 자리에 놓습니다.

POINT

여러 레이어가 동시에 배치되는 순서

Project 패널에서 Ctrl 키나 Shift 키로 여러 푸티지를 선택하여 동시에 레이어로 만들 때, 푸티지를 클릭한 순서대로 1번 레이어부터 순차적으로 레이어 넘버(#)가 지정됩니다. 만일 [나뭇잎.mp4] 레이어 아래의 빈 공간에 드래그하여 놓으면, 3번 레이어부터 5번 레이어까지 클릭한 순서대로 놓이게 됩니다.

10 [꽃.mp4] 레이어의 IN/OUT점을 대략 설정하고, [벌.mp4] 레이어의 IN/OUT점을 설정하기 위해 [꽃.mp4] 레이어의 제일 왼쪽에 있는 Video 👁 박스를 클릭하여 Off시킴으로써 임시로 Comp 패널의 화면에 보이지 않게 합니다. 왜냐하면 레이어가 위로 쌓여 있기 때문에 겹치는 부분에서 위 레이어에 가려 아래 레이어가 보이지 않기 때문입니다.

마찬가지로 [벌.mp4] 레이어의 IN/OUT점을 설정하고 나면, [벌.mp4] 레이어의 제일 왼쪽에 있는 Video 👁 박스도 클릭하여 Off한 후 Comp 패널의 화면을 보면서 [새.mp4] 레이어의 IN/OUT점을 원하는 위치로 설정합니다.

모든 레이어의 IN/OUT점을 설정하고 나면 Off했던 [꽃.mp4], [벌.mp4] 레이어의 Video 👁 박스를 다시 클릭하여 모두 On합니다.

❗ Video 👁 박스가 Off 되어 있는 레이어는 최종 렌더링이 되지 않습니다.

여러 레이어를 순차적으로 한 번에 이어붙이기 : Sequence Layers

11 영상이 재생되는 순서는 아래부터 위로 [나뭇잎] → [햇빛] → [새] → [벌] → [꽃] 순서가 되도록 할 것입니다.
제일 아래 레이어인 [나뭇잎.mp4] 레이어를 클릭한 후 Shift 키를 누르고 제일 위에 있는 레이어인 [꽃.mp4] 레이어를 선택하면 동시에 여러 레이어의 선택이 가능합니다. 그리고 바로 마우스 오른쪽 버튼을 클릭하여 [Keyframe Assistant]〉[Sequence Layers] 명령을 적용합니다.

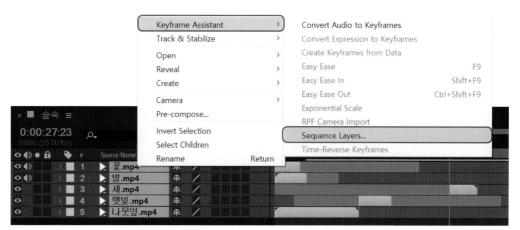

레이어들 선택 후, 마우스 오른쪽 버튼을 클릭하여 [Keyframe Assistant]〉[Sequence Layers] 적용

〈Sequence Layers〉 대화창이 열리면 추가 설정없이 [Ok] 버튼을 클릭합니다.

12 다음과 같이 모든 레이어가 순차적으로 연결되었습니다. 프리뷰 해보면 아래 레이어가 OUT점에 도달하면 이어서 바로 위 레이어의 IN점이 재생됩니다.

❶ 이렇게 레이어들이 줄줄이 순차적으로 연결된 것을 시퀀스 레이어(Sequence Layers)라고 합니다. 시퀀스 레이어는 먼저 클릭하여 선택한 레이어가 먼저 재생되게 순서대로 배치됩니다.

부드러운 화면 전환 효과 주기 : Dissolve

컷 편집이 완료되었으나, 잔잔한 풍경 영상인데 너무 딱딱하게 연결되는 것이 썩 보기 좋진 않으므로 컷과 컷 사이가 부드럽게 전환되도록 연결해보겠습니다.

가장 많이 쓰이는 이 화면 전환 방법을 디졸브(Dissolve)라고 합니다.

13   [Shift] 키로 [나뭇잎.mp4] 레이어부터 [꽃.mp4] 레이어까지 모두 선택한 다음 마우스 오른쪽 버튼을 클릭하여 다시 [Keyframe Assistant]〉[Sequence Layers] 명령을 실행합니다.

〈Sequence Layers〉 대화창이 열리면 이번에는 [Overlap]을 체크하여 아래 추가옵션들을 활성화 시킵니다. [Transition] 항목에서 [Dissolve Front Layer]를 선택하고, 두 레이어가 겹치는 길이인 [Duration]을 1초(키보드로 "100" 입력)로 설정합니다. [OK] 버튼을 클릭합니다.

Transition ▼−Dissolve Front Layer 선택   [Duration]을 0:00:01:00으로 지정

14   다음과 같이 각 레이어의 앞부분이 1초씩 겹쳐서, 프리뷰해보면 부드럽게 컷 전환이 되는 영상이 만들어졌습니다.

최종 작업 영역(Work Area) 설정하기

[숲속] 컴포지션의 전체 길이(Duration)는 〈Composition Settings〉 대화창에서 1분(0:01:00:00)으로 설정하였는데, 마지막 레이어인 꽃의 Out점이 놓인 위치는 그보다 짧을 것입니다.

❶ 각 레이어의 IN/OUT점을 사용자마다 맘대로 설정하였기에 마지막 레이어의 OUT점 위치는 모두 다를 것입니다.

레이어가 없는 부분은 어차피 화면에 아무것도 나타나지 않으므로 재생하거나 렌더링할 필요가 없습니다. 레이어가 있는 부분만 작업 영역(Work Area)으로 설정하겠습니다.

15 CTI를 Shift + 드래그하여 마지막 레이어의 OUT점이 있는 시간대에 놓도록 합니다. 그 상태에서 단축키 N을 누르면 CTI 위치에 작업 영역의 끝 지점이 설정됩니다.

16 다른 레이어들에 비해 첫 레이어인 [나뭇잎.mp4]가 길어서 지루합니다. 이때 레이어의 IN점을 다시 지정하기보다는 작업 영역의 시작 지점을 조정하여 프리뷰 또는 최종 아웃풋 파일을 출력할 때 앞 부분이 렌더링되지 않도록 합니다. 6초 15프레임 위치에 CTI를 위치시키고 단축키 B를 누릅니다.

17 영상을 프리뷰한 뒤 단축키 Ctrl + Shift + S를 눌러 프로젝트를 [숲속-Edit.aep]로 저장합니다.

POINT

기타 유용한 편집 기술

■ **레이어 복제하기(Duplicate) = 메뉴바의 [Edit] > [Duplicate] = Ctrl + D**
레이어를 선택하고 단축키 Ctrl + D를 누르면 바로 위에 복제 레이어가 놓이게 됩니다. 복제된 레이어는 원본 레이어에 아무런 영향을 끼치지 않고 단독으로 변형시켜 사용할 수 있습니다.

복제된 레이어는 원본과 동일한 이름을 가집니다. 구별하기 위해 Enter... 키를 눌러 이름을 변경할 수 있습니다.

■ 레이어 자르기(Split) = 메뉴바의 [Edit]〉[Split Layer] = Ctrl + Shift + D

레이어를 선택하고 CTI 위치에서 Ctrl + Shift + D를 누르면 해당 위치에서 레이어를 자릅니다. 분리된 레이어는 각각 이동시키거나 단독으로 변형시켜 사용할 수 있습니다.

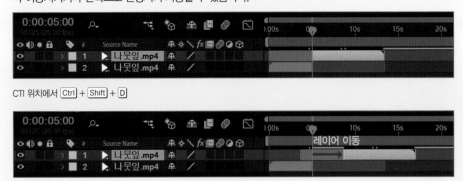

CTI 위치에서 Ctrl + Shift + D

분리된 레이어는 이동하거나 IN/OUT점을 다시 지정하여 레이어바의 길이를 재변경할 수 있습니다.

● Section 03   애프터 이펙트에서 오디오 설정하기

01   오디오 설정과 프리뷰

프로젝트의 오디오 설정은 〈Project Settings〉 대화창(Project 패널에서 ✎ 또는 8 bpc 를 클릭하여 오픈)의 [Audio] 탭에서 선택한 [Sample Rate] 세팅을 따릅니다.

가장 많이 쓰이는 48 kHz가 디폴트로 설정되어 있습니다.

> **PLUS Audio Sample Rate**
>
> 아날로그인 소리를 디지털로 변환시키는 과정을 샘플링(Sampling)이라고 합니다. [Sample Rate]는 이 과정에서 1초당 얼마나 촘촘하게 샘플링하여 디지털 신호로 변환하는지를 의미하며, 높을수록 원음에 가까워집니다.
>
> 상용화된 CD 음질 규격은 44.1 kHz이며, 애프터 이펙트에서는 48 kHz가 디폴트로 설정되어 있습니다. 특별히 음질을 더 높여야 할 이유가 없다면 이대로 사용하거나, 애초에 원본 오디오 소스 파일들의 Sample Rate가 낮다면 그에 맞게 낮추어 설정하도록 합니다.

오디오 정보 확인하기

원본 소스에 오디오가 포함되어 있다면 Project 패널에서 푸티지를 선택했을 때 썸네일에 표시되고, Time-line 패널에서는 해당 레이어의 Audio 가 자동으로 On 상태로 표시됩니다.

Project 패널에서 푸티지의 오디오 정보 표시

Timeline 패널에서 Audio가 포함된 레이어 표시

오디오 프리뷰

오디오 정보만 있는 레이어는 오디오 이펙트를 적용하지 않는 한 리얼타임으로 재생됩니다.

오디오 프리뷰

Preview 패널에 오디오 프리뷰만을 위한 단축키도 있지만, 대부분 비디오 프리뷰 단축키인 Space Bar 나 Num 0 키를 사용하여 오디오를 함께 재생합니다.

❶ 오디오 전용 단축키들을 사용하면 Comp 패널의 화면에는 CTI가 있는 현재 시간(Current Time)의 이미지가 고정되어 표시될 뿐 비디오는 움직이지 않습니다.

또한 Preview 패널에서 Play Audio 🔊 아이콘을 클릭하여 Mute Audio 🔇 아이콘으로 바뀌면 음소거가 되지만, 일일이 Preview 패널을 열어 이를 설정하지는 않습니다. 대부분 Timeline 패널에서 각 레이어의 Audio 🔊 스위치를 On/Off하는 것으로 작업합니다.

TIP

오디오 스크러빙(Scrubbing)

· Timeline 패널에서 CTI만 드래그하면 음소거 상태로 비디오만 빠르게 프리뷰할 수 있습니다.
· Ctrl + CTI를 드래그하면 오디오도 비디오와 함께 빠르게 프리뷰할 수 있습니다.
· Ctrl + Alt + CTI를 드래그하면 오디오만 빠르게 프리뷰합니다.

오디오 장치 설정하기

메뉴바의 [Edit]〉[Preferences]〉[Audio Hardware]
에서 오디오 장치에 대한 설정을 할 수 있습니다.

Input/Output 오디오 하드웨어 설정을 바꾸려면 [Settings]
버튼을 클릭합니다.

개개인의 시스템에 따라 다르게 표시될 수 있습니다

또한 메뉴바의 [Edit]〉[Preferences]〉[Audio Output
Mapping]에서 스피커 등 오디오 아웃풋 장치를 변경할
수 있습니다.

❶ [Audio Hardware]나 [Audio Output Mapping] 설정은 오디오 프리뷰에 영향을 미치나 최종 출력물에는 영향을
미치지 않습니다.

오디오 음량 조절하기

기타 패널 위치에 있는 Audio 패널을 클릭하여 확장하면 오디오가 포함된 레이
어를 재생할 때 오디오 볼륨 레벨을 즉각적으로 표시합니다.

가운데 슬라이드바를 위아래로 움직이면 왼쪽/오른쪽 레벨을 동시에 움직여 전
체 음량을 조정할 수 있습니다.

좌우 오디오 레벨을 따로 조절하려면 슬라이드바 양쪽에 위치한 작은 슬라이드
바를 각각 위아래로 드래그하거나, 아래쪽에 위치한 좌우 레벨의 수치값을 클릭
하여 직접 오디오 레벨값을 입력할 수 있습니다.

TIP

오디오 레벨의 단위 바꾸기

현재 오디오 레벨의 단위는 데시벨(Decibels, dB)로 표기합니다. 하지만 레벨을 높이거나 낮출 때 수치적으로 감이
잘 안 오시는 분들은 단위를 퍼센트(%)로 바꿀 수 있습니다.

Audio 패널의 패널 메뉴 ▤에서 [Options] 명령을 선택하면 〈Audio Options〉 대화창이 열립니다. 단위(Units)를 [Percentage]로 선택합니다. 이때 0.0dB은 100%에 해당됩니다. 이러한 단위 변경은 Audio 패널에만 적용됩니다.

Timeline 패널에서 오디오가 포함된 레이어의 오디오 레벨을 표시하려면 레이어 선택 후 단축키 [L]을 클릭합니다.

Audio 🔊 스위치가 있는 레이어를 선택한 후 단축키 [L]을 클릭하면 레이어의 [Audio Levels] 속성만 표시됩니다.

Timeline 패널에 표시된 [Audio Levels]는 Audio 패널의 메인 슬라이드바를 조정하는 것과 같은 역할을 합니다. 파란색 설정값 위에 커서를 올려놓고 좌우로 드래그하거나, 클릭하여 직접 입력하는 방식으로 음량을 조절합니다.

설정값 위에서 커서를 좌우로 드래그

설정값을 클릭하여 키보드로 직접 입력

[Audio Levels]도 키프레임 설정이 가능하므로 시간에 따라 음량이 커졌다 작아졌다 하는 효과를 줄 수 있습니다.

오디오 파형 보기

Timeline 패널에서 오디오가 포함된 레이어의 오디오 파형(Waveform)을 표시하려면 레이어 선택 후 단축키 [L][L]을 클릭합니다.

파형을 보기 쉽도록 임의의 오디오 파일을 레이어로 가져와보았습니다.

단축키 [L][L]을 클릭하면 레이어의 오디오 파형만 표시됩니다.

Timeline 패널의 패널 메뉴 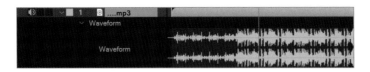에서 [Rectified Audio Waveforms]를 선택하여 체크된 상태를 해제하면 다음과 같이 보정된 파형이 표시됩니다. 본인에게 편한 파형을 선택하여 작업하도록 합니다.

02 오디오 편집하기

예제 파일 [SC]-[P03]-[숲속-Edit.aep]

01 컷 편집 후 저장했던 [숲속-Edit.aep] 프로젝트를 다시 불러옵니다. 저장 파일이 없다면 예제의 [SC]-[P03] 폴더에서 [숲속-Edit.aep] 프로젝트 파일을 엽니다. [숲속] 컴포지션의 레이어 중 오디오 가 포함된 레이어는 [꽃.mp4]와 [벌.mp4]입니다.

오디오가 포함된 레이어에는 Audio 🔊 스위치가 On 상태로 표시됩니다.

02 [꽃.mp4] 푸티지에 포함된 사운드를 컴포지션 전체의 배경 소리로 사용해보겠습니다. Project 패널 에서 [꽃.mp4] 푸티지를 클릭한 후 Timeline 패널의 제일 아래 빈 공간으로 드래그하여 레이어로 한 번 더 배치합니다.

❗ 오디오로 사용할 레이어는 다른 레이어들 사이에 섞어 배치하는 것 보다는 구별하기 쉽도록 레이어들 제일 아래에 놓는 것이 좋습니다. 애 프터 이펙트는 레이어가 위로 쌓이는 구조이므로 복잡한 프로젝트일수 록 찾기 쉬운 위치에 놓습니다.

03 새로 배치된 6번 레이어의 비디오는 사용하지 않을 것이므로 Video ⊙ 스위치를 클릭하여 Off 합니다. 또한 1번과 2번 레이어인 [꽃.mp3]와 [벌.mp4] 레이어의 오디오는 사용하지 않을 것이므로 두 레이어의 Audio 🔊 스위치를 클릭하여 Off 합니다. 오디오 레이어로 사용할 6번 레이어를 선택한 후 Enter.↵ 키를 눌러 레이어 이름을 [배경소리]로 변경합니다.

04 단축키 Shift + Home 키를 눌러 CTI를 작업 영역(Work Area)의 시작 지점으로 옮깁니다. 그리고 [배경소리] 레이어를 선택한 후 단축키 [(왼쪽 대괄호)를 눌러 CTI가 있는 위치에 [배경소리] 레이어의 IN점이 달라붙도록 합니다.

05 Num 0 키를 눌러 작업 영역 구간을 프리뷰합니다. 음량이 좀 작은 것 같으므로 [배경소리] 레이어가 선택된 상태에서 단축키 L 을 눌러 [Audio Levels] 항목을 표시합니다. 설정값 부분을 클릭하여 "3"을 입력합니다.

❶ 프리뷰 도중에 설정값을 바꾸는 것이 가능하므로, 오디오가 재생되는 것을 들으면서 음량을 조절할 수 있습니다. [Audio Levels] 설정값을 바꾸면 즉시 프리뷰에 변경사항이 적용됩니다.

프리뷰와 동시에 음량을 조절할 수 있습니다.

06 단축키 Ctrl + Shift + S 를 클릭하여 지금까지 작업한 것을 [숲속-Master.aep]로 저장합니다.

레이어와 단축키에 익숙해지면 지금 예제 정도의 기초적인 편집 작업은 10여분 정도로 쉽게 끝낼 수 있습니다.

컴포지션을 동영상 파일로 출력하는 방법은 메뉴바의 [Composition]에서 [Add to Adobe Media Encoder Queue]와 [Add to Render Queue] 두 가지가 있습니다.

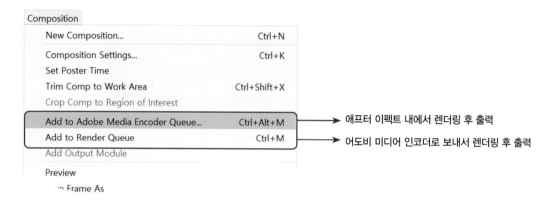

→ 애프터 이펙트 내에서 렌더링 후 출력

→ 어도비 미디어 인코더로 보내서 렌더링 후 출력

[Add to Render Queue]는 애프터 이펙트의 렌더 세팅을 사용하여 앱 안에서 자체적으로 렌더링을 거쳐 특정 포맷의 파일로 출력하는 방식입니다.

[Render Queue]에서 출력 가능한 포맷

[Render Queue]에서 출력 가능한 동영상 포맷은 고품질의 AVI와 MOV, JPG/PNG 시퀀스 파일 등이며, MP3나 WAV 등의 오디오 포맷으로도 출력이 가능합니다.

최근에는 [Render Queue]보다 어도비에서 애프터 이펙트 설치 시 함께 설치되는 전문 인코딩 앱인 어도비 미디어 인코더(Adobe Media Encoder)를 많이 사용합니다.

우리는 유튜브에서 주로 쓰이는 mp4 포맷의 출력이 필요한데 [Render Queue]에서는 지원하지 않으므로 미디어 인코더에서 렌더링하고 파일로 출력하는 방법을 배워보겠습니다.

01 어도비 미디어 인코더로 출력하기

어도비 미디어 인코더(Adobe Media Encoder)는 대중적인 동영상 포맷으로 자리잡은 H.264 mp4를 포함하여 현재 통용되는 대부분의 포맷을 지원합니다. 특히 유튜브, 트위터, 페이스북, 비메오 등에서 많이 쓰이는 포맷을 프리셋으로 제공합니다. 단순히 프리셋을 선택하는 것만으로 일일이 옵션을 설정하는 수고를 거치지 않고도 쉽게 원하는 포맷으로 출력할 수 있습니다. 또한 기존의 동영상을 다른 포맷으로 쉽게 변환할 수도 있습니다.

예제 파일 [SC]-[P03]-[숲속-Master.aep]

01 애프터 이펙트로 앞서 작업한 [숲속-Master.aep] 프로젝트를 불러오거나, 저장 파일이 없다면 예제의 [SC]-[P03] 폴더에서 [숲속-Master.aep] 프로젝트를 불러온 후 메뉴바에서 [Composition]〉[Add to Adobe Media Encoder Queue] (= Ctrl + Shift + M) 명령을 실행합니다. 자동으로 어도비 미디어 인코더가 실행이 되면서 Queue 패널의 대기열로 추가됩니다.

❶ 애프터 이펙트에서 현재 활성화 중인 컴포지션이 미디어 인코더의 대기열에 추가됩니다. 컴포지션이 하나일 때는 자동으로 현재 컴포지션으로 선택되나, 프로젝트 내에 컴포지션이 여러 개인 경우에는 렌더링할 컴포지션을 Comp/Timeline 패널에 활성화한 후 Ctrl + Alt + M 명령을 실행합니다.

❶ 애프터 이펙트와 미디어 인코더의 버전이 같아야 서로 연동되므로, 미디어 인코더가 자동으로 실행되지 않는다면 앱 버전을 확인한 후 동일한 버전(CC 2019)으로 설치해야 합니다.

[숲속] 컴포지션이 미디어 인코더의 대기열(Queue)로 추가됩니다.

TIP

이미 실행 중인 미디어 인코더에 애프터 이펙트 컴포지션 추가하기

미디어 인코더가 이미 실행되어 있을 경우에도 마찬가지로 메뉴바에서 [Composition]〉[Add to Adobe Media Encoder Queue] (= Ctrl + Alt + M)명령을 실행하면 현재 컴포지션이 Queue 패널에 다음 대기열로 추가됩니다.

또 다른 방법으로는, 애프터 이펙트의 Project 패널에서 출력할 컴포지션을 클릭한 후 미디어 인코더의 Queue 패널로 드래그 앤 드롭하면 즉시 대기열에 추가됩니다.

애프터 이펙트의 Project 패널에서 컴포지션 클릭

미디어 인코더의 Queue 패널로 드래그 앤 드롭

02 Queue 패널의 [Format] 항목에서 선택 메뉴 ▾를 눌러 "H.264"를 선택하고, [Preset] 항목에서 선택 메뉴 ▾를 눌러 "YouTube 1080p Full HD"를 선택합니다.

미디어 인코더에서 출력 가능한 포맷 리스트

미디어 인코더에서 제공하는 프리셋 리스트

03 [Output File] 항목의 파란색 글씨를 클릭하여 인코딩된 출력 파일의 저장 위치와 파일 이름을 설정합니다.

04 [H.264]나 [YouTube 1080p Full HD] 파란색 글씨를 클릭하면 〈Expert Settings〉 대화창이 열립니다. 여기서 사용자가 선택한 [YouTube 1080p Full HD] 프리셋이 어떤 세팅값을 가지고 있는지 확인할 수 있습니다. 설정값을 바꾸거나, 아예 다른 포맷이나 프리셋을 새로 선택하는 등의 수정도 가능합니다. 원하는 대로 설정이 되었다면 [OK] 버튼을 누릅니다.

기본적으로 작업 영역(Work Area)으로 설정된 부분을 출력하도록 세팅되어 있습니다. 전체 컴포지션 영역으로 바꿀 수도 있습니다.

05 Start Queue ▶ 버튼을 클릭하거나 Enter↵ 키를 눌러 인코딩을 시작합니다.

06 인코딩이 진행되는 동안 Queue 패널과 Encoding 패널에 인코딩 상황을 표시합니다.

Queue 패널

Encoding 패널

07 출력 파일의 저장이 완료되면 다음과 같이 표시됩니다.

파일이 저장된 위치에서 동영상 뷰어 등으로 [숲속.mp4]를 재생하여 확인합니다.

02 어도비 미디어 인코더의 유용한 기능 살펴보기

미디어 인코더에서 인코딩 중단하기

● 인코딩 일시정지 하기

인코딩 도중 Pause Queue ▯▯ 버튼을 클릭하면 인코딩을 일시정지할 수 있습니다. 다시 Start Queue ▶ 버튼을 클릭하면 중단되었던 인코딩을 계속 진행합니다.

인코딩이 일시정시된 상태

● 인코딩 취소하기

인코딩 도중 컴포지션을 수정하거나 인코딩 설정을 바꿀 일이 생길 경우 Stop Queue ■ 버튼을 클릭하여 인코딩을 취소할 수 있습니다. 한번 취소된 대기열은 다시 인코딩을 진행할 수 없으므로 대기열을 다시 생성해야 합니다.

인코딩이 취소된 상태

하나의 컴포지션으로 여러 포맷 동시 출력하기

단순히 출력 포맷이나 프리셋 등의 설정을 바꾸고자 하는 경우, 애프터 이펙트에서 다시 컴포지션을 가져올 필요 없이 미디어 인코더 내에서 대기열을 복제하여 사용합니다.

• 하나의 컴포지션으로 여러 포맷을 동시에 출력하고자 할 때는 Queue 패널에서 해당 컴포지션의 출력 포맷 표시열을 클릭한 후 복제(Duplicate) 단축키인 Ctrl + D 를 누릅니다. 그리고 복제한 대기열의 [Format] 이나 [Preset] 항목의 선택 메뉴 ■ 를 클릭하여 다른 설정으로 변경합니다.

출력 포맷 설정 항목을 복제하면 해당 컴포지션 아래 출력 포맷 대기열이 추가됩니다.

- 미디어 인코더 안에서 컴포지션 대기열을 통째로 복제할 수도 있습니다. Queue 패널에 있는 [숲속] 컴포지션 표시열을 선택하고 [Ctrl] + [D]를 클릭합니다.

컴포지션 대기열을 복제하면 새 컴포지션 대기열이 추가됩니다.

불필요한 대기열 삭제하기

인코딩을 취소한 대기열 또는 불필요한 컴포지션이나 출력 포맷은 [Ctrl] 키나 [Shift] 키 등을 이용하여 다중 선택한 후 Queue 패널의 Remove ▬ 버튼을 클릭하여 한번에 제거할 수 있습니다. 키보드의 [Delete] 키를 눌러도 삭제됩니다.

삭제할 대기열들을 다중 선택한 후 Remove ▬ 버튼 또는 [Delete] 키를 누릅니다.

● Section 05 프로젝트 백업하기 : Collect Files

여러 저장소에서 가져다 쓴 원본 소스 파일을 프로젝트 파일(.aep)과 함께 하나의 폴더에 묶어 보관할 수 있습니다. 기존 프로젝트 파일과 원본 소스들의 저장 위치가 바뀌는 것이 아니라 카피본을 새로 저장하는 것입니다. 이는 공동 프로젝트를 진행할 때나 다른 컴퓨터에서 계속 작업을 이어나가고자 할 때, 또는 하나의 프로젝트를 여러 대의 컴퓨터에 나누어 렌더링할 때 유용합니다.

01 불필요한 푸티지 정리하기

작업하다 보면 임포트하고 사용하지 않은 푸티지들과 불필요한 컴포지션이 많이 생성됩니다. 나중에 다시 사용할 것이 아니라면 백업하기 전에 정리하여 백업 용량을 줄이는 것이 좋습니다.

[File] 〉 [Dependencies] 〉

❶ **Consolidate All Footage** : 동일한 원본 소스 파일을 여러 번 임포트한 경우처럼 특성과 이름이 같은 중복된 푸티지를 제거합니다.

❷ **Remove Unused Footage** : 어떤 컴포지션에서도 사용되지 않은 푸티지를 제거합니다.

❸ **Reduce Project** :
- Project 패널에서 컴포지션(들)을 선택한 후 실행하면, 선택한 컴포지션(들)에서 사용한 프리-컴포지션과 푸티지들을 제외한 모든 컴포지션과 푸티지를 제거합니다.
- Project 패널에서 푸티지(들)를 선택한 후 실행하면, 해당 푸티지들을 제외한 모든 컴포지션과 푸티지를 제거합니다. 선택한 푸티지를 사용한 컴포지션도 제거됩니다.

02 프로젝트에 사용된 파일 모으기

01 애프터 이펙트에서 작업이 끝나면 프로젝트를 먼저 저장한 후에 메뉴바의 [File]〉[Dependencies] 〉 [Collect Files] 명령을 실행합니다.

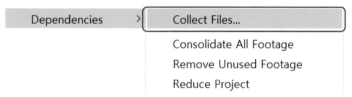

자동으로 〈Collect Files〉 대화창이 열리면 [Collect Source Files] 목록에서 어떤 파일들을 모을 것인지 선택합니다.

- **All** : 컴포지션에 사용되지 않은 것을 포함하여 Project 패널에 불러들인 모든 원본 소스 파일과 프록시를 폴더에 복사합니다.
- **For All Comps** : 프로젝트에서 생성한 모든 컴포지션에 사용된 원본 소스 파일과 프록시를 폴더에 복사합니다.
- **For Selected Comps** : Project 패널에 현재 선택되어 있는 특정 컴포지션에 사용된 원본 소스 파일과 프록시만 폴더에 복사합니다.
- **For Queued Comps** : Render Queue 패널에 렌더링 대기 중인 컴포지션에 사용된 모든 원본 소스 파일과 프록시를 폴더에 복사합니다.
- **None (Project Only)** : 원본 소스 파일과 프록시는 제외하고 프로젝트 파일(*.aep)만 폴더에 복사합니다.

❶ 프록시(Proxy) : 프로젝트가 너무 무거워 순조로운 작업이 어려울 경우, 용량이 큰 동영상 파일이나 컴포지션을 가볍게 렌더링한 후에 해당 푸티지나 컴포지션 대신 연결해서 사용한 파일을 말합니다.

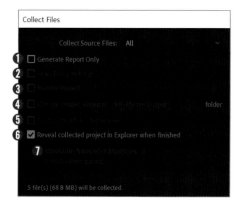

❶ **Generate Report Only** : 파일과 프록시는 복사되지 않고, 프로젝트에 대한 각종 정보가 담긴 텍스트 파일(프로젝트 이름Report.txt)만 폴더에 복사합니다.

❷ **Obey Proxy Settings** : 컴포지션에 프록시 설정이 있는 경우, 체크하면 컴포지션에 사용된 원본 소스 파일만 폴더에 복사하고, 체크하지 않으면 원본 소스 파일과 프록시를 모두 폴더에 복사합니다.

❸ **Reduce Project** : [Collect Source Files] 옵션으로 [For All Comps], [For Selected Comps], [For Queued Comps]가 선택된 경우에만 활성화됩니다. 체크하면 프로젝트에 사용되지 않은 푸티지와 컴포지션은 폴더에 복사하지 않습니다.

❹ **Change render output to** : 네트워크 렌더링을 할 때 여기에 입력한 이름의 폴더로 출력 파일을 렌더링합니다. Collect한 폴더 안에 여기서 지정한 폴더가 추가됩니다.

❺ **Enable 'Watch Folder' render** : 네트워크 렌더링 시 특정 폴더를 'Watch Folder'로 지정하여 다른 컴퓨터에서 네트워크 렌더링을 할 때 이 폴더에 저장되도록 설정함으로써 렌더링 상황을 모니터링 할 수 있습니다.

❻ **Reveal collected project in Explorer when finished** : Collect Files 작업이 끝나면 카피된 해당 폴더를 파일 탐색기로 바로 오픈하여 보여줍니다. 디폴트로 체크되어 있습니다.

❼ **Maximum Number of Machines** : [Enable 'Watch Folder' render] 옵션이 체크되면 활성화됩니다. 네트워크 렌더링을 하기 위해 사용되는 컴퓨터 대수를 입력합니다.

03 〈Collect Files〉 대화창에서 설정을 마치면 [Collect] 버튼을 클릭합니다. Collect 폴더 이름을 지정하면 파일 모으기 작업이 시작됩니다.

04 지정한 Collect 폴더 안에 다음과 같이 생성됩니다.

> 숲속-Master folder) 저장폴더

　(Footage) ──→ 푸티지의 원본 소스 파일과 프록시 카피본이 포함된 폴더
　숲속-Master.aep ──→ 프로젝트 파일 카피본
　숲속-MasterReport.txt ──→ 프로젝트 정보가 담긴 보고서 파일

이 폴더를 통째로 다른 컴퓨터에 가져가서 저장된 프로젝트 파일(.aep)을 열면 애초에 작업했던 컴퓨터와 동일한 환경의 프로젝트 작업을 할 수 있습니다.

POINT

많이 쓰이는 편집 단축키 총정리

- **작업 영역(Work Area) 설정**
  CTI가 있는 위치를 작업 영역의 시작점으로 설정하기 = B
  CTI가 있는 위치를 작업 영역의 끝점으로 설정하기 = N
  CTI를 작업 영역의 시작 위치로 이동하기 = Shift + Home
  CTI를 작업 영역의 끝 위치로 이동하기 = Shift + End

- **미리보기(Preview)**
  CTI가 있는 위치부터 재생하기 = Space Bar
  작업 영역의 시작점부터 재생하기 = Num 0
  컴포지션의 첫 프레임으로 이동하기 = Home
  컴포지션의 마지막 프레임으로 이동하기 = End
  이전 프레임으로 이동하기 = Page Up
  다음 프레임으로 이동하기 = Page Down
  10프레임 이전으로 이동하기 = Shift + Page Up
  10프레임 다음으로 이동하기 = Shift + Page Down

- **레이어 편집**
  CTI 위치에 레이어의 인점 설정하기 = Alt + [(왼쪽 대괄호)
  CTI 위치에 레이어의 아웃점 설정하기 = Alt +] (오른쪽 대괄호)
  CTI 위치로 레이어의 인점 이동하기 = [(왼쪽 대괄호)
  CTI 위치로 레이어의 아웃점 이동하기 =] (오른쪽 대괄호)
  레이어 복제하기 = Ctrl + D
  레이어 자르기 = Ctrl + Shift + D

- **오디오**
  비디오와 오디오 스크러빙(Scrubbing) = Ctrl + CTI 드래그
  오디오 스크러빙(Scrubbing) = Ctrl + Alt + CTI 드래그
  레이어에 오디오 레벨 표시하기 = L
  레이어에 오디오 파형 표시하기 = L L

- **출력(Output)**
  미디어 인코더 대기열에 애프터 이펙트 컴포지션 추가하기 = Ctrl + Alt + M

프리미어 프로 활용하기

애프터 이펙트는 다양한 기능만큼 다소 무거운 프로그램입니다. 짧은 영상물의 편집은 다른 편집앱을 거치지 않고도 애프터 이펙트에서 충분히 가능하지만, 여행 영상처럼 수십 분에 달하는 영상 소스 여러 개를 불러들여서 10여분이 넘는 영상물을 만들 때는 본인이 가진 시스템 성능에 따라 애프터 이펙트에서 오디오를 들으면서 편집하기에 다소 짜증나는 작업이 될 수 있습니다.

촬영 영상이 많아서 GO컷을 골라내는 데 많은 시간이 필요하거나 충분한 시스템 성능이 확보되지 않았다면 다른 편집앱 또는 어도비에서 함께 제공하는 프리미어 프로에서 먼저 가편집을 한 다음 애프터 이펙트로 가져오는 것이 좀 더 작업을 수월하게 합니다.

❶ 프리미어 프로를 사용하지 않으시거나 사용할 의향이 없는 분들은 이 설명을 건너뛰셔도 됩니다.

일반 편집 프로그램에서 가편집을 할 경우 이를 애프터 이펙트에서 사용하려면, 해당 프로그램에서 동영상 파일로 출력한 것을 애프터 이펙트에서 푸티지로 불러들인 후 컷이 연결된 부분을 일일이 잘라주어야 합니다. 하지만 프리미어 프로는 같은 어도비사의 제품인 만큼 두 앱 간에 링크를 걸어 서로 연동하여 작업할 수 있으며, 편집된 컷들을 모두 별개의 레이어로 불러들이는 것이 가능합니다. 또한 링크를 유지할 경우 각각의 앱에서 수정된 작업이 즉시 상대 앱에 적용되므로 수정 후 새롭게 푸티지를 불러들이는 수고를 하지 않아도 됩니다.

프리미어 프로는 어도비 크리에이티브 클라우드에서 추가로 설치할 수 있으며, 시험판은 7일 동안 사용이 가능합니다. 프리미어 프로에서는 여러 클립들을 잘라내고 이어 붙여 편집된 것을 시퀀스(Sequence)라고 합니다. 애프터 이펙트에서의 컴포지션(Composition)과 유사한 개념으로 보시면 됩니다. 이 편집된 시퀀스를 다이나믹 링크(Dynamic Link)로 연동하여 애프터 이펙트로 불러들일 수 있습니다.

프리미어 프로와 애프터 이펙트를 동시에 쓰는 작업자들이 가장 손쉽게 쓰는 방식입니다. 프리미어 프로에서 가편집 작업이 끝나면 작업한 클립들을 묶어서 바로 애프터 이펙트로 넘길 수 있습니다.

예제 파일 [SC]-[P03]-[그네타기.prproj]

01 프리미어 프로에서 예제 [SC]-[P03]-[그네타기.prproj] 프로젝트를 불러들입니다. Timeline 패널에서 연동할 클립(들)을 직접 선택한 후 마우스 오른쪽 버튼을 클릭하여 [Replace With After Effects Composition] 명령을 실행합니다.

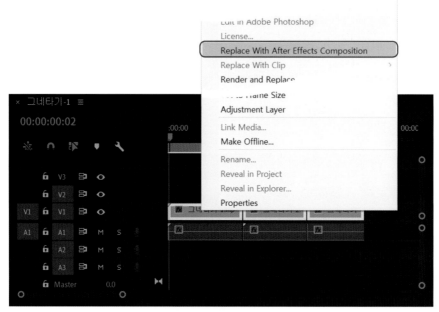

클립 세 개를 모두 선택한 후 마우스 오른쪽 버튼을 클릭하여 [Replace With After Effects Composition] 명령 실행

02 애프터 이펙트가 자동으로 실행되면 저장할 프로젝트의 이름을 지정합니다. ([그네타기.aep]로 지정하였습니다.) 그러면 애프터 이펙트에 해당 프로젝트가 활성화됩니다. 애프터 이펙트의 Project 패널에는 해당 프로젝트의 이름 뒤에 "Linked Comp #" 단어가 추가된 컴포지션이 생성되면서 프리미어 프로의 클립들을 시퀀스 레이어로 불러들입니다.

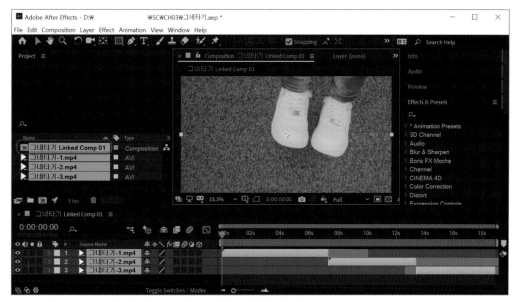

애프터 이펙트가 자동으로 실행되며 클립들이 시퀀스 레이어 형태로 배치됩니다.

03 동시에 프리미어 프로의 Project 패널에도 애프터 이펙트와 연동된 같은 이름의 컴포지션이 생성됩니다. Timeline 패널에는 선택했던 클립들이 하나로 뭉쳐지고 링크된 상태임을 분홍색으로 표시합니다.

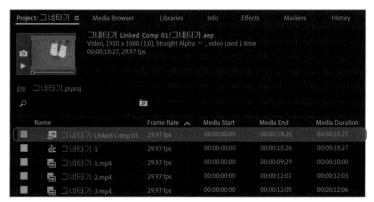

프리미어의 Project 패널

프리미어의 Timeline 패널

애프터 이펙트에서 레이어로 들어온 클립들을 자르거나, 순서를 바꾸는 등의 편집을 하면 프리미어 프로에도 그대로 적용됩니다. 단, 분홍색으로 묶인 상태라 재생하기 전에는 확인하기 어렵습니다.

● Section 02 애프터 이펙트에서 연동하기

다음의 방법들은 프리미어 프로에서 즉시 연동하는 방법과 달리, 프리미어 프로의 작업물을 가져다 쓰지만 거꾸로 프리미어 프로에 영향을 끼치지 않기 때문에 프리미어 프로의 편집 원본 상태를 유지할 수 있습니다.

01 프리미어 프로의 시퀀스를 불러오기

메뉴바에서 [File]〉[Adobe Dynamic Link] 메뉴로 들어가면 다음과 같은 명령어를 볼 수 있습니다.

| Adobe Dynamic Link | > | ❶ New Premiere Pro Sequence... |
| | | ❷ Import Premiere Pro Sequence... |

❶ New Premiere Pro Sequence

애프터 이펙트에서 사용할 클립을 프리미어 프로로 즉시 편집할 수 있도록 프리미어가 자동으로 실행되면서 새 프로젝트와 새 시퀀스를 만드는 기능입니다. 이 시퀀스는 애프터 이펙트에 바로 링크된 상태가 됩니다. 두 앱을 먼저 연동 시켜놓고 프리미어로 편집을 시작하려 할 때 쓰는 기능입니다.

〈New Project〉 대화창이 뜨면 프로젝트 이름을 입력한 후 [OK] 버튼을 클릭합니다. 프로젝트 저장 위치를 바꾸고 싶다면 [Location] 항목에서 [Browse] 버튼을 클릭하여 새 위치를 지정합니다.

프리미어 프로에 프로젝트가 생성되면 다시 〈New Sequence〉 창이 열립니다. 이 때 새 시퀀스는 애프터 이펙트에서 현재 실행 중인 컴포지션의 현재 설정(Frame Size, Pixel Aspect Ratio, Frame Rate(fps), Audio Sample Rate 등)과 자동으로 동일하게 세팅됩니다.

이미 프리미어 프로가 실행 중인 경우에는 현재 열려있는 프리미어 프로젝트에 새 시퀀스를 만드는 〈New Sequence〉 창이 뜨게 됩니다.
시퀀스가 만들어지면 소스 클립들을 불러들여 원하는 편집을 시작합니다.

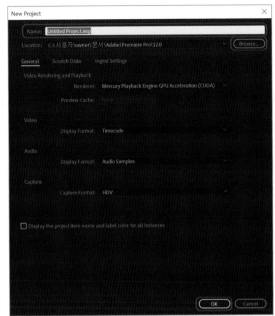

프리미어에서 새 프로젝트를 만드는 설정창　　　　　　　　프리미어에서 새 시퀀스를 만드는 설정창

❷ Import Premiere Pro Sequence

이미 프리미어 프로로 편집이 완료된 프로젝트가 있다면 이 프로젝트에서 원하는 시퀀스를 선택하여 애프터 이펙트의 Project 패널로 불러들이는 기능입니다.

〈Import Premiere Pro Sequence〉 대화창이 열리면 왼쪽의 [Project] 디렉토리 트리에서 프리미어 프로 프로젝트를 선택합니다. 그리고 오른쪽의 [Sequence] 목록에서 애프터 이펙트로 불러들일 시퀀스(들)를 선택하고 [OK] 버튼을 누릅니다.

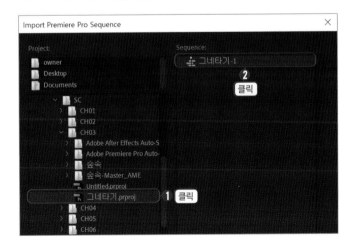

애프터 이펙트의 Project 패널에 시퀀스가 통째로 들어오면, Timeline 패널로 드래그 앤 드롭하여 레이어로 배치한 후 사용합니다.

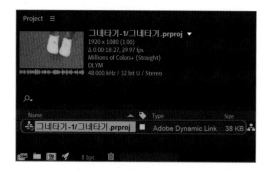

단점은 편집점에서 클립이 분리되어 들어오지 않기 때문에 레이어로 배치한 후 자르기(Split Layer) 명령인 Ctrl + Shift + D 를 이용하여 편집점마다 다시 잘라주어야 합니다. 이 경우 프리미어 프로에서 편집점마다 마커(Marker)를 미리 설정해 놓으면 애프터 이펙트로 들어오면서 레이어 마커(Layer Marker)로 표시되므로 한결 자르기 수월해집니다.

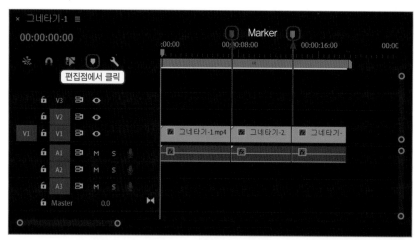

프리미어 프로에서 편집점마다 마커를 설정합니다.

레이어바에 레이어 마커로 표시됩니다. 해당 위치로 CTI를 이동시킨 후 Ctrl + Shift + D 를 이용하여 레이어를 자릅니다.

프리미어 프로에서 작업한 프로젝트 파일을 통째로 애프터 이펙트로 불러올 수 있습니다.

메뉴바의 [File] 〉 [Import] 〉 [Import Adobe Premiere Pro Project] 메뉴를 실행하고 〈Import Adobe Premiere Pro Project〉 대화창이 열리면 원하는 프로젝트 파일(.prproj)을 선택합니다.

〈Premiere Pro Import〉 대화창이 다시 열리면 불러올 시퀀스를 선택합니다. 오디오도 포함시키려면 [Import Audio] 항목을 체크합니다.

애프터 이펙트의 Project 패널에 [프리미어 프로젝트 이름.prproj]라는 이름의 폴더가 생성되는데, 그 안에 프리미어 프로에서 작업했던 동영상 소스 클립과 컷 편집된 시퀀스 컴포지션이 들어있습니다.

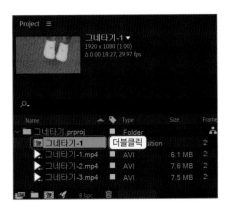

이 시퀀스 컴포지션을 애프터 이펙트에서 만든 다른 컴포지션처럼 자유롭게 사용할 수 있습니다. 시퀀스 컴포지션을 더블클릭하면 컴포지션이 활성화되면서 Timeline 패널에 시퀀스 레이어로 들어온 클립들을 확인할 수 있습니다.

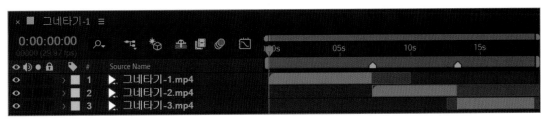

클립에 오디오가 없기 때문에 〈Premiere Pro Import〉 대화창에서 [Import Audio] 항목을 체크하지 않았습니다.

애프터 이펙트로
애니메이션 효과 주기

Chapter 01 **레이어를 제어하고 변형하기**

Section 01 레이어의 속성 이해하기

Section 02 레이어 변형하기

Chapter 02 **키프레임을 적용하여 애니메이션 만들기**

Chapter 03 **프리-컴포지션 활용하기**

Chapter 04 **영상 속도 조절하기**

Section 01 영상 전체 속도 조절하기

Section 02 정지 화면 만들기

Section 03 영상이 부드럽게 재생되도록 보정하기

Section 04 레이어의 움직임을 가속 또는 감속하기

Section 05 모션 블러 효과로 속도감 주기

PART 04

01 레이어를 제어하고 변형하기

영상이나 이미지를 화면에 배치하는 작업을 통해 레이어를 제어하고, 레이어의 위치나 크기 배율, 회전, 불투명 도같은 변형(Transform) 기능을 사용하는 방법을 배워보도록 하겠습니다.

● Section 01 레이어의 속성 이해하기

예제 파일 [SC]-[P04]-[Blog.png]

01 Project 패널의 빈 공간을 더블클릭하여 예제의 [SC]–[P04] 폴더에서 [Blog.png] 파일을 임포트합니다. Project 패널 하단의 Create a new Composition ▦ 아이콘 또는 단축키 Ctrl + N 을 눌러〈Composition Settings〉대화창을 열고 다음과 같이 설정합니다.

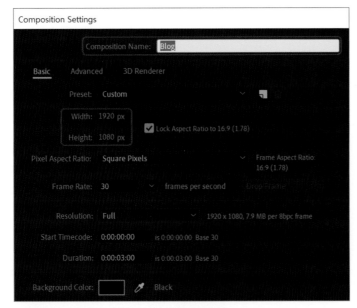

Full HD (1920×1080px) 크기의 [Blog] 컴포지션을 생성합니다.

Project 패널에서 [Blog.png] 푸티지를 클릭한 후 Timeline 패널의 빈 공간으로 드래그 앤 드롭하여 레이어로 배치합니다.

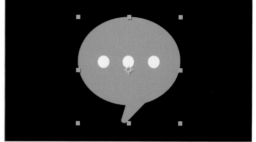

레이어의 바운딩 박스와 핸들

바운딩 박스(Bounding Box)는 레이어의 가로세로 크기를 가늠할 수 있도록 레이어를 사각형으로 둘러싼 가상의 외곽선입니다. 바운딩 박스는 레이어가 화면(Viewer)을 벗어난 위치에 있을 때도 표시되어 레이어가 어디 있는지 쉽게 알 수 있도록 합니다.

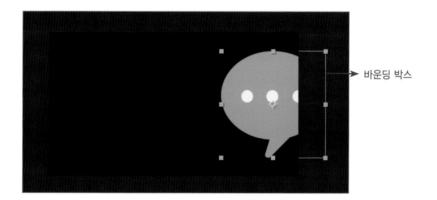

레이어를 클릭하면 바운딩 박스 중앙엔 앵커포인트(Anchor Point)가 표시되고, 바운딩 박스 둘레로는 사각형 조절점 ■이 표시됩니다. 이 사각형 조절점들을 핸들(Handles)이라고 부릅니다.

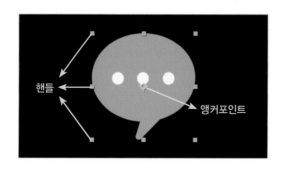

- **앵커포인트(Anchor Point)** : 레이어의 크기나 위치, 회전 등을 설정하고 변형할 때 기준점이 됩니다.

- **핸들(Handles)** : Comp 패널에서 레이어를 직접 클릭하여 크기를 조절할 수 있도록 도와주는 조절점입니다.

❶ 핸들은 Selection Tool ▶의 툴 옵션인 [Snapping]이 체크된 상태에서 레이어를 움직일 때 스냅의 기준이 되기도 합니다.

화면에서 커서로 핸들을 클릭하여 드래그하면 레이어의 크기를 가로/세로/대각선으로 조절할 수 있습니다.

❶ Shift 키를 누르고 클릭 앤 드래그하면 원본 형태의 비율을 유지하면서 크기를 조절합니다.

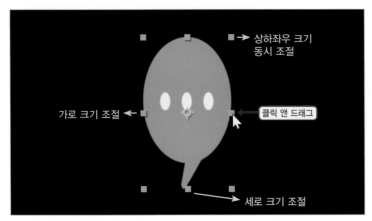

앵커포인트를 기준으로 크기가 변하게 됩니다.

레이어의 Transform 속성 보기

[Transform] 속성은 레이어의 위치, 크기 배율, 회전, 불투명도 등을 조절하고 애니메이션을 줄 수 있는 변형 속성입니다.

Timeline 패널에서 레이어의 라벨 앞에 있는 ∨를 클릭하면 [Transform] 속성이 표시되고, 다시 [Transform] 속성 앞의 ∨를 클릭하면 다음과 같은 하위 속성이 표시됩니다. (다시 클릭하면 접을 수 있습니다.)

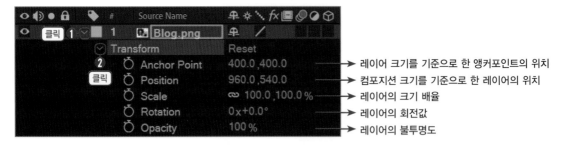

❶ [Anchor Point]와 [Position], [Scale] 속성의 파란색 속성값 표기는 X–Y축의 2차원 평면 공간에서만 존재하는 2D 레이어의 경우 [X–속성값, Y–속성값]을 의미합니다. 단위는 픽셀(Pixel, px)입니다.

2차원(2D) 속성값 이해하기

• **컴포지션의 X-Y 좌표**

컴포지션의 크기(Width×Height)가 Full HD 사이즈인 1920×1080px이라면 컴포지션 좌상단이 [0, 0], 우하단이 [1920, 1080]의 속성값을 가집니다. 즉, 화면 우측으로 갈수록 X-속성값이 커지고, 화면 아래쪽으로 갈수록 Y-속성값이 커집니다.

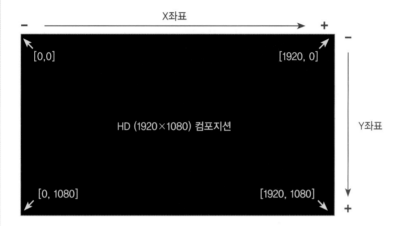

• **레이어와 [Anchor Point] 속성의X-Y 속성값의 의미**

Full HD 컴포지션의 중앙에 놓인 레이어의 크기가 800x800 px이면 레이어의 좌표는 레이어의 바운딩 박스를 기준으로 좌상단이 [0, 0], 레이어의 우하단이 [800, 800]의 속성값을 가집니다.

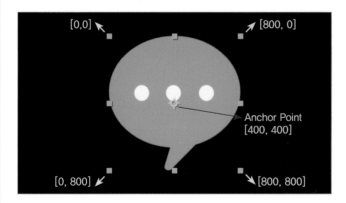

앵커포인트의 속성값은 컴포지션 좌표와 상관없이 레이어 좌표를 기준으로 결정됩니다. 크기가 800x800 px인 레이어의 중앙에 위치한 앵커포인트의 속성값은 [400, 400]으로 표시됩니다.

• [Position] 속성의 X-Y 속성값의 의미

컴포지션 위에서 레이어의 앵커포인트가 위치한 좌표를 표시합니다. 만일 레이어의 앵커포인트가 Full HD 컴포지션의 중앙에 위치한다면 레이어의 [Position] 속성값은 [960, 540]이 됩니다.

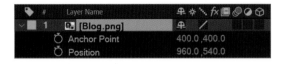

● Section 02 레이어 변형하기

[Transform] 속성의 세부 속성인 [Anchor Point], [Position], [Scale], [Rotation], [Opacity]의 속성값을 바꾸어 레이어를 변형할 수 있습니다.

예제 파일 [SC]-[P04]-[Bloom]

Bloom-1.mp4

Bloom-2.mp4

Bloom-3.mp4

Bloom-4.mp4

01 Project 패널의 빈 공간을 더블클릭하여 예제의 [SC]-[P04]-[Bloom] 폴더에 있는 모든 파일을 임포트 합니다. Project 패널 하단의 Create a new Composition 아이콘 또는 단축키 Ctrl + N 을 눌러 〈Composition Settings〉 대화창을 열고 다음과 같이 설정합니다.

20초 길이의 Full HD (24 fps) [Bloom] 컴포지션을 생성합니다.

02 Project 패널에서 [Bloom-1.mp4] 푸티지를 클릭한 후, Shift 를 누르고 [Boom-4.mp4] 푸티지를 클릭하면 모든 파일이 선택됩니다. 그대로 드래그하여 Timeline 패널의 빈 공간에 드롭합니다.

클릭한 순서대로 1번 레이어는 [Bloom-1.mp4], 4번 레이어는 [Bloom-4.mp4]가 배치됩니다.

[Transform] 속성 중 원하는 속성만 표시하기

Timeline 패널에 배치한 레이어마다 [Transform] 속성을 전부 펼친다면 패널 공간이 부족해 작업하기 불편해집니다. 이때 단축키를 사용하여 [Transform] 속성 중 필요한 속성만 표시되도록 할 수 있습니다.

- **Anchor Point**(앵커포인트의 위치) 속성만 보기 = A
- **Position**(레이어의 위치) 속성만 보기 = P
- **Scale**(레이어의 크기 배율) 속성만 보기 = S
- **Rotation**(레이어의 회전) 속성만 보기 = R
- **Opacity**(레이어의 불투명도) 속성만 보기 = T

❶ 동시에 여러 레이어를 선택하여 적용해도 되며, 어떤 레이어도 선택되지 않은 상태에서 단축키를 클릭하면 모든 레이어에 단축키가 적용됩니다.

❶ 단축키가 적용되지 않는다면 키보드가 한글입력 상태인 것이므로 한/영 자판을 눌러 영문 상태에서 작업하도록 합니다.

03 모든 레이어가 선택된 상태에서 단축키 S 를 눌러 [Scale] 속성만 표시합니다.

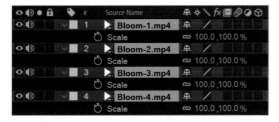

하나 이상의 속성이 열려 있는 상태에서 추가로 다른 속성을 더 표시하고자 할 때는 Shift + 해당 단축키를 클릭합니다.

04 모든 레이어가 선택된 상태에서 Shift + P 를 눌러 [Position] 속성을 추가로 표시합니다.

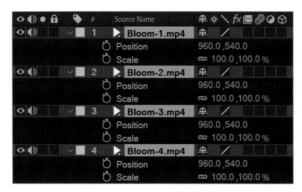

❶ 표시된 [Transform] 속성 중 다시 숨기고 싶은 속성은 Shift + 해당 단축키를 클릭합니다.

레이어의 크기 변경하기

05 모든 레이어가 선택된 상태로 [Bloom-1.mp4] 레이어에서 [Scale]의 X-속성값을 클릭하여 [50]을 입력하고 Enter↵ 키를 누릅니다. 그러면 선택된 모든 레이어의 [Scale] 속성값이 [50, 50]%로 변경됩니다.

❶ [Scale] 속성에는 X 또는 Y 속성값 중 하나를 변경하면 다른 축의 속성값이 같은 배율로 바뀌도록 Constrain Proportions 🔗 가 설정되어 있습니다. X와 Y의 크기를 다르게 설정하고 싶다면 속성값 앞에 있는 🔗 아이콘을 클릭하여 Off하면 됩니다.

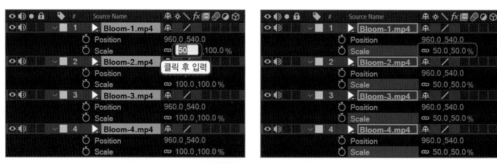

선택된 레이어들 중 하나의 속성값만 변경하면 모든 레이어의 속성값이 동일하게 변경됩니다.

TIP

레이어의 크기 변경 후 초기 100% 상태로 되돌리기

변경한 레이어의 속성값을 다시 클릭하여 키보드로 [100]을 입력해도 되지만, 더 빠른 방법은 해당 레이어가 선택된 상태에서 툴바의 Selection Tool ▶ 을 더블클릭하는 것입니다.

[Scale] 속성을 이용하여 레이어 반전하기

애프터 이펙트에서는 레이어를 좌우 또는 상하 반전하는 명령을 따로 제공합니다.

- **좌우 반전 :** 메뉴바의 [Layer]〉[Transform]〉[Flip Horizontal]
- **상하 반전 :** 메뉴바의 [Layer]〉[Transform]〉[Flip Vertical]

하지만 메뉴바에서 명령어를 찾아 들어가는 방식보다는 [Scale] 속성값에서 Constrain Proportions ▧를 클릭하여 비활성화시키고 X-속성값에만 (-)값을 입력(좌우 반전)하거나, Y-속성값에만 (-)값을 입력(상하 반전)하는 방식을 많이 사용합니다. X-Y 속성값 모두 (-)값을 입력하면 상하좌우 반전이 됩니다.

레이어의 위치 이동하기

Selection Tool ▶을 사용할 때 툴 옵션에서 [Snapping]에 체크가 되어있다면, 화면에서 레이어를 직접 클릭한 후 다른 위치로 드래그하는 중에 스냅이 적용되어 이동이 쉽습니다.

❶ 또한 레이어를 클릭한 후 Shift + 드래그하면 수직/수평 방향으로만 이동하도록 강제할 수 있습니다.

06 Selection Tool ▶의 툴 옵션에서 [Snapping]에 체크가 됐는지 확인한 후 1번 레이어부터 차례로 선택하고 드래그하여 다음과 같이 배치합니다.

드래그할 때 다른 레이어의 앵커포인트와 바운딩 박스의 핸들에 스냅이 걸립니다.

07 마지막 4번 레이어는 Timeline 패널에서 직접 [Position] 속성값을 변경하여 이동하겠습니다. 화면 중앙에 있을 때 [Position] 속성값이 [960, 540]이므로 오른쪽으로 그 반절만큼, 아래로 그 반절만 큼 이동하면 될 것입니다. X-속성값을 클릭하고 [+480]을 입력합니다. 그 다음 Y-속성값을 클릭하고 [+270]을 입력합니다.

❶ 암산을 하여 속성값에 바로 최종 위치인 [1440, 810]을 입력해도 되지만, 이처럼 키보드에서 더하기(+), 빼기(−), 곱하기(*), 나누기(/) 연산자를 활용하여 이동할 수 있습니다. 또한 속성값을 커서로 클릭 앤 드래그하여 변경할 수도 있으나 정확도는 떨어집니다.

현재 값에서 480 px만큼 오른쪽으로 이동

현재 값에서 270 px만큼 아래로 이동

[Position]은 컴포지션 내에서 앵커포인트의 최종 위치값을 표시합니다.

▷ TIP ▷

단축키로 세밀하게 이동하기

Comp 패널 하단에 있는 Magnification ratio가 [100% ▾] 로 설정되었을 때

- 화살표키 [↑] [↓] [←] [→] 를 사용하면 레이어가 각각 상하좌우로 1픽셀씩 이동합니다.
  (Magnification ratio가 [50%]라면 2픽셀씩, [200%]라면 0.5픽셀씩 이동합니다.)
- [Shift] + 화살표키 [↑] [↓] [←] [→] 를 각각 사용하면 레이어가 각각 상하좌우로 10픽셀씩 이동합니다.
  (Magnification ratio가 [50%]라면 20픽셀씩, [200%]라면 5픽셀씩 이동합니다.)

▷ TIP ▷

레이어의 속성값을 큰 폭으로 변경하기

Timeline 패널의 속성값을 커서로 클릭한 후 좌우로 드래그하여 변경할 때나, Comp 패널에서 레이어를 직접 클릭하여 이동시킬 때 속성값은 조금씩 변합니다. 이동해야 할 거리가 길어 속성값을 꽤 많이 변경해야 할 경우에는 몇 번을 반복해서 클릭 앤 드래그해야 할 수도 있습니다.

이럴 때 [Shift] 키를 누르고 드래그하면 속성값을 크게 변경시켜 레이어를 빠르게 이동시킬 수 있습니다.

툴 옵션에서 스냅 설정하기

Selection Tool  이나 Tool-Pan Behind(Anchor Point) Tool 을 선택하면 툴바 오른쪽에 스냅 관련 툴 옵션이 표시됩니다.

❶ **Snapping** : 체크하면 Comp 패널에서 레이어나 앵커포인트를 이동시킬 때 스냅을 적용시켜주어 빠르고 정확한 이동에 도움을 줍니다. 스냅이 설정되는 곳은 레이어의 중심, 앵커포인트, 패스, 바운딩 박스의 핸들 등입니다.

❷ : 체크하여 활성화(파란색)시키면 레이어를 움직일 때 다른 레이어의 경계에서 레이어 밖으로 더 확장된 가상의 점선을 따라 스냅이 걸리도록 도와줍니다.

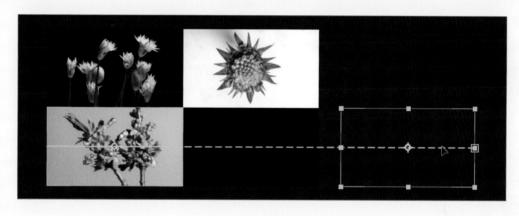

08 여기까지 완성되었으면 Ctrl + S 를 눌러 프로젝트를 [Bloom.aep]로 저장합니다.

Chapter

02

키프레임을 적용하여 애니메이션 만들기

애프터 이펙트에서는 시간의 흐름에 따라 이미지나 자막, 영상이 변하도록 키프레임(Keyframe)을 설정하여 애니메이션(Animation) 효과를 만들 수 있습니다. 여기서 "키프레임"이라는 것은 변화의 기준점으로, 하나의 움직임이 끝나고 새로운 변화가 시작되는 시간대(해당 프레임)입니다.

"Transform 애니메이션"은 레이어의 변형(Transform) 속성(주로 [Position], [Scale], [Rotation], [Opacity] 속성)에 키프레임을 주어 레이어의 위치나 크기 배율, 회전, 불투명도가 시간의 흐름에 따라 변하도록 설정하는 것으로 기본적이면서 가장 필수적인 애니메이션 기법입니다.

예제 파일 [SC]-[P04]-[Bloom.aep]

01 앞서 작업한 프로젝트 파일 [Bloom.aep]를 불러옵니다. 작업 파일이 없다면 예제의 [SC]−[P04]−[Bloom.aep] 프로젝트 파일을 열도록 합니다.

❶ 가장 최근에 작업한 프로젝트를 불러오는 단축키는 Ctrl + Alt + Shift + P 입니다.

02 현재 시간(Current Time) 창을 클릭한 후 [110]을 입력하여 1초 10프레임으로 이동합니다. [Bloom-1.mp4] 레이어를 선택하고 단축키 P 를 눌러 [Position] 속성을 표시한 다음 다시 Shift 를 누른 채로 S 와 R 을 연달아 눌러 [Scale]과 [Rotation] 속성을 추가로 표시합니다.

❶ 현재 시간이 타임코드 형식이 아니라 프레임 형식으로 표시되고 있다면 현재 시간 창을 Ctrl + 클릭하여 타임코드 형식으로 변경한 후 예제를 따라하도록 합니다.

레이어의 [Position], [Scale], [Rotation] 속성만 표시합니다.

03 Ctrl 또는 Shift 를 누르고 세 속성을 클릭하여 모두 선택한 후, 세 속성 중 하나의 Stopwatch 🖲 를 클릭하면 파란색 아이콘 🖲 으로 바뀌면서 현재 시간에서 동시에 키프레임 🔷 이 생성됩니다.

1초 10프레임에서 모든 속성에 키프레임 🔷 이 생성됩니다.

키프레임 관련 아이콘 이해하기

❶ Stopwatch 🖲

- 속성 이름 앞에 Stopwatch 🖲 가 있다면 그 속성은 애니메이션을 만들 수 있는 속성입니다.
- Stopwatch 🖲 가 파란색으로 바뀌면 해당 속성에 키프레임이 적용되었다는 의미입니다.
- Stopwatch 🖲 가 파란색일 때 다시 클릭하면 해당 속성에 준 모든 키프레임이 제거됩니다.

❷ Keyframe 🔷

- 속성에 키프레임을 설정하거나 키프레임이 선택된 상태에서는 파란색 🔷 으로 바뀝니다.
- 프레임 🔷 위에 커서를 올려놓으면 해당 키프레임이 설정된 시간과 속성값이 표시됩니다.

- 여러 키프레임 🔷 을 선택한 후 키보드의 Delete 키를 누르면 선택된 키프레임들만 제거됩니다.

❸ 속성 맨 좌측에 있는 키프레임 이동/추가/삭제 버튼

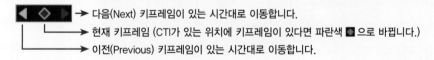

→ 다음(Next) 키프레임이 있는 시간대로 이동합니다.

→ 현재 키프레임 (CTI가 있는 위치에 키프레임이 있다면 파란색 🔷 으로 바뀝니다.)

→ 이전(Previous) 키프레임이 있는 시간대로 이동합니다.

- ◀ ◇ ▶ 상태에서 직접 가운데 마름모를 클릭하면 CTI위치에 키프레임이 새로 생성되며 ◀ ◆ ▶ 상태로 바뀝니다.
- ◀ ◆ ▶ 상태에서 가운데 키프레임을 클릭하면 현재 시간대의 키프레임만 제거되고 다시 ◀ ◇ ▶ 상태로 바뀝니다.

04 Home 키를 누르거나 CTI를 드래그하여 컴포지션의 시작 시간(0초)으로 이동한 후 [Position] 속성을 선택하고 그 위에서 마우스 오른쪽 버튼을 클릭하여 [Reset] 명령을 실행합니다.

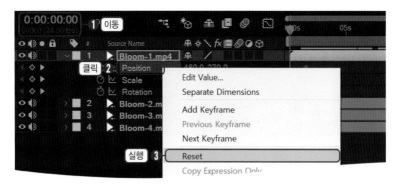

현재 시간에서 레이어의 [Position] 속성값이 초기값으로 리셋되고, 두 번째 키프레임이 자동으로 생성됩니다.

❶ 한번 키프레임이 설정된 속성은 다른 시간대에서 해당 속성값이 바뀌면 자동으로 키프레임 ◆ 이 생성됩니다.

[Reset] 명령으로 속성값을 초기 설정값으로 되돌릴 수 있습니다.

변형 속성값을 초기화하기

· 특정 속성의 속성값만 초기화하기 = 속성 이름에서 마우스 오른쪽 버튼〉[Reset] 실행

· 레이어의 모든 [Transform] 속성값을 초기화하기 = 레이어의 [Transform] 속성 오른쪽의 [Reset] 클릭

· 여러 레이어의 변형 속성값을 초기화하기 = 레이어들을 선택한 후 메뉴바에서 [Layer]〉[Transform]〉[Reset] 실행

05 이번에는 [Scale] 속성값을 클릭하여 [0]을 입력합니다. X 또는 Y 속성값 중 하나에만 입력하면 동시에 [0%]로 설정됩니다.

06 이번에는 [Rotation] 속성값을 클릭하여 [−1] 회전값을 지정합니다.

POINT

회전 속성값 이해하기

[0 × +0.0°]는 회전수(Revolutions) × 각도(Degrees)를 표시합니다. +방향이 시계 방향이며, 360°는 1회전이 됩니다. 각도에 [−540]을 입력하면 최종적으로 [−1 × −180°]으로 표기되며, 반시계방향으로 1회전 반만큼 회전하는 것을 의미합니다.

❶ Shift 를 누르고 회전 속성값 위에서 커서를 클릭한 채로 좌우로 드래그하면 회전수는 10회전씩, 각도는 10°씩 변경됩니다.

CTI를 드래그해보면 시계방향으로 한 바퀴 돌면서 크기가 점차 커지는 애니메이션이 만들어졌습니다.

TIP

Comp 패널에서 레이어 회전시키기

속성값을 클릭하여 변경시키는 방법 외에 Rotation Tool 📐 을 선택한 다음 Comp 패널에서 커서로 레이어의 중앙 부분을 클릭하고 드래그하면 레이어를 회전시킬 수 있습니다. Shift + 드래그하면 한번에 45°씩 회전합니다.

07 다시 1초 10프레임 위치로 이동한 후 이번에는 [Bloom-2.mp4]와 [Bloom-3.mp4] 레이어를 함께 선택하고 단축키 Alt + Shift + P 를 누릅니다.

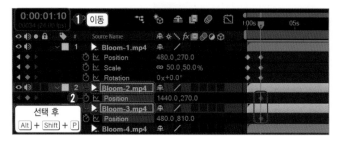

Alt + Shift + [속성 단축키]를 적용하면 해당 속성이 열리면서 즉시 키프레임을 생성합니다.

08 0초로 다시 이동한 후 화면에서 [Bloom-2.mp4] 레이어를 클릭하고 Shift + 오른쪽으로 드래그하여 화면 밖으로 이동시킵니다. 마찬가지로 이번에는 [Bloom-3.mp4] 레이어를 클릭하고 Shift + 왼쪽으로 드래그하여 화면 밖으로 이동시킵니다.

❶ Comp/Timeline 패널의 빈 공간을 클릭하면 모든 레이어의 선택을 취소할 수 있습니다. 빈 공간을 클릭하기 어렵다면 단축키 F2 를 클릭합니다.

❶ Shift 를 누르고 이동시키면 수평 또는 수직으로만 이동할 수 있도록 제어합니다.

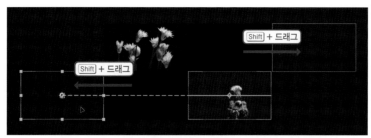

Selection Tool ▶의 툴 옵션에서 ☒ 아이콘이 실행(파란색) 중이라면 레이어를 이동시킬 때 화면에 가상의 연장선이 보여 쉽게 레이어를 배치할 수 있습니다.

위치값이 바뀐 곳에서 자동으로 추가 키프레임이 생성됩니다.

09 다시 1초 10프레임으로 이동한 후 [Bloom-4.mp4] 레이어를 선택하고 단축키 Alt + Shift + T 를 눌러 [Opacity] 속성에 즉시 키프레임을 생성합니다.

[Opacity] 속성은 불투명도를 뜻하며 [100%]일 때 레이어가 모두 표시되고 [0%]일 때 레이어가 완전히 투명해집니다.

10 0초로 이동한 후 [Opacity] 속성값을 클릭하여 [0%]로 설정합니다.

❗ 예제에서는 설명을 위해 순서대로 작업했지만, 프로젝트에 대한 계획이 미리 서있다면 현재 시간을 왔다 갔다 할 필요 없이 1초 10프레임에서 레이어마다 변경하고 싶은 특정 속성의 키프레임을 설정하고, 0초로 이동하여 각 레이어에 차례로 변형을 주는 식으로 작업 시간을 절약할 수 있습니다.

11 키프레임을 설정하는 작업이 완료되었다면 각 레이어가 화면에 표시되는 시간에 차이를 두어 조금 더 다이내믹한 애니메이션이 될 수 있도록 합니다. Timeline 패널에서 [Bloom-2.mp4]와 [Bloom-3. mp4] 레이어를 함께 선택하고 Shift + 레이어바를 오른쪽으로 드래그합니다. 키프레임 ◆ 위치마다 스냅이 작동하므로 1번 레이어가 끝나는 위치에 두 레이어의 IN점이 붙도록 레이어바를 쉽게 이동시킬 수 있습니다.

스냅으로 이동하기 어렵다면 이동할 시간대로 CTI를 먼저 이동시킨 뒤 단축키 [(왼쪽 대괄호)를 누릅니다.

12 이번에는 레이어바가 아닌 키프레임만 이동시켜 보도록 하겠습니다. [Bloom-4.mp4] 레이어의 [Opacity] 속성 이름을 클릭하면 해당 속성에 적용된 모든 키프레임이 선택됩니다. 선택된 키프레임 중 첫 키프레임을 다시 한번 커서로 클릭한 후 그대로 Shift + 오른쪽으로 드래그하여 [Bloom-2. mp4]와 [Bloom-3.mp4] 레이어의 마지막 키프레임 위치로 이동시킵니다.

❶ 여러 키프레임이 선택된 상태에서 Shift 를 먼저 누르고 키프레임 ◈ 을 클릭하게 되면 키프레임 선택이 ◈ 로 풀려 버리므로 클릭 순서에 주의합니다.

첫 키프레임을 클릭하고 Shift + 드래그해야 첫 키프레임에 스냅이 적용됩니다.

첫 키프레임 앞에 레이어바가 남아있어도 첫 키프레임 시간대까지는 투명한 상태(불투명도 0%)이기 때문에 그대로 두어도 상관없습니다. 하지만 깔끔하게 정리하여 한눈에 레이어의 시작 위치를 파악 하는 것이 좋기 때문에 CTI를 첫 키프레임 위치로 이동시킨 후 단축키 Alt + [(왼쪽 대괄호)를 눌러 레이어의 IN점을 다시 설정해줍니다.

CTI위치에 레이어의 IN점을 설정하는 단축키는 Alt + I (왼쪽 대괄호)입니다.

13 15초 위치로 이동한 후 단축키 N 을 눌러 작업 영역(Work Area)의 끝 지점을 설정하고 Num 0 키를 눌러 작업 영역 구간을 프리뷰합니다.

CTI 위치에서 작업 영역(Work Area)의 끝 지점을 설정하는 단축키는 N 키 입니다.

14 Ctrl + S 를 눌러 프로젝트를 [Bloom-Master.aep]로 저장합니다.

프리-컴포지션 활용하기

먼저 애프터 이펙트에서 정말 많이 사용되는 Pre-Compose, Pre-composition이라는 용어의 의미를 알아보겠습니다. 작업을 하다 보면 여러 레이어를 묶어서 한꺼번에 움직이는 작업을 해야 할 경우가 자주 발생합니다. 이런 경우 선택한 레이어들을 마치 그룹처럼 하나의 컴포지션으로 묶는 작업을 Pre-Compose라고 하고, 이렇게 묶여서 만들어진 컴포지션을 Pre-composition이라고 합니다. 그리고 이 프리-컴포지션이 다른 컴포지션(어미 컴포지션) 안에서 레이어로 사용될 때 Precomp 레이어(또는 Comp 레이어)라고 부릅니다. 프리-컴포지션 안에 또 다른 프리-컴포지션을 포함할 수도 있고, 프리-컴포지션 안에 포함된 레이어들은 언제든지 수정과 삭제가 가능합니다.

❶ 간혹 대화창 등에서 'Nested Composition'이라는 용어를 만날 수 있는데, 어미 컴포지션이 자식 컴포지션들을 포함하고 있는 관계를 네스팅(Nesting)이라고 합니다. 결국 'Nested Composition'은 종속된 컴포지션인 프리-컴포지션을 뜻하는 것으로 이해하면 되겠습니다.

컴포지션 안에 다른 컴포지션을 포함시키는 방법은 두 가지가 있습니다.

① 하나의 컴포지션에서 작업을 마친 후 이 컴포지션을 다른 새 컴포지션에 Comp 레이어로 배치하기

② 컴포지션에서 하나 이상의 레이어를 [Pre-Compose] 명령을 통해 그룹으로 묶어 프리-컴포지션 만들기

다음 과정을 따라해보면서 두 가지 방법을 모두 익혀보도록 합니다.

활용예제 프리-컴포지션을 활용하여 스크롤 애니메이션 만들기

예제 파일 [SC]-[P04]-[Tablet.aep]

❶ CC 2019 버전 이상 사용자들은 [Tablet.aep] 프로젝트 파일을 열어 03번부터 학습하시고, 이하 버전인 분들은 01번부터 따라해주세요. 기능 설명을 위해 실제 제작 방식과 약간 다르게 설명된 부분이 있습니다.

01 예제의 [SC]–[P04] 폴더에서 [Tablet.aep]를 엽니다. 프로젝트 파일을 열 수 없는 분들은 [SC]–[P04]–[Tablet] 폴더 안의 모든 파일을 Project 패널로 불러들인 후, Project 패널 하단의 Create a new Composition 아이콘을 클릭하거나 단축키 Ctrl + N 을 누릅니다. 〈Composition Settings〉 대화창이 열리면 다음과 같은 설정의 새 컴포지션 [SNS]를 생성합니다.

Project 패널

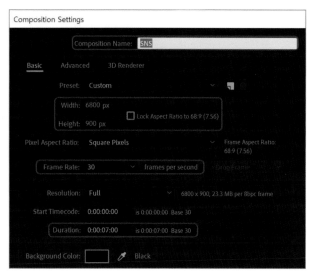

Width×Height 6800×900px, 30fps, 7초 길이의 [SNS] 컴포지션

02 Project 패널에서 [SNS–1.png], [SNS–2.png], [SNS–3.png], [SNS–4.png], [SNS–5.png] 푸티지를 동시에 선택한 후 Comp 패널이나 Timeline 패널의 [SNS] 컴포지션으로 드래그 앤 드롭하여 레이어로 배치합니다. [SNS–1.png]과 [SNS–5.png] 레이어를 선택한 후 Ctrl + D 를 눌러 복제하고 다음과 같이 배치합니다. 모든 레이어가 선택된 상태에서 단축키 P 를 눌러 [Position] 속성을 연 후 속성값을 다음과 같이 설정합니다.

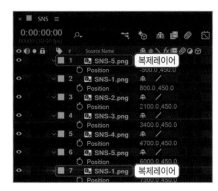

Position		
1	SNS–5.png	–500, 450
2	SNS–1.png	800, 450
3	SNS–2.png	2100, 450
4	SNS–3.png	3400, 450
5	SNS–4.png	4700, 450
6	SNS–5.png	6000, 450
7	SNS–1.png	7300, 450

03 Project 패널 하단의 Create a new Composition 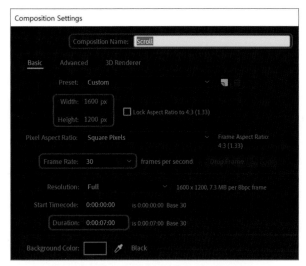 아이콘 또는 단축키 [Ctrl]+[N]을 눌러
⟨Composition Settings⟩ 대화창이 열리면 다음과 같은 설정의 새 컴포지션 [Scroll]을 생성합니다.

Width×Height 1600×1200px, 30fps, 7초 길이의 [Scroll] 컴포지션

04 [Scroll] 컴포지션이 활성화된 상태에서 메뉴바의 [Layer]⟩[New]⟩[Solid] (= [Ctrl]+[Y])로 ⟨Solid
Settings⟩ 대화창이 열리면 [Color]의 색상 상자를 클릭하여 색상값이 [#F9E8DA]인 솔리드 레이어
를 생성합니다.

[Make Comp Size] 버튼을 클릭하면 현재
작업 중인 컴포지션의 크기와 동일한 크기
로 솔리드 레이어를 생성합니다.

POINT

솔리드 레이어(Solid Layer)란?

• 솔리드 레이어는 애프터 이펙트에서 직접 만들 수 있는 단색의 레이어로, 주로 배경이나 자막 뒤에 놓을 색상바로
많이 사용됩니다.

• 메뉴바에서 [Layer]⟩[New]⟩[Solid](=[Ctrl]+[Y])를 실행하면 열리는 ⟨Solid Setting⟩ 대화창에서 크기와 색상을 지
정합니다. 선택한 색상에 따라 솔리드 레이어의 이름이 자동으로 설정되며 바꿀 수도 있습니다.

- 솔리드 레이어를 만들면 Project 패널에 [Solids] 폴더가 만들어지고 그 안에 생성된 솔리드가 포함됩니다.

- 솔리드 레이어는 생성하면 바로 Timeline 패널에 레이어로 놓이게 됩니다. 아무 레이어도 선택되어 있지 않은 상태에서는 최상위 1번 레이어로 배치되고, 특정 레이어가 선택되어 있다면 그 레이어 위에 배치됩니다.
- **〈Solid Settings〉 대화창 :** 처음 솔리드 레이어를 생성할 때 자동으로 열립니다. 기존에 생성된 솔리드 레이어의 색상이나 크기 등을 수정할 때는 솔리드 레이어를 선택한 후 메뉴바의 [Layer]〉[Solid Settings]를 실행하여 대화창을 다시 열 수 있습니다.

05 Project 패널에서 [SNS] 컴포지션을 클릭한 후 Timeline 패널의 [Scroll] 컴포지션 안으로 드래그하여 컴프 레이어로 배치합니다.

[SNS] 컴포지션을 [Scroll] 컴포지션 안에 Comp 레이어로 배치합니다.

[Scroll] 컴포지션의 Comp 패널

06 [Scroll] 컴포지션에서 [SNS] 컴프 레이어를 선택하고 단축키 P 를 클릭하여 [Position] 속성을 엽니다. [SNS-1.png] 사진부터 화면 중앙에 놓이도록 시작 시간(0초)에서 [Position]의 X-속성값을 [3400]으로 변경한 후 Stopwatch ⏱ 를 클릭하여 첫 키프레임을 생성합니다.

[SNS-1.png] 사진이 중앙에 놓인 화면

07 Shift + Page Down 키를 눌러 10프레임 뒤로 이동한 후 [Position] 의 X-속성값을 [2100]으로 변경하여 두 번째 사진이 화면 중앙에 놓이도록 합니다. 두 번째 키프레임이 생성되었습니다.

[SNS-2.png] 사진이 중앙에 놓인 화면

08 ▶ 두 번째 사진이 화면에 잠시 머물도록 고정하기 위해 1초 20프레임 위치로 이동합니다. [Position] 속성 앞의 키프레임 ◀ ◇ ▶ 가운데 마름모 모양을 클릭하여 현재 위치에 키프레임을 추가합니다.

❶ 단축키 Alt + Shift + P 를 눌러도 현재 설정값을 유지한 채 [Position] 속성값에 키프레임이 생성됩니다.

09 ▶ Shift + Page Down 키를 눌러 10 프레임 뒤로 이동한 후 [Position]의 X-속성값을 [800]으로 변경하여 세 번째 사진이 화면의 중심에 놓이도록 합니다.

[SNS-3.png] 사진이 중앙에 놓인 화면

10 ▶ 마찬가지로 나머지 사진들도 화면 중앙에 놓고 잠시 고정시킨 후에 움직이도록 다음과 같이 나머지 키프레임을 설정합니다.

현재시간	00:00	00:10	01:20	02:00	03:10	03:20	05:00	05:10
X-Position	3400	2100	2100	800	800	−500	−500	1800

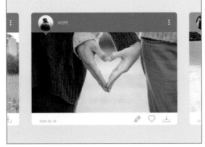

[SNS-4.png] 사진이 중앙에 놓인 화면   [SNS-5.png] 사진이 중앙에 놓인 화면

11 스크롤 될 때 당기는 느낌의 속도감을 주도록 하겠습니다. Shift 키를 누르고 스크롤이 멈추는 지점의 키프레임 ◆을 하나씩 클릭하여 선택합니다.

12 선택된 키프레임 ◆ 중 하나 위에서 마우스 오른쪽 버튼을 클릭하고 [Keyframe Assistant]>[Easy Ease In] (= Shift + F9)을 적용합니다. 빠르게 움직였다가 선택된 키프레임에 가까워지면 점차 천천히 움직이도록 속도감을 주는 기능입니다.

❗ 레이어의 속도를 조절하는 방법은 다음 파트에서 자세히 다룰 것입니다.

키프레임 모양이 ▶ 로 바뀌면서 설정이 적용되었습니다.

13 Project 패널에서 [Tablet.png] 푸티지를 [Scroll] 컴포지션으로 드래그 앤 드롭하여 1번 레이어로 배치합니다.

14 [Tablet.png] 레이어가 선택된 상태에서 단축키 R 을 눌러 [Rotation] 속성을 연 후 각도를 [-90°]로 변경합니다.

15 SNS 이미지들과 단색 배경이 태블릿의 화면 안에 들어가도록 동시에 크기 배율을 조정하기 위해서 Pre-compose를 사용하도록 하겠습니다. [SNS] 컴프 레이어와 솔리드 레이어를 함께 선택한 후 선택된 레이어 위에서 마우스 오른쪽 버튼을 클릭하여 [Pre-Compose] (= Ctrl + Shift + C)를 실행합니다.

자주 쓰는 기능이므로 단축키 Ctrl + Shift + C 를 익혀 두도록 합니다.

16 〈Pre-compose〉 대화창이 열리면 세팅된 그대로 [OK] 버튼을 클릭합니다.

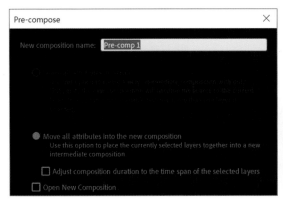

[SNS] 컴프 레이어와 솔리드 레이어가 하나의 [Pre-Comp 1] 프리-컴포지션으로 묶였습니다.

[Pre-Comp 1] 레이어를 더블클릭하면 Timeline 패널에 [Pre-Comp 1] 프리-컴포지션 탭이 열리면서 그 안에 솔리드 레이어와 함께 [SNS] 컴프 레이어에 적용한 키프레임까지 모두 들어가 있는 것을 확인할 수 있습니다.

[Pre-Comp 1] 프리-컴포지션 안에 포함된 레이어들

PLUS **〈Pre-compose〉 대화창 살펴보기**

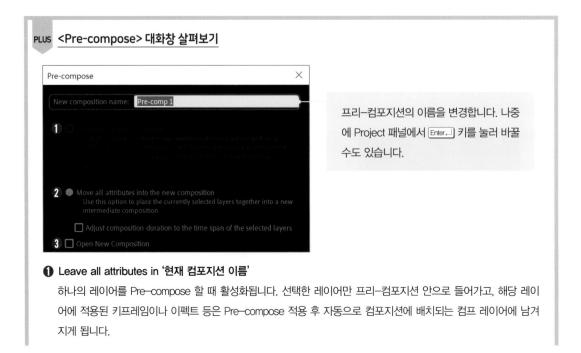

프리-컴포지션의 이름을 변경합니다. 나중에 Project 패널에서 [Enter↵] 키를 눌러 바꿀 수도 있습니다.

❶ **Leave all attributes in '현재 컴포지션 이름'**

하나의 레이어를 Pre-compose 할 때 활성화됩니다. 선택한 레이어만 프리-컴포지션 안으로 들어가고, 해당 레이어에 적용된 키프레임이나 이펙트 등은 Pre-compose 적용 후 자동으로 컴포지션에 배치되는 컴프 레이어에 남겨지게 됩니다.

❷ Move all attributes into the new composition

레이어(들)에 적용된 키프레임과 이펙트 등의 설정이 모두 프리-컴포지션 안으로 들어갑니다. 이 옵션이 선택되었을 때 활성화되는 [Adjust composition duration to the time span of the selected layers] 항목에 체크하면, 선택된 레이어의 재생시간(Duration)과 동일한 길이의 프리-컴포지션이 만들어집니다.

❸ Open New Composition

체크하면, 프리-컴포지션이 만들어진 후 이를 Timeline 패널에서 새로운 컴포지션 탭으로 엽니다.

---

17 다시 [Scroll] 컴포지션 탭을 클릭하여 활성화한 후 [Pre-Comp 1] 레이어를 선택하고 단축키 S를 눌러 크기를 [55%]로 축소합니다.

18 Project 패널 하단의 Create a new Composition 아이콘을 클릭하거나 단축키 Ctrl+N을 누릅니다. 〈Composition Settings〉 대화창이 열리면 다음과 같은 설정의 새 컴포지션 [Tablet]을 생성합니다.

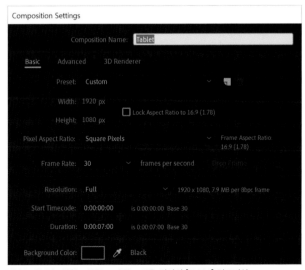

Width×Height 1920×1080px, 30fps, 7초 길이의 [Tablet] 컴포지션

19 Project 패널에 있는 [Floor.jpg] 푸티지와 [Scroll] 프리-컴포지션을 Comp 또는 Timeline 패널의 [Tablet] 컴포지션으로 드래그 앤 드롭하여 레이어로 배치합니다.

20 태블릿 아래에 그림자를 주기 위해 [Tablet] 컴포지션에서 [Scroll] 컴프 레이어를 선택한 후 마우스 오른쪽 버튼을 클릭하여 [Layer Styles]>[Drop Shadow]를 적용합니다.

❶ 포토샵의 레이어 스타일과 마찬가지로 메뉴바의 [Layer]>[Layer Styles]에는 레이어에 적용할 수 있는 각종 레이어 스타일이 있습니다.

레이어 스타일을 적용하면 레이어에 [Layer Styles] 속성이 추가됩니다.

21 [Tablet] 컴포지션에서 [Scroll] 컴프 레이어의 [Layer Styles]〉[Drop Shadow] 세부 속성을 열고 다음과 같이 설정값을 조정합니다.

Distance	26
Size	11

22 Comp 패널 상단의 Composition Navigator에서는 어미 컴포지션이 자식 컴포지션을 어떤 순서로 포함하고 있는지 표시합니다. 각 컴포지션 이름을 클릭하면 Comp 패널에 해당 컴포지션을 즉시 보여줍니다. 여기서 [Tablet] 컴포지션이 Top-Composition이 됩니다.

23 모든 작업이 끝났으면 [Num 0] 키를 눌러 프리뷰 한 후 프로젝트를 [Tablet-Master.aep]로 저장합니다.

Chapter 04

영상 속도 조절하기

촬영한 원본 영상의 속도를 빠르게 또는 느리게 변경하거나, 레이어의 움직임을 가속 또는 감속하여 다양한 영상 느낌을 만들 수 있습니다. 이는 동영상뿐만 아니라 시퀀스나 오디오 레이어에도 적용됩니다.

예제 파일 [SC]-[P04]-[Dance.mp4]

01 예제 [SC]−[P04] 폴더에서 [Dance.mp4] 파일을 Project 패널로 불러들인 후 새 컴포지션에 레이어로 배치합니다.

02 컴포지션의 길이를 수정하기 위해 메뉴바의 [Composition]〉[Composition Settings] (= Ctrl + K)를 실행하여 〈Composition Settings〉 대화창이 열리면 [Duration]을 15초로 변경합니다.

컴포지션의 길이(재생시간)가 조정되었습니다.

● Section 01　영상 전체 속도 조절하기

영상 속도를 느리게 또는 빠르게 조절하기

레이어의 재생시간(Duration)을 늘리거나 줄임으로써 전체 영상의 속도를 변경합니다.

01 컴포지션의 시작 시간(0초)에 CTI를 위치시킵니다. [Dance.mp4] 레이어를 선택한 다음 마우스 오른쪽 버튼(또는 메뉴바의 [Layer])을 클릭하여 [Time]〉[Time Stretch]를 실행합니다. 〈Time Stretch〉 대화창이 열리면 [Stretch] 항목의 [Stretch Factor]를 [200%]로 변경합니다.

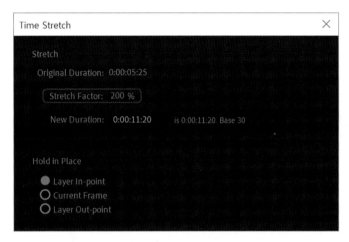

레이어바의 길이가 원래보다 두 배로 늘어납니다.

Num 0 을 눌러 재생해보면 재생 속도가 두 배로 느려진 것을 확인할 수 있습니다.

02 다시 0초에 CTI를 위치시킨 후 레이어 위에서 마우스 오른쪽 버튼을 누르고 [Time]〉[Time Stretch]를 선택합니다. 〈Time Stretch〉 대화창이 열리면 이번에는 [Stretch Factor]를 [50%]로 변경합니다.

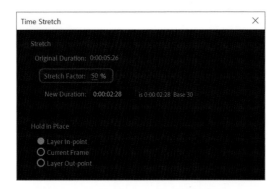

레이어바의 길이가 원래보다 반으로 줄어듭니다.

Num 0 을 눌러 재생해보면 재생 속도가 두 배로 빨라진 것을 확인할 수 있습니다

PLUS <Time Stretch> 대화창 살펴보기

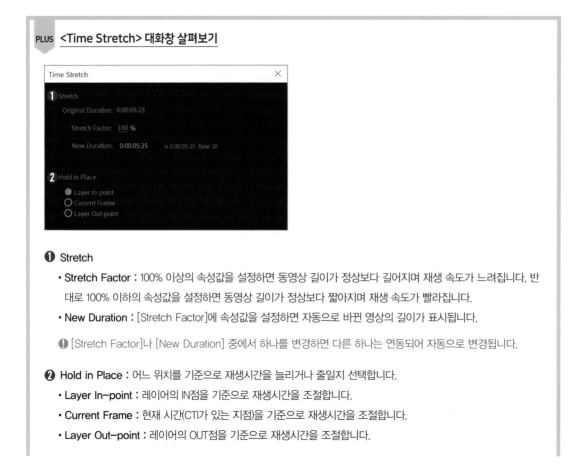

❶ **Stretch**

• **Stretch Factor** : 100% 이상의 속성값을 설정하면 동영상 길이가 정상보다 길어지며 재생 속도가 느려집니다. 반대로 100% 이하의 속성값을 설정하면 동영상 길이가 정상보다 짧아지며 재생 속도가 빨라집니다.

• **New Duration** : [Stretch Factor]에 속성값을 설정하면 자동으로 바뀐 영상의 길이가 표시됩니다.

  ❗ [Stretch Factor]나 [New Duration] 중에서 하나를 변경하면 다른 하나는 연동되어 자동으로 변경됩니다.

❷ **Hold in Place** : 어느 위치를 기준으로 재생시간을 늘리거나 줄일지 선택합니다.

• **Layer In-point** : 레이어의 IN점을 기준으로 재생시간을 조절합니다.

• **Current Frame** : 현재 시간(CTI가 있는 지점)을 기준으로 재생시간을 조절합니다.

• **Layer Out-point** : 레이어의 OUT점을 기준으로 재생시간을 조절합니다.

❶ 레이어에 키프레임이 설정되어 있다면 변경된 재생시간에 따라 기존 키프레임 위치도 변경됩니다.

❶ 키프레임의 위치 변화 없이 전체 재생시간만 변경하려면, 첫 키프레임이 놓여있던 시간을 일단 기억한 후 모든 키프레임을 선택하고 Ctrl + X (자르기)를 실행합니다. 그리고 레이어에 [Time Stretch] 기능을 적용한 후, 첫 키프레임이 놓여있던 시간대로 CTI를 이동시키고 키프레임들을 다시 Ctrl + V (붙여넣기) 합니다.

영상을 거꾸로 재생하기

01 레이어를 선택한 후 마우스 오른쪽 버튼(또는 메뉴바의 [Layer])에서 [Time]〉[Time-Reverse Layer] (= Ctrl + Alt + R)를 적용합니다.

역재생 적용 전

역재생 적용 후 레이어바의 하단에 빗살무늬가 표시됩니다.

TIP

〈Time Stretch〉 대화창에서 역재생하기

레이어 위에서 마우스 오른쪽 버튼을 누르고 [Time]〉[Time Stretch]를 선택하여 〈Time Stretch〉 대화창을 연 후 [Stretch Factor]를 마이너스 속성값으로 설정하면 레이어가 역재생됩니다.

속도 조절과 동시에 역재생을 설정할 수 있다는 장점이 있는 대신에, [Hold in Place]에서 어떤 것을 선택하느냐에 따라 원하지 않는 위치에서 레이어바가 뒤집어질 수 있습니다.

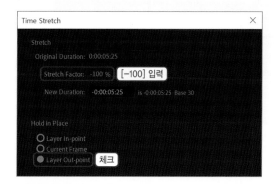

레이어의 OUT점이 놓여있던 위치

[Layer Out-point]에 체크했기 때문에 레이어의 OUT점을 기준으로 뒤집어집니다.

PLUS **하나의 영상에 다양한 속도 변화 적용하기 : Time Remap**

애프터 이펙트의 타임 리맵(Time Remap)은 영상 내의 시간을 재배치한다는 의미로, 하나의 영상 레이어에 다양한 영상 속도를 적용할 때 사용합니다.

01 [Dance.mp4] 레이어를 선택하고 마우스 오른쪽 버튼(또는 메뉴바의 [Layer])에서 [Time] 〉 [Enable Time Remapping] (= Ctrl + Alt + T) 명령을 적용합니다. 타임 리맵이 적용되면 영상 레이어바의 앞뒤에 있던 삼각형 모양 ██████ 이 사라지고 레이어 원본 길이의 시작/끝 지점에 키프레임 ◆ 이 자동으로 생성됩니다.

❶ 타임 리맵을 적용한 레이어가 일부 길이가 잘린 레이어라면 자르기 전 원본 영상 길이의 시작/끝 지점에 키프레임이 만들어집니다.

레이어 원본 길이의 시작/끝 지점에 키프레임이 생성됩니다.

02 Timeline 패널에서 Graph Editor ▥ 버튼을 클릭하면 현재 시간과 영상 재생 시간이 일정하게 진행되는 것을 알 수 있습니다.

❶ 그래프 에디터는 레이어의 속성값 변화를 그래프 형태로 보여줍니다.

그래프는 [Time Remap] 속성이 선택되어야 표시됩니다. 그래프 모양이 위와 같이 표시되지 않는다면 그래프 에디터 하단의 Graph Type and Options ▣ 아이콘을 클릭하여 [Edit Value Graph]를 선택합니다.

03 레이어를 더블클릭하여 Layer 패널을 열면 기존의 Time Marker ▼ 위에 Time–Remapping Thumb ▼ 가 새로 추가됩니다.

[Current Time]은 Time Marker가 가리키는 시간대(현재 시간)이고, [Source Time]은 Time–Remapping Thumb가 가리키는 시간대입니다.

04 먼저, Timeline 패널의 CTI나 Layer 패널의 타임 마커를 드래그하여 변경하고 싶은 시간대(2초)로 이동합니다. 그 다음 Layer 패널의 Time–Remapping Thumb ▼ 를 드래그하여 다른 시간대(4초)로 이동합니다. ([Current Time]이나 [Source Time]의 입력창을 클릭하여 시간대를 각각 입력해도 됩니다.)

❗ Time–Remapping Thumb ▼ 를 드래그할 때는 [Source Time Ruler]의 시간을 보고 작업해야 합니다.

05 현재 시간 위치에 키프레임이 생성됩니다. 이는 원본 소스 상으로는 4초에 나타나야 할 화면이 실제 시간 상으로 2초에 나타나게 되는 것으로 결국 영상의 처음부터 키프레임이 생성된 위치까지는 속도가 빨리 진행됩니다.

[Time Remap] 속성 옆의 Source Time을 클릭하여 현재 키프레임 위치의 타임 리맵 시간을 변경해도 됩니다.

Graph Editor 버튼을 클릭해보면 그래프의 경사가 급할수록 영상이 빨리 재생되고, 완만할수록 느리게 재생됩니다.

06 이번에는 그래프 에디터 안에서 영상 속도를 조절해보도록 하겠습니다. CTI를 3초 위치로 이동한 후 [Time Remap] 속성 왼쪽에 있는 키프레임 설정 의 가운데 마름모 모양을 클릭하여 그래프 위에 키프레임을 추가합니다. 추가된 키프레임을 커서로 클릭한 후 Shift + 아래로 드래그하면 스냅이 적용되어 직전의 키프레임과 동일한 위치에 놓이게 됩니다. CTI를 드래그해보면 영상이 1초 동안 멈추는 것을 알 수 있습니다.

07 CTI를 4초로 이동한 후 다시 한 번 키프레임 설정 의 가운데 마름모 모양을 클릭하여 그래프 위에 키프레임을 다시 추가합니다. 4초에 추가된 키프레임을 커서로 클릭한 후 Shift + 아래로 드래그하여 적당한 시간대에 놓습니다. CTI를 드래그해보면 정지 구간 다음에 영상이 1초 동안 거꾸로 재생됩니다.

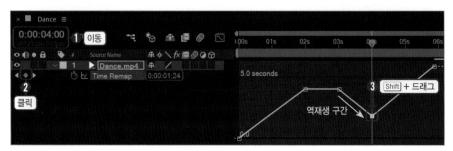

08 영상 끝까지는 천천히 재생되도록 하기 위해 CTI를 10초 위치로 이동한 후 마지막 키프레임을 클릭하고 Shift +
오른쪽으로 드래그하여 10초 위치로 수평 이동합니다. (그래프의 기울기를 완만하게 만듭니다.)

09 다시 Graph Editor 🟦 버튼을 클릭하여 Off하면 Timeline으로 돌아옵니다. 레이어바가 최종 키프레임 위치까지 표
시되지 않아 블랙 화면이 나오는 상황입니다. 레이어바의 끝에서 커서가 ↔ 모양일 때 클릭하여 마지막 키프레임
위치까지 Shift +드래그하거나 단축키 Alt + J 를 누릅니다.

10 전체 영상을 재생해보면 하나의 영상이 다양한 속도로 변하는 것을 볼 수 있습니다.

이렇게 타임 리맵은 Layer 패널에서 Time-Remapping Thumb 🔽 를 드래그하여 속도를 조절할 수도 있고, Timeline 패
널에서 [Time Remap] 속성 옆의 Source Time을 클릭하여 타임 리맵 시간을 변경하거나, 그래프 에디터에서 그래프의
경사 조절을 통해 속도를 조절할 수 있습니다.

❶ 타임 리맵 적용을 해제하려면 Timeline 패널에서 [Time Remap] 속성의 Stopwatch 🕐 를 다시 클릭하여 비활성화 🕐
합니다.

동영상을 정지 화면으로 만들기

동영상 전체에서 한 프레임을 골라 정지 화면으로 사용할 수 있습니다.

01 2초 위치에 CTI를 위치시킨 후 [Dance.mp4] 레이어를 선택하고 마우스 오른쪽 버튼(또는 메뉴바의 [Layer])에서 [Time] 〉 [Freeze Frame] 명령을 적용합니다. 2초에 Hold 키프레임 ■이 생성되면서 키프레임 전후로 모두 정지 화면으로 바뀝니다. 즉, 2초에 화면에 표시되는 이미지로 동영상 전체 재생시간을 채우게 됩니다.

❗ Hold 키프레임 ■ 은 속성값을 고정시키는 키프레임으로, 다음 키프레임까지 현재의 속성값을 유지합니다.

[Freeze Frame] 명령으로 레이어에 [Time Remap] 속성이 자동으로 적용됩니다.

동영상의 마지막 컷을 연장하기

동영상의 마지막 프레임을 정지 상태로 계속 유지하여 재생시간을 연장할 수 있습니다.

01 [Dance.mp4] 레이어를 선택하고 마우스 오른쪽 버튼(또는 메뉴바의 [Layer])에서 [Time] 〉 [Enable Time Remapping] (= Ctrl + Alt + T) 명령을 적용합니다. 타임 리맵이 적용되면 레이어의 처음/끝 지점에 키프레임 ◆이 자동으로 생성됩니다.

02 레이어바의 끝에서 커서가 ↔ 모양일 때 클릭한 후 원하는 시간만큼 오른쪽으로 드래그하여 레이어
바를 늘립니다. 마지막 키프레임 뒤로는 늘어난 재생시간만큼 모두 정지 화면 구간이 됩니다.

03 타임 리맵의 마지막 키프레임을 왼쪽으로 당기면 총 재생시간(Duration)은 고정된 상태에서 동영상
이 빨리 재생되고, 영상의 마지막 컷이 재생시간 끝까지 정지상태로 재생됩니다.

동영상의 특정 시간대 이후를 정지화면으로 만들기

01 [Dance.mp4] 레이어를 선택하고 마우스 오른쪽 버튼을 클릭하여 [Time]〉[Enable Time Remapping]
(= Ctrl + Alt + T) 명령을 적용합니다. 타임 리맵이 적용되면 CTI를 2초로 이동한 뒤 [Time Remap]
속성 왼쪽에 있는 키프레임 설정 ◀ ◇ ▶ 의 가운데 마름모 모양을 클릭하여 키프레임을 생성합
니다.

02 선택된 키프레임 위에서 마우스 오른쪽 버튼(또는 메뉴바의 [Animation])을 클릭하여 [Toggle Hold
Keyframe] 명령을 적용하면 키프레임 모양이 ◀ 로 변경됩니다. 영상이 재생되다가 2초 이후로는
정지 화면 상태가 됩니다.

다음과 같은 경우 좀 더 영상이 부드럽게 재생되도록 애프터 이펙트에서 보정할 수 있습니다.

- 촬영된 동영상의 화면 속도가 불규칙할 때

- 타임 리맵(Time Remap)이나 타임 스트레치(Time Stretch) 등으로 동영상이나 시퀀스 영상의 재생시
간을 늘렸을 때

- 레이어의 초당 프레임수(fps, Frame Rate)가 컴포지션에서 설정한 프레임 레이트보다 적을 때

Timeline 패널에 위 경우에 해당하는 레이어가 있다면 해당 레이어의 Frame Blending 🔳 스위치를 클릭
합니다. 스위치 상자를 클릭할 때마다 Frame Mix 🔳, Pixel Motion 🔳, Off(적용 안함)가 차례로 전환
됩니다.

재생시간이 2배로 늘어난 영상 레이어에 Frame Blending 🔳 적용하기

- **Frame Mix** 🔳 : 재생시간을 현저히 늘린 경우에 사용하며, 전후 프레임을 섞어 새로운 중간 프레임을 생
성함으로써 영상을 부드럽게 만듭니다.

- **Pixel Motion** 🔳 : 전후 프레임의 움직임을 분석하여 새로운 중간 프레임을 생성합니다. 단, 움직임이 너
무 빠르거나 모션 블러가 많이 포함된 영상에는 사용하지 않는 것이 좋습니다. 렌더링 시간이 다소 증가
합니다.

❶ 더 좋은 결과물을 내고 싶다면 Quality and Sampling 🔳 스위치에서 Best 🔳 나 Bicubic 🔳 을 함께 적용합니다.

스위치를 설정하면 Timeline 패널 상단의 Enable Frame Blending 🔳 버튼이 자동으로 실행되어 Frame
Blending 🔳 스위치를 설정한 모든 레이어에 프레임 블렌딩을 적용합니다. 작업이 다소 느려질 수 있으므
로 저사양의 시스템이라면 작업 중에는 Enable Frame Blending 🔳 버튼을 임시로 Off 했다가 최종 출력
할 때 다시 On할 수 있습니다.

레이어의 움직임에 관련된 속성([Position]이나 [Scale], [Rotation] 등)을 사용하여 키프레임을 적용했을 때 키프레임에 점차 가까워질수록 또는 키프레임에서 멀어질수록 점차 속도가 빨라지게 또는 느려지게 조절할 수 있습니다.

예제 파일 **[SC]-[P04]-[Street.psd]**

01 Project 패널의 빈 공간을 더블클릭하여 예제의 [SC]-[P04] 폴더에서 [Street.psd]를 임포트합니다. 임포트 옵션 선택창이 열리면 [Import Kind]를 [Composition-Retain Layer Sizes]로 선택하고 [OK] 버튼을 누릅니다.

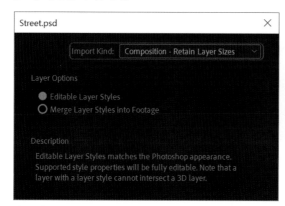

임포트 옵션 선택창

Project 패널

02 Project 패널에서 [Street] 컴포지션을 더블클릭하면 [Street] 컴포지션이 Comp 패널과 Timeline 패널에 활성화됩니다.

[Street] 컴포지션 활성화

03 컴포지션 시작 시간(0초)에서 [Car] 레이어를 클릭하고 단축키 Alt + Shift + P 를 눌러 [Position] 속성에 키프레임을 설정합니다.

자동으로 [Position] 속성이 열리면서 현재 위치에 키프레임이 설정됩니다.

04 1초 위치로 이동한 후 Comp 패널에서 Shift 를 누르고 [Car] 레이어를 클릭한 다음 오른쪽으로 드래그하여 적당한 위치에 놓으면 두 번째 키프레임이 자동으로 생성됩니다.

화면 위에 표시된 [Position] 속성의 모션 패스를 보면 첫 키프레임부터 마지막 키프레임 사이에 수많은 점 (Dot)이 있습니다. 점의 개수는 컴포지션의 초당 프레임 수(fps)와 동일하며 각 프레임에서 레이어의 위치를 나타냅니다. 이 점들 사이의 간격이 일정하면 처음부터 끝까지 동일한 속도로 움직이는 것을 의미하며, 이 간격이 넓으면 빠르게 움직이고 간격이 좁으면 느리게 움직입니다.

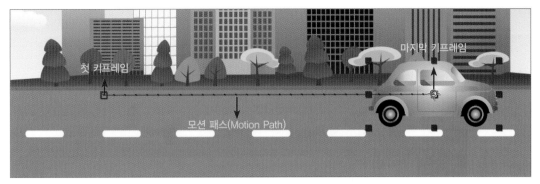

모션 패스가 보이지 않으면 [Car] 레이어의 [Position] 속성을 클릭합니다. 모션 패스의 색상은 레이어의 [Label] 색상과 동일하므로 레이어의 [Label] 컬럼에서 색상 상자를 클릭하여 변경할 수 있습니다.

❗ 움직이는 레이어에 가속 또는 감속을 설정하면 이 모션 패스의 간격이 넓어지거나 좁아지게 됩니다.

Ease Speed 사용하기

키프레임을 기준으로 들어오고 나가는 속도를 자동으로 조절하는 방법입니다.

키프레임 ◆을 선택한 후 마우스 오른쪽 버튼(또는 메뉴바의 [Animation])을 클릭하면 [Keyframe Assistance] 아래 다음과 같은 Ease Speed 명령들이 있습니다.

❶ **Easy Ease (= F9)** : 선택한 키프레임 기준으로 느리게 들어왔다가 천천히 나갑니다.

두 키프레임을 동시에 선택하고 F9 키를 누르면 키프레임의 모양이 ⟲ 로 변경됩니다.

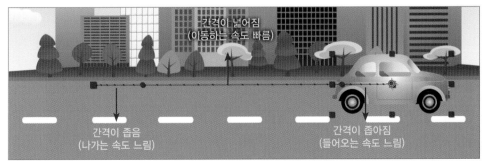

출발할 때 천천히 나가고 점점 빨리 움직인 다음 마지막 키프레임에서 다시 천천히 멈춥니다.

❷ Easy Ease In (= Shift + F9) : 선택한 키프레임 기준으로 들어올 때 천천히 들어옵니다.

마지막 키프레임을 선택하고 Shift + F9 을 누르면 키프레임이 ▶ 로 변경됩니다.

점점 간격이 좁아짐
(들어오는 속도 느림)

빠르게 움직이다가 점차 속도가 줄어 천천히 멈춥니다.

❸ Easy Ease Out (= Ctrl + Shift + F9) : 선택한 키프레임 기준으로 나갈 때 천천히 나갑니다.

첫 키프레임을 선택하고 Ctrl + Shift + F9 을 누르면 키프레임이 ◀ 로 변경됩니다.

점점 간격이 넓어짐
(나가는 속도 느림)

천천히 출발하다가 점차 속도가 빨라집니다.

❶ Ease Speed는 애프터 이펙트에서 설정한 적당한 수치대로 자동으로 가속과 감속이 적용되는 것으로 좀 더 급격한 가속과 감속을 주고 싶다면 그래프 에디터를 사용합니다.

TIP

변경된 속도를 정상 속도로 되돌리기

- 각 키프레임의 모양은 키프레임을 기준으로 들어오고(Incoming) 나가는(Outgoing) 방식에 따라 다양하게 표시됩니다.

◆ : Linear-In/ Linear-Out (일정한 속도로 들어왔다가 일정한 속도로 나갑니다.)

▨ : Bezier 또는 Continuous Bezier In-Out (들어오고 나갈 때 속도가 변합니다.)

◉ : Auto Bezier In-Out (Auto Bezier ◉의 방향 핸들을 조절하면 Continuous Bezier ▨로 전환)

◀ : Linear-In/ Hold-Out (일정한 속도로 들어왔다가 멈춥니다.)

▶ : Bezier-In/ Hold-Out

▶ : Bezier-In/ Linear-Out

◀ : Linear-In/ Bezier-Out

- ▨ ◉ ◀ ▶ ◀ 등으로 변경된 키프레임을 다시 정상 속도(Linear In-Out)인 키프레임 ◆으로 되돌리려면 Ctrl + 해당 키프레임 ▨ ◉ ◀ ▶ ◀ 을 클릭합니다.

- Ctrl + ◆ 또는 ◉을 클릭하면, 클릭할 때마다 Linear ◆와 Auto-Bezier ◉가 번갈아 전환됩니다.

그래프 에디터를 사용하여 급격한 가속과 감속 적용하기

그래프 에디터(Graph Editor)는 속성값 변화를 그래프로 표시하며, 그래프의 모양을 변경시켜 속성값이 변하는 속도 등을 조절할 수 있습니다. 그래프 에디터는 많은 설명이 필요하지만 가장 많이 쓰는 [Position] 속성에 대한 가속과 감속만 살펴보도록 하겠습니다. 레이어나 자막이 화면에 들어오고 빠져나갈 때 사용하면 좀 더 속도감 있는 화면을 얻을 수 있을 것입니다.

[Car] 레이어의 [Position] 속성을 선택하고 Timeline 패널의 버튼 중 Graph Editor ◪ 버튼을 클릭하면 [Position] 속성의 스피드 그래프(Speed Graph)가 표시됩니다. 스피드 그래프의 가로축은 시간을 나타내고 세로축은 속력(px/sec)을 나타냅니다. 즉, 그래프는 시간에 따른 속력의 변화를 표시합니다.

정상 속도의 키프레임을 가진 [Car] 레이어의 [Position] 속성

그래프 모양이 위와 같지 않다면 그래프 에디터 하단의 Graph Type and Options ▣ 아이콘을 클릭하여 [Auto-Select Graph Type] 또는 [Edit Speed Graph]를 선택합니다.

키프레임 가까이 커서를 가져가면 초당 1214픽셀만큼 일정하게 이동한다는 속력 정보가 표시됩니다.

이번엔 [Easy Ease In]이 적용된 키프레임 ▶ 을 가진 레이어의 스피드 그래프를 한번 살펴보겠습니다. 이는 빨리 움직이다가 천천히 멈추는 키프레임을 가지고 있습니다.

다음과 같이 처음에 높은 속력으로 시작했다가 속력이 점차 감소하며 마지막 키프레임 가까이 갈수록 세로 축 값이 낮아져 0으로 정지하는 것을 알 수 있습니다.

그래프 에디터를 굳이 쓰는 이유는 이렇게 자동으로 설정해주는 것보다 더 급격한 변화를 원하기 때문입니다. 그래프 에디터를 이용하여 급격한 가속과 감속을 적용해보도록 하겠습니다.

정상 속도의 키프레임 ◆ 을 선택한 상태에서 스피드 그래프를 표시하면 키프레임마다 노란색 핸들이 표시됩니다.

스피드 그래프에서 이 핸들을 잡고 위아래로 드래그하여 가속하거나 감속할 수 있습니다. 이때 핸들을 키프레임 가까이 당겨서 핸들의 길이가 줄어들면 키프레임 가까이에서 속력이 급격하게 변하게 됩니다. 핸들의 길이를 길게 쓰면 좀 더 완만하게 속력이 변하게 됩니다.

• 빠른 속도로 들어와서 점차 감속되어 정지하기

마지막 키프레임의 핸들을 클릭하고 아래로 드래그하여 속력이 0이되는 지점까지 수직으로 내립니다. 그리고 왼쪽으로 핸들의 길이를 늘려 당깁니다.

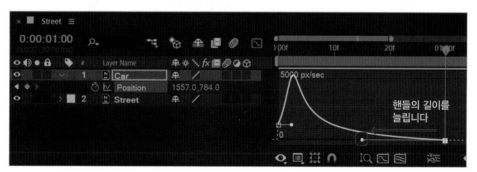

이 정도로도 충분하지만 더 급격한 효과를 바란다면 첫 키프레임의 핸들을 클릭하여 첫 키프레임쪽으로 최대한 당겨 핸들의 길이를 짧게 만듭니다.

• 느린 속도로 시작하여 점차 가속되어 정지하기

위의 그래프와 반대의 모양을 만들어주면 됩니다. 첫 키프레임의 핸들을 클릭하고 아래로 드래그하여 속력이 0이 되는 지점까지 수직으로 내린 후 오른쪽으로 핸들의 길이를 늘려 당깁니다.

● Section 05   모션 블러 효과로 속도감 주기

레이어의 [Position]이나 [Scale], [Rotation] 같은 속성에 키프레임을 설정하여 Transform 애니메이션이 만들어졌을 때 움직임을 좀 더 부드럽게 만들거나, 속도감을 주기 위해 모션 블러(Motion Blur)를 사용합니다.

---

01   키프레임이 적용된 레이어에 모션 블러 효과 주기

예제 파일 [SC]-[P04]-[Street-Motion Blur.aep]

01 단축키 Ctrl+O를 누르고 예제의 [SC]-[P04] 폴더에서 [Street-Motion Blur.aep] 프로젝트를 엽니다. 그래프 에디터 ▧ 버튼을 눌러 [Car] 레이어의 [Position] 속성에 대한 스피드 그래프를 확인합니다.

빠른 속도로 출발하였다가 점차 감속되어 정지하는 자동차의 스피드 그래프

빠른 속도로 출발하였다가 점차 감속되어 정지하는 자동차의 모션 패스

02 [Car] 레이어의 Motion Blur 스위치를 클릭하여 활성화합니다. 레이어에 Motion Blur 스위치를 설정하면 Timeline 패널 상단의 Enable Motion Blur 버튼도 자동으로 활성화됩니다.

❶ [Switches] 컬럼이 보이지 않는다면 Timeline 패널 좌측 하단의 Layer Switches pane 아이콘을 클릭합니다.

레이어에 모션 블러를 설정하면 레이어에 키프레임을 주었던 모든 움직임
속성에 적용됩니다.

레이어에 모션 블러가 적용됩니다.

Enable Motion Blue 버튼

Enable Motion Blue 버튼이 활성화되어 있으면 현재 컴포지션에 Motion Blur 스위치가 적용된 모든 레이어에 모션 블러를 적용합니다.

단, 모션 블러를 적용하면 시스템 사양에 따라 작업이 다소 느려질 수 있으므로 제일 마지막 작업 단계에서 적용하거나, Enable Motion Blur 버튼을 임시로 비활성화했다가 최종 출력할 때 다시 활성화하도록 합니다.

❶ 모든 움직임에 다 모션 블러를 적용할 필요는 없습니다. 사람의 눈은 정지된 이미지가 연달아 제시될 때 착시에 의해 두 프레임 사이를 자연스럽게 연속적인 움직임으로 메꾸어 인식합니다. 그렇게 착시를 자연스럽게 느끼도록 일부러 모션 블러를 적용하지 않는 경우도 많습니다.

03 모션 블러 효과를 좀 더 강하게 주려면 메뉴바의 [Composition]〉[Composition Settings] (= Ctrl + K)를 실행하여 열리는 〈Composition Settings〉 대화창에서 [Advanced] 탭을 클릭합니다. [Motion Blur] 옵션에서 [Shutter Angle] 설정값을 클릭하여 [540°]로 설정합니다.

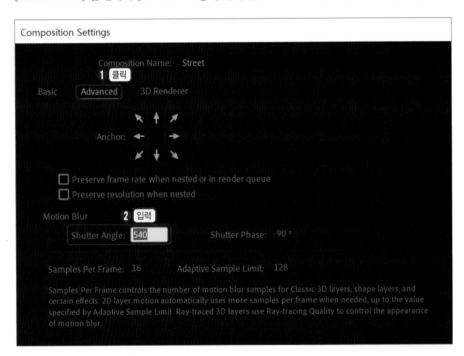

Motion Blur

Shutter Angle: 180 °   Shutter Phase: -90 °

Samples Per Frame: 16   Adaptive Sample Limit: 128

Samples Per Frame controls the number of motion blur samples for Classic 3D layers, shape layers, and certain effects. 2D layer motion automatically uses more samples per frame when needed, up to the value specified by Adaptive Sample Limit. Ray-traced 3D layers use Ray-tracing Quality to control the appearance of motion blur.

- **Shutter Angle** : 셔터가 열리는 각도로 노출을 조절하는 옵션입니다. 셔터가 많이 열리면 노출이 많아지며 모션 블러도 많이 생성됩니다. 0~720°까지 설정할 수 있습니다. (디폴트 설정은 180°)

- **Shutter Phase** : 셔터가 열리기 시작하는 처음 각도를 결정합니다. -360~360°까지 설정할 수 있습니다. (디폴트 설정은 -90°)

❗ 블러가 적용된 물체는 블러가 적용되지 않은 물체에 비해 뒤쳐지게 되는데, 디폴트로 설정된 [Shutter Angle 180° + Shutter Phase -90°]는 블러 효과가 물체의 중앙에 오도록 합니다.

- **Samples Per Frame** : Timeline 패널에서 3D Layer 🔲 스위치를 적용한 레이어나, 셰이프 레이어에 모션 블러가 적용될 때 프레임당 최소 블러 샘플 개수를 설정합니다. (디폴트 설정은 16)

- **Adaptive Sample Limit** : 2D 레이어에 모션 블러를 적용할 때 프레임당 사용하는 최대 블러 샘플 개수를 제한합니다. (디폴트 설정은 128)

[Shutter Angle]의 설정값을 높이면 모션 블러가 증가됩니다.

04 Num 0 키를 클릭하여 재생해보도록 합니다.

02 촬영 소스 영상에 모션 블러 효과 주기

애프터 이펙트는 동영상 푸티지의 움직임을 분석하여 모션 블러를 생성해주는 이펙트를 제공합니다.

예제 파일 [SC]-[P04]-[Gym.mp4]

01 Project 패널의 빈 공간을 더블클릭하여 예제의 [SC]–[P04] 폴더에서 [Gym.mp4]를 불러들인 후 Timeline 패널의 빈(none) 컴포지션에 드래그 앤 드롭하여 레이어로 배치합니다.

[Gym.mp4] 레이어가 선택된 상태에서 메뉴의 [Effect]〉[Time]〉[Pixel Motion Blur]를 실행하면 레이어에 이펙트가 적용됩니다.

Timeline 패널이나 Effect Controls 패널에서 Effect *fx* 스위치를 클릭하여 Off하면 임시로 이펙트를 적용하지 않습니다.

PLUS **[Pixel Motion Blur] 이펙트에서 모션 블러 설정하기**

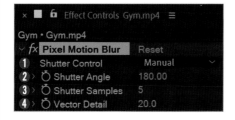

❶ **Shutter Control**
- **Automatic** : 〈Composition Settings〉 대화창의 [Motion Blur] 설정대로 적용합니다.
- **Maunal** : 모션 블러 속성을 이펙트에서 직접 설정합니다.

❷ **Shutter Angle** : 초당 프레임 수(Frame Rate)를 기준으로 셔터를 회전시켜 노출을 조절합니다. 회전값이 클수록 많은 양의 노출로 많은 모션 블러가 적용됩니다.

  ❗ 노출시간 = Shutter Angle / (360° * Frame Rate)
  즉, 30fps를 기준으로 180°를 설정하면 1/60초의 노출이 적용됩니다.

❸ **Shutter Samples** : 프레임당 블러 샘플 개수를 설정합니다. 값이 높을수록 부드러운 모션 블러가 만들어집니다.

❹ **Vector Detail** : 얼마나 많은 모션 벡터를 사용하여 블러를 계산할지 설정합니다. [100]으로 설정하면 픽셀당 하나의 모션 벡터를 사용하여 블러를 계산합니다.

  ❗ 모션 벡터(Motion Vector) : 전후 프레임을 비교하여 픽셀이 어디로 이동하는지 분석합니다.

03 Effect Controls 패널이나 Timeline 패널에서 이펙트의 속성값을 다음과 같이 변경하여 모션 블러 가 좀 더 증가하도록 설정합니다.

Effect Controls 패널에서 속성값 변경

Timeline 패널에서 이펙트 속성을 확장하여 속성값 변경

❗ [Pixel Motion Blur] 이펙트는 〈Composition Settings〉 대화창에서 설정하는 것과 달리 모션 블러 속성에 키프레임 을 주어 모션 블러 효과가 증감되는 애니메이션을 만들 수 있습니다.

04 Num 0 키를 클릭하여 프리뷰합니다. 시스템에 따라 프리뷰 렌더링 시간이 오래 걸릴 수 있습니다.

❗ 최종 렌더링 하기 전까지는 Effect Controls 패널이나 Timeline 패널에서 Effect *fx* 스위치를 임시로 Off하고 작업하 는 것이 좋습니다.

[Pixel Motion Blur] 이펙트를 적용하지 않은 상태

Shutter Angle 720° + Shutter Samples 15 적용

memo

애프터 이펙트로
영상 꾸미기

Chapter 01 　레이어 스타일 사용하기

Chapter 02 　화면전환 효과 넣기
Section 01 　시퀀스 레이어를 만들고 디졸브 효과 주기
Section 02 　트랜지션 이펙트 사용하기
Section 03 　트랜지션 프리셋 사용하기

Chapter 03 　셰이프와 마스크 사용하기
Section 01 　셰이프 사용하기
Section 02 　마스크 사용하기

PART 05

레이어 스타일 사용하기

애프터 이펙트의 강점은 영상이든 자막이든 이런 저런 장식 요소들을 가미하여 좀 더 멋지게 꾸밀 수 있다는 것입니다. 그 중 레이어 스타일(Layer Styles)은 클릭 몇 번으로 레이어를 쉽게 꾸밀 수 있는 방법 중 하나로, 포토샵을 사용했던 분이라면 익숙한 기능입니다.

애프터 이펙트는 포토샵에서 만든 PSD 파일을 읽어 들일 때 레이어 스타일까지 함께 불러들여 수정하거나 키프레임을 설정할 수 있습니다. 또한 포토샵에서 레이어 스타일을 적용하는 것과 마찬가지로 애프터 이펙트에서도 직접 레이어에 레이어 스타일을 추가할 수 있습니다. 포토샵과 레이어 스타일의 종류와 속성은 유사하지만, 각 속성에 쉽게 애니메이션을 줄 수 있는 것은 애프터이펙트의 장점일 것입니다.

레이어에 레이어 스타일을 적용하는 방법은 Comp 패널이나 Timeline 패널에서 레이어(들)를 선택한 후 마우스 오른쪽 버튼(또는 메뉴바의 [Layer])을 클릭하여 [Layer Styles]의 목록 중 원하는 스타일을 선택하면 즉시 적용됩니다.

Drop Shadow	➤ 레이어 바깥쪽에 그림자 효과 주기
Inner Shadow	➤ 레이어 안쪽에 그림자 효과 주기
Outer Glow	➤ 레이어 바깥쪽에 발광 효과 주기
Inner Glow	➤ 레이어 안쪽에 발광 효과 주기
Bevel and Emboss	➤ 입체 효과 주기
Satin	➤ 광택 효과 주기
Color Overlay	➤ 색상으로 덮어씌우기
Gradient Overlay	➤ 그러데이션으로 덮어씌우기
Stroke	➤ 레이어에 테두리선 추가하기

[Layer] 〉 [Layer Styles]

❶ 여러 레이어에 동일한 레이어 스타일을 적용한 경우, 레이어를 다중 선택한 후 하나의 레이어 스타일 속성값을 변경하면 선택된 모든 레이어의 동일 속성값을 똑같이 변경할 수 있습니다.

예제 파일 [SC]-[P05]-[Breakfast.psd], [Camera Shutter.mp3]

포토샵에서 [Drop Shadow] 레이어 스타일이 적용된 [Breakfast.psd]

포토샵의 레이어 스타일 활용하기

01 애프터 이펙트에서 Project 패널의 빈 공간을 더블클릭하여 〈Import File〉 대화창을 엽니다. 예제의 [SC]-[P05] 폴더에서 [Breakfast.psd]를 선택하고 [Import] 버튼을 클릭하면 다음과 같은 옵션창이 열립니다. [Import Kind] 옵션에서 [Composition-Retain Layer Sizes]를 선택하여 각각의 레이어 크기대로 임포트하도록 합니다. [Layer Options] 옵션에서는 [Editable Layer Styles]를 선택하여 레이어에 적용된 레이어 스타일을 애프터 이펙트에서 편집할 수 있는 상태로 불러옵니다.

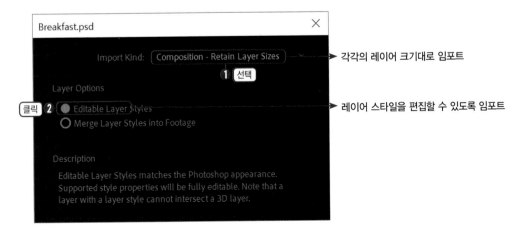

레이어 스타일이 결합되어 임포트된 푸티지의 레이어 스타일을 다시 활용하기

PSD 파일의 임포트 옵션에서 [Layer Options]를 [Merge Layer Styles into Footage]로 선택하였다면, PSD 파일의 레이어 스타일이 각각의 레이어에 결합(Merge)된 채로 임포트됩니다.

이렇게 결합된 레이어 스타일을 애프터 이펙트에서 편집할 수 있도록 다시 변경할 수 있습니다.

Comp 패널이나 Timeline 패널에서 해당 레이어를 선택한 후 마우스 오른쪽 버튼(또는 메뉴바의 [Layer])에서 [Layer Styles]〉[Convert to Editable Styles] 명령을 적용합니다.

02 Project 패널에서 [Breakfast] 컴포지션을 선택하고 마우스 오른쪽 버튼을 클릭하여 [Composition Settings]를 선택하거나 단축키 Ctrl + K 를 누르면 〈Composition Settings〉 대화창이 열립니다. 다음과 같이 컴포지션의 세팅을 변경합니다.

Project 패널

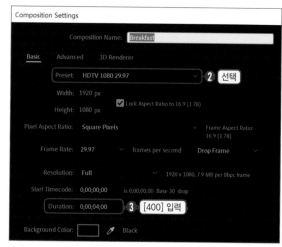

4초 길이의 Full HD (29.97fps) [Breakfast] 컴포지션

03 Project 패널에서 [Breakfast] 컴포지션을 더블클릭하여 Comp/Timeline 패널에 활성화합니다.

04 Timeline 패널에서 [Breakfast] 레이어의 세부 속성을 확인해보면 포토샵에서 적용한 [Drop Shadow]의 옵션과 동일하다는 것을 알 수 있습니다.

포토샵에서 적용한 [Drop Shadow] 옵션

애프터 이펙트에서 불러들인 [Drop Shadow] 속성

05 불러들인 레이어 스타일을 변경하고 애니메이션을 적용해보겠습니다. 움직이는 그림자가 좀 더 진하게 잘 보이도록 [Opacity] 속성값을 [45%]로 변경하고, 그림자가 움직이도록 하기 위해 [Use Global Light]의 [On] 글씨를 클릭하여 [Off]로 변경합니다. 현재 시간을 2초로 이동한 후 [Angle] 속성의 Stopwatch ⏱를 클릭하여 키프레임 ◆을 생성합니다.

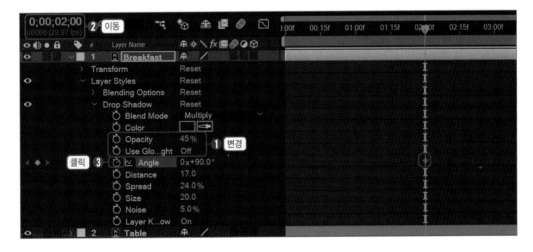

06 0초로 다시 이동한 후 [Angle]의 속성값을 [0x+0°]로 변경합니다.

세부 속성이 다 펼쳐져 있으면 복잡하므로 단축키 U를 눌러 키프레임이 적용된 속성만 표시합니다.

07 프리뷰해보면 2초 동안 그림자가 왼쪽에서 아래로 이동하는 것을 알 수 있습니다.

0초에서의 그림자 위치

2초에서의 그림자 위치

애프터 이펙트에서 레이어 스타일 적용하기

08 [Breakfast]와 [Table] 레이어를 함께 선택한 후 Ctrl + D 를 눌러 레이어를 복제합니다.

09 복제된 [Breakfast 2]와 [Table 2] 레이어가 선택된 상태에서 Ctrl + Shift + C 를 눌러 Pre-compose 를 실행합니다. 프리-컴포지션의 이름은 [Picture]로 설정합니다.

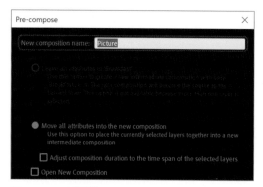

⟨Pre-compose⟩ 대화창

Timeline 패널에 [Picture] Precomp 레이어로 배치됩니다.

10 2초로 이동한 후 [Picture] 프리컴프 레이어가 선택된 상태로 단축키 Alt + [(왼쪽 대괄호)를 실행 하여 [Picture] 프리컴프 레이어의 IN점을 설정합니다.

2초부터 [Picture] Precomp 레이어가 화면에 표시됩니다.

11 이번에는 [Breakfast] 레이어를 선택하고 단축키 [Alt] + [ ] (오른쪽 대괄호)를 실행하여 [Breakfast] 레이어의 OUT점을 설정합니다.

[Breakfast] 레이어는 2초까지만 표시되고 그 이후는 보이지 않게 됩니다.

12 [Picture] 프리컴프 레이어가 선택된 상태에서 툴바의 Rectangle Tool ■ 을 클릭합니다. Comp 패널의 화면 위에서 첫 꼭지점을 클릭한 후 그대로 드래그하여 다음과 같이 사각형 마스크를 생성합니다. 마스크는 레이어의 일부만 볼 수 있도록 해줍니다.

❗ 마스크 설정에 대한 설명은 [252페이지]에서 더 자세히 다뤄집니다.

마스크를 생성하면 Timeline 패널의 [Picture] Precomp 레이어에 마스크 속성이 추가됩니다.

밑에 동일한 레이어가 있어서 마스크를 적용했다는 느낌을 못 받을 수 있는데, [Breakfast]와 [Table] 레이어의 Video 👁 를 클릭하여 임시로 Off해보면 다음과 같이 사각형 마스크로 설정한 바깥 영역은 투명한 상태인 것을 알 수 있습니다.

13 [Picture] 프리컴프 레이어가 선택된 상태에서 마우스 오른쪽 버튼(또는 메뉴바의 [Layer])을 클릭하여 [Layer Styles]>[Stroke]를 적용합니다.

레이어에 [Stroke] 레이어 스타일이 추가됩니다.

14 적용된 [Stroke] 레이어 스타일의 세부 속성을 열어 [Color]는 흰색으로 변경하고, [Size] 속성은 [48]로 설정합니다. 그리고 [Position] 속성을 [Inside]로 선택하여 마스크 안쪽으로 선이 생성되도록 합니다.

[Stroke] 레이어 스타일은 레이어의 알파 채널을 기준으로 적용됩니다.

15 [Picture] 프리컴프 레이어를 선택하고 단축키 ⓢ 와 Shift + ⓡ 을 연달아 눌러 [Scale]과 [Rotation] 속성을 표시합니다. [Scale] 속성값을 [108%]로 [Rotation] 속성값을 [−4°]로 설정합니다. Timeline 패널에서 Collapse Transformations/Continuously Rasterize ☀ 스위치를 클릭하면 테두리 선의 지글거림이 사라집니다.

❶ Shape/Text/Vector 레이어에 Collapse Transformations/Continuously Rasterize ☀ 스위치를 설정하면 레이어를 확대할 때 레이어의 퀄리티를 유지해주는 'Continuously Rasterize(연속 래스터화)'의 기능을 합니다.

16 순간적으로 반짝하는 플래쉬 효과를 솔리드 레이어로 만들어보겠습니다. 메뉴바에서 [Layer] › [New] › [Solid] (= Ctrl + Y)를 실행하여 〈Solid Settings〉 대화창이 열리면 색상 상자를 클릭하여 흰색 솔리드 레이어를 생성합니다.

[Make Comp Size] 버튼을 클릭하면 현재 작업 중인 컴포지션의 크기와 동일한 크기로 솔리드 레이어를 생성합니다.

17 2초로 이동하여 솔리드 레이어가 선택된 상태에서 단축키 Alt + Shift + T 를 눌러 [Opacity] 속성에 즉시 키프레임을 생성합니다.

🛈 Alt + Shift + T 는 단축키 T 로 [Opacity] 속성을 연 후 Stopwatch 🔘 를 클릭하는 과정을 하나의 단축키로 처리합니다.

18 단축키 [Page Up]을 세 번 클릭하여 3프레임 이전으로 이동한 후 [Opacity] 속성값을 [0%]로 설정합니다. 단축키 Alt + [를 눌러 현재 시간에 솔리드 레이어의 IN점을 설정합니다.

19 방금 생성한 키프레임 ◆ 이 선택된 상태에서 Ctrl + C를 눌러 키프레임을 복사 한 후 2초 3프레임 위치에 Ctrl + V로 붙여넣기 하면 키프레임과 설정값이 그대로 복제됩니다. 단축키 Alt +]를 눌러 현재 시간에 솔리드 레이어의 OUT점을 설정합니다.

레이어가 화면에 나타나는 위치를 한 눈에 알아볼 수 있게 레이어의 IN/OUT점을 설정하는 습관을 들이는 것이 좋습니다.

20 카메라 셔터 소리를 넣으면 좀 더 영상 효과를 극대화 할 수 있습니다. 예제의 [SC]–[P05] 폴더에서 [Camera Shutter.mp3]를 임포트하여 솔리드 레이어 위에 배치합니다. 화이트 플래쉬 되는 지점에 맞춰 음향효과가 나오는 타이밍을 조절합니다.

21 Num 0 키를 눌러 재생한 후 프로젝트를 [Camera Shutter–Master.aep]로 저장합니다.

POINT

레이어 스타일 제거하기

적용된 레이어 스타일을 제거하려면 Timeline 패널에서 레이어에 추가된 [Layer Styles] 속성의 레이어 스타일 이름을 클릭하여 선택한 후 Delete 키를 누릅니다.

레이어 스타일을 여러 개 추가했을 경우에는 [Layer Styles] 속성 그룹을 선택하고 Delete 키를 누르면 레이어에 적용된 모든 레이어 스타일이 제거됩니다.

Chapter

02 화면전환 효과 넣기

영상 편집에서 또 하나 중요한 것이라면 화면전환(Transition) 효과일 것입니다. 촬영한 여러 영상들을 단지 컷으로 이어 붙이는 것이 아니라 적절한 화면전환 효과를 추가하여 영상을 보는 재미를 더할 수 있습니다.

예제 파일 [SC]-[P05]-[도서관]

도서관-1.mp4

도서관-2.mp4

도서관-3.mp4

● Section 01 시퀀스 레이어를 만들고 디졸브 효과 주기

시퀀스 레이어는 이전 레이어의 마지막 프레임이 끝나면 다음 레이어의 첫 프레임이 화면에 연달아 나타나도록 설정된 것으로, 영상이 줄줄이 연결된 것을 말합니다. 이어진 레이어들을 컷으로 연결할 수도 있고, 특정 시간만큼 겹치거나 디졸브를 설정할 수도 있습니다.

시퀀스 레이어를 만드는 방법은 이미 Timeline에 배치된 레이어들로 만드는 방법([116페이지] 참조)과 Project 패널에 있는 여러 푸티지들을 아예 시퀀스 레이어로 만들어 Timeline에 배치하는 방법이 있습니다. 여기서는 Project 패널에서 여러 푸티지들을 선택하여 즉시 시퀀스 레이어로 만들고 디졸브 효과까지 주는 방법을 알아보겠습니다.

01 예제의 [SC]–[P05]–[도서관] 폴더 안의 모든 파일을 Project 패널로 임포트합니다. Project 패널에서 불러들인 모든 푸티지를 선택한 후 비어있는(none 상태의) Comp/Timieline 패널로 드래그 앤 드롭하거나, Project 패널 아래에 있는 Create a new Composition 🎞️ 아이콘으로 드래그 앤 드롭합니다.

❗ Project 패널에서 Ctrl 또는 Shift 로 푸티지를 여러 개 선택할 때 선택한 순서대로 레이어가 배치됩니다. 즉, 먼저 선택한 푸티지가 먼저 화면에 표시되도록 연결됩니다. 예제에서는 [도서관–1.mp4]를 제일 먼저 선택하고, [도서관–3.mp4]를 마지막에 선택합니다.

02 〈New Composition from Selection〉 대화창이 자동으로 열리면 다음과 같이 설정합니다.

❶ **Single Composition** : 선택한 푸티지들을 하나의 컴포지션 안에 레이어로 배치합니다.

❷ **Use Dimensions From** : 푸티지들마다 크기(Width/Height)가 다를 경우 ∨ 목록에서 선택한 푸티지의 크기를 기준으로 새 컴포지션의 크기가 자동으로 설정됩니다. 푸티지들의 크기가 모두 동일할 땐 어느 푸티지를 선택해도 상관없습니다. 이때 선택한 푸티지와 동일한 이름으로 컴포지션이 만들어집니다.

Still Duration : 선택한 푸티지 중 스틸 이미지가 있을 경우 해당 레이어의 재생시간(Duration)을 설정합니다.

❸ **Sequence Layers** : 체크하면 시퀀스 레이어가 만들어집니다.
  • **Overlap** : 레이어가 서로 겹치게 하려면 체크합니다.
  • **Duration** : 겹치는 시간을 설정합니다. 0:00:00:00은 겹치지 않고 줄줄이 연결됩니다.
  • **Transition** : 디졸브 효과를 선택합니다. 디졸브 효과는 [Opacity] 속성에 키프레임을 주는 방식으로 만들어집니다.
    - **Off** : [Duration]에서 설정한 시간만큼 겹쳐지기만 할 뿐 디졸브 효과는 없습니다.
    - **Dissolve Front Layer** : 앞 레이어의 [Opacity] 속성에 키프레임이 생성됩니다.

- Cross Dissolve Front and Back Layers : 앞뒤 레이어의 [Opacity] 속성에 동시에 키프레임이 생성되면서 앞 레이어가 점차 사라짐과 동시에 뒤 레이어가 점차 나타납니다.

[Overlap]을 체크하지 않은 시퀀스 레이어

[Transition]을 [Off]로 설정한 시퀀스 레이어

[Transition]을 [Dissolve Front Layer]로 설정한 시퀀스 레이어

[Transition]을 [Cross Dissolve Front and Back Layers]로 설정한 시퀀스 레이어

Transition ▼−Dissolve Front Layer

Transition ▼−Cross Dissolve Front and Back Layers

❗ [Cross Dissolve Front and Back Layers]의 경우에는 두 레이어 모두가 반투명해지는 부분에서 배경이 비치게 되어, 배경이 블랙이라면 잠시 어두워졌다가 다음 레이어가 표시됩니다.

애프터 이펙트는 메뉴바의 [Effect]>[Transition]에 다양한 화면전환 효과를 제공하고 있습니다.

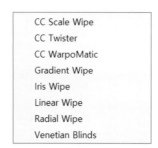

Block Dissolve
Card Wipe
CC Glass Wipe
CC Grid Wipe
CC Image Wipe
CC Jaws
CC Light Wipe
CC Line Sweep
CC Radial ScaleWipe

CC Scale Wipe
CC Twister
CC WarpoMatic
Gradient Wipe
Iris Wipe
Linear Wipe
Radial Wipe
Venetian Blinds

이펙트를 앞 레이어에 적용하여 이 레이어가 점차 사라지면서 뒤 레이어가 나타나는 방식으로 표현됩니다.

01 앞서 시퀀스 레이어 설명에서 배운 방법대로 [도서관-1.mp4], [도서관-2.mp4] 파일을 1초 동안 디 졸브 없이 겹치도록 만든 후 트랜지션 이펙트를 적용해보도록 하겠습니다.

〈New Composition from Selection〉 대화창에서 [Sequence Layers]–[Overlap]–[Transition]을 [Off]로 설정

02 앞 레이어인 [도서관-1.mp4] 레이어를 선택하고 마우스 오른쪽 버튼 또는 메뉴바에서 [Effect]> [Transition]>[Venetian Blinds] 이펙트를 선택합니다. 레이어에 이펙트가 적용되면서 Effect Controls 패널이 열립니다.

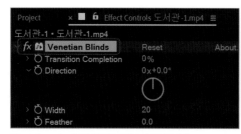

Effect Controls 패널에 적용된 이펙트가 표시됩니다.

[도서관-1.mp4] 레이어에 [Effects] 속성이 추가됩니다.

03 두 번째 레이어가 시작하는 지점인 3초 1프레임으로 이동한 후 Effect Controls 패널에서 [Transition Completion] 속성의 Stopwatch ⏱를 클릭합니다. 다시 첫 번째 레이어가 끝나는 지점인 4초 위치로 이동한 후 [Transition Completion] 속성값을 [100%]로 설정하면 자동으로 두 번째 키프레임이 생성됩니다.

❶ [Transition Completion] 속성은 트랜지션이 적용되는 정도를 의미합니다. 0%는 트랜지션이 적용되지 않은 상태이고, 100%는 트랜지션이 100% 적용된 상태입니다.

[0:00:03:01] 시간대에서 Stopwatch ⏱를 클릭

[0:00:04:00] 시간대에서 [100] 입력

Timeline 패널에서 [도서관-1.mp4] 레이어에 추가된 [Venetian Blinds] 이펙트의 세부 속성을 연다음, [Transition Completion] 속성의 Stopwatch ⏱를 클릭하여 키프레임을 적용해도 됩니다.

Effect Controls 패널에서 키프레임을 적용하면 Timeline 패널에도 표시됩니다. 키프레임이 보이지 않는다면 단축키 Ⓤ를 눌러 키프레임이 적용된 속성만 표시합니다.

04 CTI를 드래그해보면 트랜지션 이펙트가 적용되어 위 레이어가 점차 사라지면서 아래 레이어가 드러나는 것을 볼 수 있습니다.

05 블라인드의 굵기와 기울기에도 변화를 주도록 하겠습니다. [Venetian Blinds] 이펙트의 속성 중 [Direction]과 [Width]에 다음과 같이 키프레임을 설정합니다.

도서관-1.mp4	0:00:03:01	0:00:04:00
Direction	0x+0.0˚	50
Width	0x+30.0˚	200

06 Num 0 키를 눌러 프리뷰해보면 줄무늬가 회전하면서 점점 두께가 굵어지며 다음 레이어가 드러나는 것을 볼 수 있습니다.

❶ [Venetian Blinds] 이펙트는 줄무늬 배경을 만들 때도 많이 사용됩니다.

POINT

트랜지션 이펙트 종류 살펴보기

지면 관계상 모든 트랜지션 이펙트를 상세하게 설명할 수 없으나 각 이펙트의 빠른 선택을 돕기 위해 간단히 효과가 적용된 화면을 첨부합니다.

❶ Block Dissolve
❷ Card Wipe
❸ CC Glass Wipe
❹ CC Grid Wipe
❺ CC Image Wipe
❻ CC Jaws
❼ CC Light Wipe
❽ CC Line Sweep
❾ CC Radial ScaleWipe

❿ CC Scale Wipe
⓫ CC Twister
⓬ CC WarpoMatic
⓭ Gradient Wipe
⓮ Iris Wipe
⓯ Linear Wipe
⓰ Radial Wipe
⓱ Venetian Blinds

[Effect]〉[Transition]의 화면전환 효과 목록

❶ 이펙트 중에 이펙트 조절점(Effect Control Point) ◈ 을 가진 속성은 이 조절점의 위치를 바꿀 때 Comp 패널의 화면에서 직접 조절점을 커서로 클릭 앤 드래그하거나, Effect Controls 패널에서 ◈ 을 클릭한 후 화면 위에 십자선 이 나타나면 클릭하여 위치를 지정할 수 있습니다. 또는 파란 글씨의 좌표값을 클릭하여 직접 입력할 수도 있습니다.

농구 (이펙트 적용 레이어)

축구

❶ Block Dissolve : 블록으로 조각나면서 레이어가 전환되는 효과입니다.

블록의 가로세로 크기를 변경할 수 있으며, [Soft Edges(Best Quality)] 옵션의 체크를 해제하면 경계가 선명한 블록을 만듭니다.

❷ Card Wipe : 카드가 뒤집혀 다음 레이어로 전환되는 효과입니다.

이펙트 적용 후 이펙트의 옵션에서 [Back Layer] 목록을 다음 레이어로 바꾸어야 [Transition Completion] 속성값이 100%가 될 때 다음 레이어로 전환됩니다. 대신 뒤집 힐 때 뒤 레이어가 배경으로 표시되지 않도록 다음 레이어의 Video 🔘 스위치를 Off 합니다.

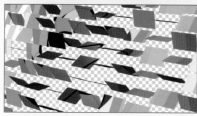

카드 크기(Card Scale)나 뒤집히는 카드의 회전축(Flip Axis), 뒤집히는 순서(Flip Order) 등을 설정합니다. 또한 카메라 옵션(Camera System)을 사용하여 마치 3D 공간에서 카드가 뒤집히는 느낌을 줄 수 있습니다.

❸ CC Glass Wipe : 유리처럼 녹아내려 레이어가 전환되는 효과입니다.

이펙트 적용 후 이펙트의 옵션에서 [Layer to Reveal] 목록을 다음 레이어로 바꾸어야 [Completion] 속성값이 100%가 될 때 다음 레이어로 전환됩니다.
[Gradient Layer]는 목록에서 선택한 레이어의 루미넌스를 활용하여 이펙트를 적용합니다.

❹ CC Grid Wipe : 그리드 형태로 레이어가 전환되는 효과입니다.
[Reverse Transition]을 체크하면 레이어가 전환되는 방향이 바깥쪽에서 안쪽으로 바뀝니다.

❺ CC Image Wipe : 이펙트 옵션 중 [Gradient]〉[Property]의 목록에서 선택한 레이어의 컬러 속성을 이용하여 전환되는 효과입니다.

Gradient – Layer ▼–농구
Property ▼–Luminance

Gradient – Layer ▼–축구
Property ▼–Luminance

❻ CC Jaws : 톱니 형태로 레이어가 전환되는 효과입니다.

Shape ▼–Spikes

Shape ▼–RoboJaw

Shape ▼–Block

Shape ▼–Wave

❼ **CC Light Wipe** : 빛으로 레이어가 전환되는 효과입니다.

Shape ▼-Round

Shape ▼-Doors

Shape ▼-Doors
Color from Source 체크

Shape ▼-Square + Direction 45°
Color from Source 체크

❽ **CC Line Sweep** : 계단 형태로 레이어가 전환되는 효과입니다.

계단의 방향(Direction), 두께(Thickness), 경사(Slant) 등을 설정할 수 있습니다.

❾ **CC Radial ScaleWipe** : 원형 가장자리가 말리듯 접히면서 레이어가 전환되는 효과입니다.

⑩ **CC Scale Wipe** : 레이어를 늘어지도록 잡아당겨 전환시키는 효과입니다. [Center]의 위치를 변경하여 늘어나는 기준점을 바꿀 수 있습니다.

⑪ **CC Twister** : 레이어를 비틀면서 뒤집어 전환시키는 효과로, 레이어를 전환하기 위해 뒷면(Backside)을 다음 레이어로 설정합니다.

불필요하게 다음 레이어가 배경으로 표시되지 않도록 다음 레이어의 Video 👁 스위치를 Off 합니다.

⑫ **CC WarpoMatic** : 왜곡되어 레이어가 전환되는 효과로, [Layer to Reveal] 옵션을 다음 레이어로 선택한 후 사용합니다.

⑬ **Gradient Wipe** : 레이어(Gradient Layer)의 루미넌스를 이용하여 가장 어두운 영역부터 가장 밝은 영역 순서로 지워지며 전환되는 효과입니다.

❶ [CC Image Wipe] 이펙트의 [Gradient]〉[Property]의 목록에서 [Luminance]를 선택한 경우와 유사합니다.

Gradient − Layer▼−농구   Gradient − Layer▼−축구

⓮ **Iris Wipe** : 조리개 형태로 레이어가 전환되는 효과입니다.

 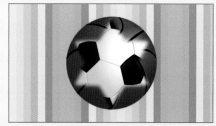

⓯ **Linear Wipe** : 선형으로 레이어가 전환되는 효과입니다. 기울기나 선명도를 조절할 수 있습니다.

⓰ **Radial Wipe** : 방사형으로 레이어가 전환되는 효과입니다. 시계 방향, 시계 반대 방향, 양쪽 방향으로 동시에 전환할 수 있습니다.

Wipe ▼-Clockwise   Wipe ▼-Both

⓱ **Venetian Blinds** : 줄무늬 형태로 레이어가 전환되는 효과입니다.

애프터 이펙트는 여러 이펙트와 레이어 속성을 섞어서 제작한 트랜지션 프리셋을 제공합니다.

기타 패널 위치의 Effects & Presets 패널에서 [Animation Presets] 카테고리를 열어보면 "Transition"으로 시작하는 프리셋 폴더들이 있습니다. 또한 [Animation Presets] 카테고리의 [Behaviors] 폴더 안에도 페이드인, 페이드아웃 관련 프리셋이 있습니다.

Transition 프리셋

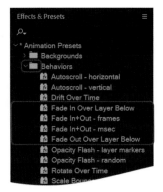

Behaviors 프리셋

프리셋은 이미 키프레임이 설정되어 있으므로 이를 적용할 때는 트랜지션이 시작되어야 할 시간대로 미리 CTI를 이동시킵니다. 그리고 레이어를 선택한 다음 트랜지션 프리셋 폴더 안의 프리셋 중 하나를 더블클릭 하면 해당 레이어에 프리셋이 적용됩니다.

활용예제 프리셋으로 화이트 플래시 적용하기

화이트로 짧게 플래시 효과를 주며 전환되는 효과도 많이 쓰이는 트랜지션 중 하나입니다. 앞서 솔리드 레이어를 이용하여 화이트 플래시 효과를 만드는 방법을 설명하였는데 ([211페이지] 참고), 프리셋을 이용하면 좀 더 쉽고 빠르게 적용할 수 있습니다.

01 예제의 [SC]-[P05]-[도서관] 폴더에서 [도서관-1.mp4], [도서관-2.mp4] 레이어를 다음과 같이 배치한 후 15프레임 동안 서로 겹치도록 합니다.

해당 프리셋의 특성 상 상위 레이어의 앞 부분에 적용하도록 설정되어 있기 때문에 레이어를 위와 같이 배치하여 적용하도록 합니다.

02 3초 14프레임으로 CTI를 이동시킨 후 상위 레이어인 [도서관-2.mp4]를 선택합니다. Effects & Presets 패널에서 [Animation Presets] > [Transition - Dissolves] 폴더 안의 [Fade - flash to white] 프리셋을 더블클릭합니다. 레이어에 프리셋이 적용되면서 Effect Controls 패널이 열립니다.

❶ 먼저 레이어를 선택하지 않고도 프리셋을 클릭 앤 드래그하여 적용할 레이어 위에 드롭하면 프리셋이 적용됩니다.

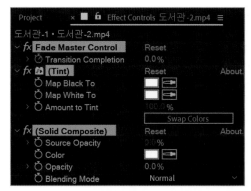

Effect Controls 패널에 사용한 프리셋이 표시됩니다.

Timeline 패널에도 레이어의 속성으로 추가된 프리셋이 표시됩니다.

03 [도서관-2.mp4] 레이어가 선택된 상태에서 단축키 U 를 클릭하면 키프레임이 적용된 속성만 표시합니다. 레이어가 겹치는 부분은 15프레임으로 설정하였는데, 프리셋은 다소 길게 1초로 설정된 상태입니다. 플래시 적용 시간을 짧게 조정하겠습니다. 이펙트가 끝나는 지점인 두 번째 키프레임 ◆ 을 커서로 클릭한 후 Shift 를 누르고 왼쪽으로 드래그하면 상위 레이어가 끝나는 지점에 스냅이 적용되어 달라붙게 됩니다.

04 [Num 0]을 클릭하여 프리뷰해보면 15프레임 동안 화이트 플래쉬가 반짝 생성되면서 레이어가 전환됩니다.

자주 사용하게 될 프리셋은 이름을 기억해두었다가 Effects & Presets 패널의 검색창에서 즉시 이름을 검색하여 해당 프리셋을 빠르게 찾을 수 있습니다.

03 셰이프와 마스크 사용하기

셰이프와 마스크는 같은 툴을 사용하고, 사용법이 유사하므로 보통 함께 설명됩니다.

애프터 이펙트는 자체적으로 도형(Shape)을 만드는 기능이 있습니다. 이 도형들은 툴바에서 다양한 셰이프 툴이나 펜 툴을 선택한 다음 Comp 패널에서 커서로 직접 패스(Path)를 드래그하여 만듭니다. 셰이프 툴이나 펜 툴을 사용하여 셰이프 레이어에 패스를 만들면 셰이프로 사용되고, 일반 레이어에 패스를 만들면 마스크로 사용됩니다. 셰이프(Shape)는 그래픽 요소로 영상을 장식할 때 주로 사용하고, 마스크(Mask)는 영상에서 불필요한 부분을 잘라내고 필요한 부분만 쓰고자 할 때 사용합니다.

● Section 01   셰이프 사용하기

셰이프 레이어 만들기

셰이프 레이어는 도형을 이용하여 배경 장식이나, 자막을 얹을 바(Bar), 그래픽 요소 등을 만드는 데 사용됩니다. 셰이프 레이어를 만들기 위해 메뉴바의 [Layer]>[New]>[Shape Layer]라는 명령어가 있지만, 보통 이 명령어를 별도로 쓰게 되지는 않습니다. 왜냐하면 어떤 레이어도 선택되지 않은 상태에서 다양한 셰이프 툴이나 펜 툴로 Comp 패널을 클릭하자마자 바로 셰이프 레이어가 동시에 만들어지기 때문입니다.

셰이프 레이어는 Timeline 패널에 [Shape Layer #]라는 이름으로 만들어지며 투명 레이어지만 컴포지션 중앙에 앵커포인트가 표시됨으로써 레이어가 만들어진 것을 알 수 있습니다.

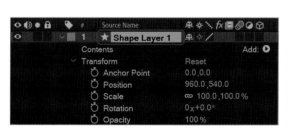

셰이프 레이어의 앵커포인트

컴포지션 크기를 1920×1080px로 생성한 후 셰이프 레이어를 만들어보았습니다.

❶ 셰이프 툴과 펜 툴의 오른쪽에 표시되는 툴 옵션에서 Tool Creates Shape ⭐ 가 On일때 셰이프가 생성됩니다. 셰이프 레이어가 선택되면 자동으로 On 상태로 전환됩니다.

셰이프툴로 도형 만들기

툴바에서 셰이프 툴 모음 ■ 을 길게 누르면 여러가지 도형을 만들 수 있는 목록이 표시됩니다. 컴포지션이 생성된 상태에서 도형 모양 중 하나를 선택한 후 Comp 패널에 직접 커서로 클릭 앤 드래그하면 도형이 생성됩니다.

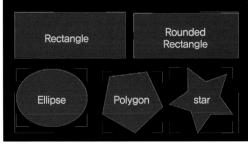

단축키 Q를 누르면 각 도형 모양이 번갈아가면서 선택됩니다.

Timeline 패널을 보면, 셰이프 레이어의 [Contents] 항목 안에 생성한 셰이프 목록이 나타납니다. 사각형과 모서리가 둥근 사각형은 [Rectangle #]으로, 타원형은 [Ellipse #]으로, 다각형과 별 모양은 [Polystar #]로 이름이 표기됩니다.

❶ 도형 이름을 클릭하고 Enter↵ 키를 누르면 이름을 바꿀 수 있고, Delete 키를 누르면 지울 수 있습니다.

도형을 생성한 순서대로 아래에서부터 위로 배치됩니다.

도형을 선택하려면 Timeline 패널의 [Contents] 항목에서 직접 도형 이름을 선택합니다. Comp 패널에서는 처음 클릭하면 셰이프 레이어가 선택되고, 다시 한 번 클릭했을 때 도형이 선택됩니다.

셰이프 툴로 만든 도형 모양(Path) 제어하기

• 셰이프 툴로 패스를 드래그하다가 손을 떼지 않은 상태에서 키보드의 Space Bar 를 누르면 시작 위치를 변경하여 다시 그릴 수 있습니다.

• 셰이프 툴로 Comp 패널에서 먼저 클릭한 후 Ctrl + 드래그하면 클릭한 지점을 중심으로 하여 도형이 생성됩니다.

- Shift + 드래그하면 사각형과 타원은 상하좌우 비율이 동일한 정다각형으로 생성되고, 다각형과 별 모양은 기울어지지 않은 정방향으로 생성됩니다.

- Rounded Rectangle Tool ◼ 을 사용할 때 모서리 둥글기를 증가/감소시키려면 드래그하는 중에 방향키 ↑ / ↓ 를 여러 번 클릭하여 사용하고, 둥근 모서리를 없애려면 방향키 ←를, 모서리를 최대로 둥글리려면 방향키 →를 누릅니다.

- Polygon Tool ⬣ 이나 Star Tool ☆ 을 사용할 때 꼭지점 개수를 증가/감소시키려면 드래그하는 중에 방향키 ↑ / ↓ 를 여러 번 클릭하여 사용하고, 꼭지점을 안쪽/바깥쪽으로 둥글리려면 방향키 ← / → 를 누릅니다.

- 각 셰이프 툴을 선택한 후 더블클릭하면 컴포지션을 꽉 채우는 크기(바운딩 박스 기준)의 도형이 생성됩니다.

Full HD 컴포지션을 꽉 채운 크기의 사각형 또는 타원형의 [Size] 속성값은 [1920, 1080]으로 설정됩니다.

다각형과 별모양의 경우에는 실제 도형 모양이 컴포지션을 가득 채우는 형태가 되지는 않습니다. 패스(Polygon Path #) 속성을 열어보면 [Size] 속성이 없는 대신에 [Outer Radius] 속성으로 다각형과 별모양의 크기를 확대/축소할 수 있습니다.

- 패스 모양이 변경된 도형을 초기 모양으로 리셋하려면 Timeline 패널에서 셰이프 레이어의 [Contents]〉[셰이프이름 #]〉[셰이프이름 Path #]을 클릭한 후 해당 셰이프 툴을 더블클릭합니다.

[Contents]〉[Polystar #]〉[Polystar Path #] 아래의 속성값을 변경시켜 별 모양을 바꾸었습니다. 이를 다시 초기의 디폴트 별 모양으로 리셋하려면 [Polystar Path #] 항목을 클릭하고 Star Tool(★)을 더블클릭합니다.

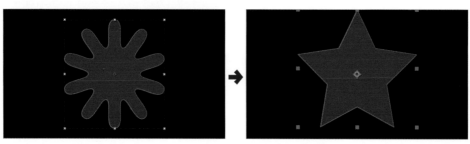

바뀐 별모양을 원래 초기 디폴트값(앵커포인트 위치를 기준으로 컴포지션 크기로)으로 리셋하기

도형의 색상 정하기

셰이프 툴 또는 펜 툴이 선택되어 있거나 셰이프 레이어가 선택되어 있다면 툴바 오른쪽에 도형을 채우는 색상과 테두리의 색상을 정할 수 있는 툴 옵션이 나타납니다.

[Fill] 또는 [Stroke]의 오른쪽에 있는 색상 상자를 클릭하면 각각의 색상을 선택할 수 있습니다. 파란색 글씨를 클릭하면 색상 타입을 선택할 수 있는 〈Fill Options〉와 〈Stroke Options〉 대화창이 각각 열리는데 옵션은 동일합니다.

❶ None : 투명하게 설정합니다.

❷ Solid Color : 단색으로 설정합니다.

❸ Linear Gradient : 선형 그러데이션으로 설정합니다. 선택 후 [OK] 버튼을 누른 다음 툴 옵션에서 [Fill] 또는 [Stroke]의 색상 상자를 클릭하면 그러데이션 설정을 할 수 있습니다.

〈Gradient Editor〉 대화창이 열리면 그러데이션 색상과 위치, 불투명도 등을 설정할 수 있습니다.

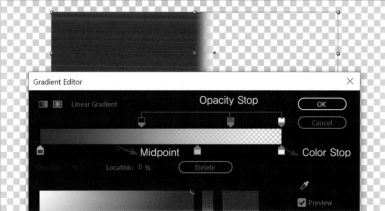

- [Color Stop] 중 하나를 클릭한 후 아래 컬러 컨트롤에서 색상을 지정하고, 다시 다른 [Color Stop]을 클릭한 후 또 다른 색상을 지정합니다.

- [Opacity Stop]의 불투명도를 조절하려면 클릭한 후 컬러바 아래에 위치한 [Opacity] 항목의 % 속성값을 변경합니다.

- [Opacity Stop]이나 [Color Stop]을 추가하려면 컬러바의 위아래 엣지(Edge) 부분을 각각 클릭합니다.

- [Opacity Stop]과 [Color Stop]의 위치를 바꾸려면 클릭한 후 직접 드래그하거나 컬러바 아래에 위치한 [Location] 속성값에 수치를 입력합니다.

- [Opacity Stop]과 [Color Stop]을 제거하려면 클릭한 다음 〈Gradient Editor〉 대화창 밖으로 드래그하여 놓거나 컬러바 아래에 위치한 [Delete] 버튼을 클릭합니다.

- 두 색상이 섞이는 중심 지점을 조절하려면 [Midpoint]를 클릭한 후 직접 드래그하거나 컬러바 아래에 위치한 [Location] 속성값 수치를 지정합니다.

Selection Tool ▶️이 선택된 상태에서 Comp 패널의 도형 안에 위치한 두 개의 조절점([Start Point]와 [End Point])을 커서가 ▶. 모양일 때 각각 클릭 앤 드래그하여 그러데이션의 방향과 위치를 바꿀 수 있습니다.

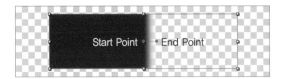 

❶ 조절한 위치는 Timeline 패널의 셰이프 레이어에서 [Contents]〉[셰이프이름 #]〉[Gradient Fill(Stroke) #] 아래의 [Start point]와 [End point]의 속성값으로 표시됩니다.

❹ **Radial Gradient** : 선택 후 [OK] 버튼을 누른 다음 툴 옵션에서 [Fill] 또는 [Stroke]의 색상 상자를 클릭합니다. 〈Gradient Editor〉 대화창이 열리면 Linear Gradient의 경우와 마찬가지로 그러데이션 색상과 위치, 불투명도 등을 설정합니다.

 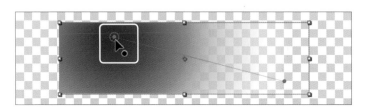

[Start Point]에 겹쳐 있는 하이라이트 조절점을 커서가 다음과 같은 모양일 때 드래그하여 하이라이트 위치를 바꿀 수 있습니다.

❶ 조절한 하이라이트의 위치는 Timeline 패널의 셰이프 레이어에서 [Contents]〉[셰이프이름 #]〉[Gradient Fill(Stroke) #] 아래의 [Highlight Length]와 [Highlight Angle]의 속성값으로 표시됩니다.

[Fill] 또는 [Stroke]의 색상타입을 빠르게 변경하기

[Fill] 또는 [Stroke]의 색상 상자를 Alt + 클릭하면 None/Solid Color/Linear Gradient/Radial Gradient 색상 타입이 차례로 바뀌며 설정됩니다.

활용예제 세이프 툴을 이용하여 휴대폰 만들기

01 세이프 툴의 사용법을 익히기 위해 휴대폰을 만들어보겠습니다. Project 패널 하단의 Create a new Composition 아이콘 또는 단축키 Ctrl + N 을 눌러 〈Composition Settings〉 대화창이 열리면 다음과 같이 설정하고 [OK] 버튼을 클릭합니다.

[Lock Aspect Ratio]의 체크를 해제해야 Width/Height의 가로세로 비율을 변경할 수 있습니다.

550×1000px 크기의 [Mobile] 컴포지션

02 툴바에서 Rectangle Tool ▪을 더블클릭하여 컴포지션 크기로 사각형이 만들어지도록 합니다.

❶ Rounded Rectangle Tool ▪을 더블클릭해도 마찬가지로 각진 사각형이 컴포지션 크기로 생성됩니다.

03 Timeline 패널에서 [Contents]〉[Rectangle 1]〉[Rectangle Path 1] 아래의 [Roundness]의 값을 [50]으로 설정하여 모서리를 둥글리도록 합니다.

04 [Shape Layer 1] 세이프 레이어가 선택된 상태에서 다시 한번 Rectangle Tool ▪을 더블클릭하여 같은 세이프 레이어 안에 컴포지션 크기의 사각형을 하나 더 만듭니다.

05 Timeline 패널에서 [Contents]〉[Rectangle 1]〉[Rectangle Path 1] 아래의 [Size] 속성값을 [520, 945.5]로, [Position] 속성값을 [0, −5]로, [Roundness] 속성값을 [50]으로 설정하여 패스 모양을 변경합니다.

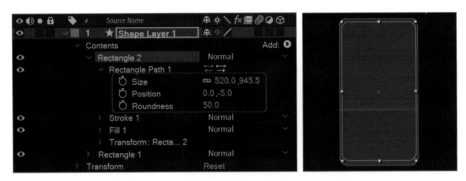

06 도형 [Rectangle 1]이 선택된 상태에서 툴바 오른쪽의 [Fill] 색상 상자를 클릭하여 흰색을 선택하고, [Stroke] 글씨를 클릭하여 열리는 〈Stroke Options〉 대화상자에서 [None]을 클릭합니다.

07 이번에는 도형 [Rectangle 2]가 선택된 상태에서 툴바 오른쪽의 [Fill] 글씨를 클릭하여 열리는 〈Fill Options〉 대화창에서 [Linear Gradient]를 선택하고, [Stroke] 글씨를 클릭하여 열리는 〈Stroke Options〉 대화창에서 [None]을 클릭합니다.

08 도형 [Rectangle 2]의 [Fill]의 색상 상자를 클릭하여 열리는 〈Gradient Editor〉 대화창에서 그러데 이션 설정을 합니다. 왼쪽 [Color Stop]의 색상은 [#284E88]로 설정하고, 오른쪽 [Color Stop]의 색 상은 [#3E8E92]로 설정하였습니다. 두 [Color Stop] 모두 [Location]을 [50%]로 입력하여 색상 경계 가 딱 떨어지도록 설정합니다. [OK] 버튼을 눌러 설정을 완료합니다.

09 Comp 패널에서 직접 그러데이션의 [Start Point]와 [End Point]를 클릭 앤 드래그하여 그러데이션 의 시작/끝 위치를 설정할 수 있습니다. 이는 Timeline 패널에서 [Shape Layer 1] 셰이프 레이어의 [Contents] 〉 [Rectangle 1] 〉 [Gradation Fill 1] 속성 아래에 있는 [Start Point]와 [End Point] 속성 값으로 표시됩니다.

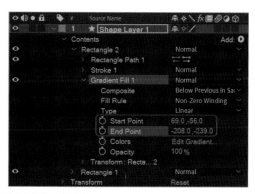

Comp 패널에서 직접 위치를 조절하거나 Timeline 패널에서 수치를 입력합니다.

10 여기까지 완성되었다면 Ctrl + S 를 눌러 프로젝트를 [Mobile.aep]로 저장합니다. 다음 과정에서 다 시 사용할 것입니다.

펜 툴로 도형 만들기

펜 툴 모음  을 길게 누르면 선을 그리고 조절할 수 있는 여러 펜 툴 목록이 표시됩니다.

- Pen Tool → 자유로운 선이나 도형의 패스를 생성
- Add Vertex Tool → 패스에 조절점 추가
- Delete Vertex Tool → 클릭한 조절점 삭제
- Convert Vertex Tool → 클릭한 조절점을 기준으로 직선/곡선 전환
- Mask Feather Tool → 마스크 가장자리에 Feather(부드럽기) 추가

컴포지션이 생성된 상태에서 Pen Tool 을 선택한 후 Comp 패널의 화면 위에 커서로 그리기 시작하면 Timeline 패널에 새로운 세이프 레이어가 즉시 생성됩니다. 이 세이프 레이어의 [Contents] 항목 안에 [Shape #]이라는 이름으로 도형이 생성됩니다.

열린 선을 그릴 때 Fill 색상은
표시되지 않도록 None으로 변경

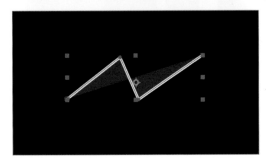

[Fill] 색상이 [Solid]인 경우   [Fill] 색상이 [None]인 경우

직선을 그리려면 화면을 커서로 클릭하여 첫 조절점(Vertex)을 만든 후 다음 위치에서 다시 클릭하여 선을 계속 이어갑니다. 열린 패스 상태에서 그리기를 멈추려면 Timeline 패널의 빈 공간을 클릭하거나 F2 키를 누릅니다.

곡선을 그릴 때는 조절점을 클릭과 동시에 드래그하여 방향 핸들(Direction Handle)이 생성되면 다음 위치에서 다시 클릭 앤 드래그하여 선을 계속 이어갑니다.

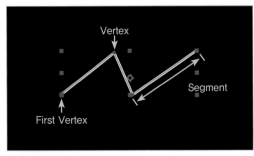

직선 패스

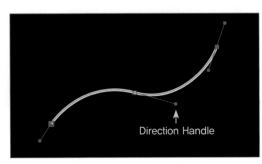

곡선 패스

펜 툴의 툴 옵션에서 [RotoBezier]를 체크하면 방향 핸들 없이 조절점 간의 곡률이 자동으로 계산된 곡선 패스를 그릴 수 있습니다. 화면에 커서를 클릭하여 자유롭게 그립니다.

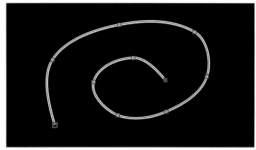

펜 툴로 만든 선 모양(Path) 제어하기

❶ 펜 툴로 만든 패스를 제어하는 것은 반복적으로 연습이 안 되어 있다면 다소 어려울 수 있습니다. 초급자는 이 과정이 지루하니 외우려고 하지 말고 필요할 때 찾아서 확인하는 용도로 쓰길 바랍니다. 그 과정이 반복되면 자연스레 익히게 될 것입니다.

• Pen Tool 🖊 로 첫 조절점을 클릭한 상태에서 키보드의 Space Bar 를 누르고 드래그하면 시작 위치를 변경하여 다시 연장해서 그릴 수 있습니다.

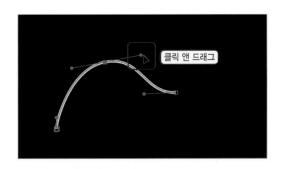

• 곡선을 그려나가는 도중에 이미 생성된 조절점이나 방향 핸들들을 커서로 클릭 앤 드래그하여 수시로 조정하면서 계속 그려나갈 수 있습니다.

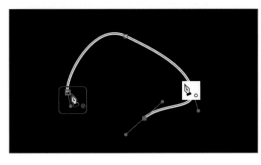

• Pen Tool 🖊 로 닫힌 패스를 만들려면 패스의 마지막에서 첫 조절점으로 다시 커서를 가져갔을 때 커서가 🖊。로 바뀌면 클릭합니다.

• 열린 패스 상태에서 그리기를 멈추었다가 나중에 다시 계속 이어서 그리려면 Pen Tool 🖊 로 패스의 첫 조절점이나 마지막 조절점을 먼저 클릭한 후 그려나갈 새 위치를 클릭하면 조절점이 추가되면서 계속 이어서 그릴 수 있습니다.

• Pen Tool ✎ 이 선택된 상태에서

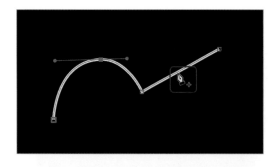

패스의 조절점과 조절점 사이에서 커서가 ✎₊로 바뀌면 클릭하여 조절점을 추가할 수 있습니다.
(= Add Vertex Tool ✎)

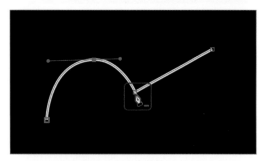

패스의 조절점 위에서 [Ctrl] 키를 눌렀을 때 커서가 ✎₋로 바뀌면 조절점을 클릭하여 제거할 수 있습니다.
(= Delete Vertex Tool ✎)

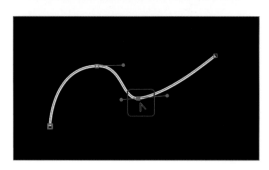

패스의 조절점 위에서 [Alt] 키를 눌렀을 때 커서가 ⋀로 바뀌면 클릭하여 조절점을 기준으로 직선/곡선으로 전환할 수 있습니다.
(= Convert Vertex Tool ◣)

• 조절점(Vertex)를 선택하려면 Pen Tool ✎ 일 때는 Timeline 패널에서 셰이프 레이어를 선택한 후 조절점을 클릭하고, Selection Tool ◣ 일 때는 Comp 패널에서 패스를 더블클릭한 후 조절점을 클릭합니다. 여러 개의 조절점을 선택하려면 [Shift] 키를 누르고 추가 조절점을 선택합니다.

  ❶ 많은 조절점을 선택해야 하는 경우에는 일일이 클릭하기 어려우므로, Selection Tool ◣ 로 하나의 조절점을 클릭한 후 패스 밖에서 커서가 ▷◻ 로 바뀌었을 때 박스 드래그하여 선택합니다.

• 모든 조절점을 선택하려면 Timeline 패널에서 셰이프 레이어의 [Contents]〉[Shape #]〉[Path #]〉[Path]를 선택합니다.

• 패스의 방향 핸들(Direction Handle)이 표시되도록 하려면 Pen Tool ✎ 일 때는 Timeline 패널에서 셰이프 레이어를 선택한 후 조절점을 클릭하고, Selection Tool ◣ 일 때는 Comp 패널에서 패스를 더블클릭한 후 조절점이나 패스를 클릭합니다.

- 방향 핸들을 클릭하여 드래그하면 좌우가 동시에 움직이는데 한쪽의 핸들을 분리하여 조절하려면 Convert Vertex Tool ◣ 을 사용하거나, Pen Tool ◢ 일 때 Ctrl 키(또는 Alt 키)를 눌러 커서가 ◣ 로 바뀌면 한쪽 핸들을 클릭하여 조절합니다. Selection Tool ◤ 일 때는 Ctrl + Alt 를 사용합니다.

- 분리했던 방향 핸들을 다시 하나로 묶어 동시에 조절하려면 Pen Tool ◢ 일 때 Alt 키를 눌러 커서가 ◣ 로 바뀌면 조절점을 클릭과 동시에 드래그합니다. Selection Tool ◤ 일 때는 Ctrl + Alt 를 사용합니다.

- 두 조절점 사이(Segment)를 Selection Tool ◤ 로 클릭하고 드래그하면 양쪽 조절점의 방향 핸들을 동시에 조절할 수 있습니다. Pen Tool ◢ 일 때는 Ctrl 키를 추가로 누르고 사용합니다.

- 한쪽 또는 양쪽 방향 핸들을 조절할 때 45° 각도마다 스냅이 걸리도록 하려면 Shift 키를 추가로 누르고 드래그합니다.

활용예제 **펜 툴을 이용하여 휴대폰 터치 버튼 만들기**

예제 파일 [SC]-[P05]-[Mobile.aep]

11 앞서 저장했던 [Mobile.aep] 프로젝트를 불러옵니다. 저장 파일이 없다면 예제의 [SC]–[P05] 폴더에서 [Mobile.aep] 프로젝트를 엽니다. Comp 패널의 화면을 확대하여 휴대폰 하단을 패널 중심에 놓고 작업하도록 합니다. Comp 패널 하단의 Grid and guide options ▦ 를 클릭하고 [Proportional Grid], [Ruler]와 [Guide]를 사용하여 세 개의 버튼이 나란히 배치될 위치를 정합니다.

❗ 메뉴바의 [View]〉[Snap to Guides](= Ctrl + Shift + ;)가 체크된 상태에서 작업하면 가이드에 스냅이 적용됩니다.

Zoom Tool 🔍 을 사용하여 Comp 패널에서 휴대폰 아래쪽 부분을 드래그하거나, 또는 마우스휠을 위로 드래그하여 화면을 확대하고 Hand Tool ✋ (= Space Bar = H)로 화면을 밀어 휴대폰 하단을 패널 중심에 놓고 작업하도록 합니다.

12 [Shape Layer 1] 셰이프 레이어가 선택된 상태에서 Rectangle Tool  이나 Rounded Rectangle Tool  을 사용하여 중앙의 가이드라인 위치에 작은 정사각형을 만들도록 합니다. 툴바 오른쪽의 [Fill] 글씨를 클릭하여 열리는 〈Fill Options〉 대화창에서 [None]를 선택하고, [Stroke] 글씨를 클릭하여 열리는 〈Stroke Options〉 대화창에서 [Solid Color]를 선택합니다. [Stroke]의 색상 상자를 클릭하여 흰색으로 설정하고, 스트로크의 굵기(Stroke Width)는 [2]로 설정합니다.

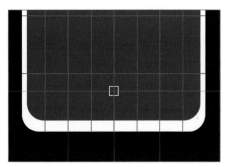

Ctrl + Shift + 드래그하면 가이드의 중앙 위치에서부터 정사각형으로 도형을 만들 수 있습니다.

13 Timeline 패널에서 [Contents]〉[Rectangle 3]〉[Rectangle Path 1] 아래의 [Size]를 [26, 26]으로 하여 사각형의 크기를 조절하고, [Roundness] 속성값을 [6]으로 설정하여 사각형의 모서리를 약간 둥글리도록 합니다.

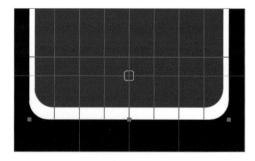

14 계속 [Shape Layer 1] 셰이프 레이어가 선택된 상태에서 Pen Tool 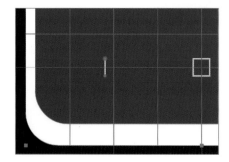 을 이용하여 왼쪽 터치 버튼 위치에 짧은 세로선을 만듭니다. 첫 점을 클릭하고 Shift +두번째 점을 클릭하면 직선이 만들어집니다. Timeline 패널에 [Shape 1] 이름으로 생성된 것을 확인합니다.

❗ 선의 세로 길이는 중앙의 사각형 터치 버튼의 세로 길이와 비슷하게 맞추도록 합니다.

15 같은 선모양을 여러 개 복사해보도록 하겠습니다. [Shape 1]이 선택된 상태에서 [Contents] 항목 오른쪽에 있는 Add: ▶ 를 클릭합니다. 목록 중 [Repeater] 명령을 적용하면 [Shape 1]에 [Repeater 1] 속성이 추가되면서 도형 [Shape 1]이 반복적으로 복사됩니다. 기본적으로 원본을 포함한 카피 개수인 [Copies]는 [3]으로 설정되어 있습니다. 복사된 셰이프 사이의 거리를 조정하기 위해 [Transform : Repeater 1] 〉 [Position]의 X-속성값을 [13]으로 설정합니다.

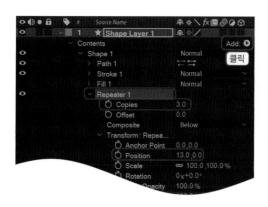
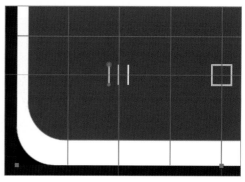

16 가이드 위치와 맞추기 위해 [Transform : Shape 1] 〉 [Position]의 X-속성값을 약간 조정하여 전체 선들의 위치를 이동합니다.

❗ [Transform : Repeater 1]는 복제된 선들인 [Repeater 1]에 변형을 적용하기 위한 속성들이고, [Transform : Shape 1]의 속성들은 복제된 선을 포함한 전체 선들인 [Shape 1]에 대해 변형을 적용할 수 있습니다.

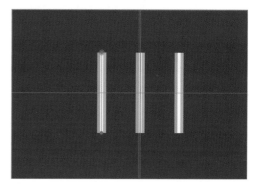

본인이 선을 그린 위치에 따라 수치를 조정하도록 합니다.

17 다음은 오른쪽 터치 버튼을 만들어 보겠습니다. [Shape Layer 1] 셰이프 레이어가 선택된 상태에서 가운데 터치 버튼의 크기를 기준삼아 비슷하게 폭을 맞추어 다음과 같이 연속된 직선을 그리도록 합니다. 폭을 맞추기 어렵다면 가이드를 추가하거나, 대략 만든 후 선의 조절점을 클릭하여 조정할 수 있습니다. [Shape Layer 1] 셰이프 레이어 안에 [Shape 2]로 만들어졌습니다.

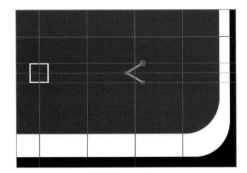
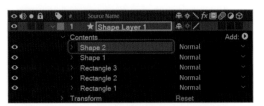

18 다음과 같이 완성되었다면 Ctrl + S 를 눌러 프로젝트를 [Mobile-Master.aep]로 저장합니다.

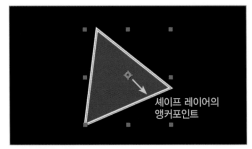

PLUS **바운딩 박스로 셰이프 변형하기**

❶ 개별 셰이프의 바운딩 박스 선택하기

하나의 셰이프 레이어에 여러 셰이프를 만들 수 있기 때문에 각 셰이프마다 개별적으로 선택하고 조정하기 위한 바운딩 박스를 가지고 있습니다. Comp 레이어에서 Selection Tool ▶로 한 번 클릭하면 셰이프 레이어가 선택되고, 더블클릭하면 각 셰이프가 선택됩니다.

셰이프 레이어의 바운딩 박스

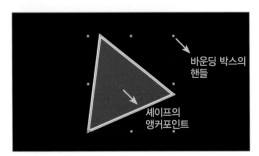

셰이프의 바운딩 박스

❶ Comp 패널에서 셰이프를 선택하기 어렵다면 Timeline 패널에서 [Contents]〉[셰이프이름 #]을 클릭합니다.

❷ Comp 패널에서 셰이프의 바운딩 박스 조절하기

- Comp 패널에서 셰이프의 바운딩 박스를 직접 조절하여 변형을 주면 그 수치가 Timeline 패널에서 [Contents]〉[셰이프이름 #]〉[Transform: 셰이프이름 #]의 변형 속성값에 바로 적용됩니다.

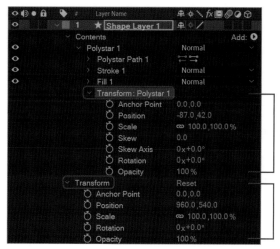

삼각형(Polystar 1)의 변형 속성

셰이프 레이어(Shape Layer 1)의 변형 속성

- Selection Tool 🔳 로 셰이프를 이동시킬 때 셰이프의 안쪽 부분을 클릭하지 않고 바운딩 박스 안의 빈 공간을 클릭하면 개별 셰이프가 아닌 셰이프 레이어 전체가 이동하게 됩니다. Shift + 셰이프의 안쪽 부분을 클릭 앤 드래그하면 수직/수평으로만 이동하도록 강제합니다.

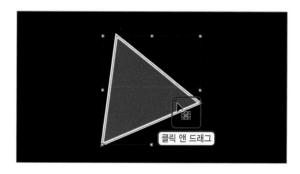

클릭 앤 드래그

- 바운딩 박스의 앵커포인트는 Anchor Point Tool 🔳 을 선택한 후 Comp 패널에서 셰이프의 앵커포인트를 클릭 앤 드래그하여 이동시킵니다.

- 바운딩 박스의 각 핸들을 클릭 앤 드래그하여 크기를 조절할 수 있습니다. Shift + 네 꼭지점의 핸들을 클릭 앤 드래그하면 가로세로의 비율을 유지하면서 크기가 조절됩니다.

- 바운딩 박스의 핸들 근처에서 커서가 ↻ 로 바뀌면 클릭 앤 드래그하여 셰이프를 회전 시킵니다.
  커서가 ↻ 로 바뀐 상태에서 핸들을 클릭한 후 [Shift] + 드래그하면 45° 각도로 스냅이 걸리며 회전합니다.

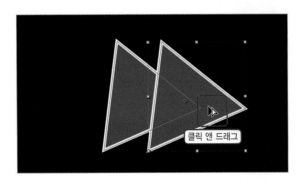

- 셰이프 위에서 [Alt] + 커서가 ▶ 로 바뀌었을 때 클릭 앤 드래그하면 동일 셰이프 레이어 내에 클릭한 셰이프를 복제할 수 있습니다.

PLUS **셰이프의 Transform 속성에 대한 이해**

- 셰이프를 만드는 위치와 크기에 상관없이 생성된 셰이프의 앵커포인트는 [0, 0]의 속성값을 가집니다.

셰이프 레이어의
Anchor Point 좌표 [0, 0]

셰이프 레이어(Shape Layer 1) 선택

별(Polystar 1)의
Anchor Point 좌표 [0, 0]

셰이프(Polystar 1) 선택

→ 셰이프의 앵커포인트 좌표

→ 셰이프 레이어의 앵커포인트 좌표

• 셰이프 툴로 생성된 셰이프의 [Position] 좌표는 셰이프의 [Anchor Point] 좌표가 셰이프 레이어의 [Anchor Point] 좌표(디폴트는 컴포지션 중앙인 [0, 0])로부터 떨어진 위치값으로 표시됩니다. 펜 툴로 생성된 도형은 화면 상의 위치에 상관없이 [Position] 좌표가 [0, 0]으로 설정됩니다.

• 셰이프 레이어를 선택한 후 메뉴바의 [Layer] > [Transform] > [Center Anchor Point in Layer Content] (= Ctrl + Alt + Home)를 적용하면 셰이프 레이어의 바운딩 박스 중앙으로 셰이프 레이어의 앵커포인트 위치를 옮길 수 있습니다. 이때 셰이프 레이어의 [Anchor Point]와 [Position] 좌표값이 변합니다.

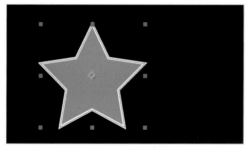

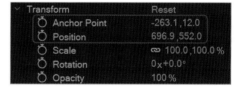

셰이프 레이어의 앵커포인트를 바운딩 박스 정중앙으로 이동

• 셰이프의 [Transform] 속성에는 기울이기(Skew) 속성이 있습니다. [Skew Axis]는 [Skew]가 [0] 이외의 값을 가질 때만 적용되며 셰이프가 기울어지는 축의 각도를 조절합니다.

Skew 25

Skew 25 + Skew Axis 90°

활용예제 Trim Paths와 Repeater를 활용하여 셰이프로 화면 꾸미기

예제 파일 [SC]-[P05]-[Subscribe.png]

01 ▶ 단축키 Ctrl + N 을 눌러 〈Composition Setting〉 대화창이 열리면 다음과 같이 세팅하고 [OK] 버튼을 클릭합니다.

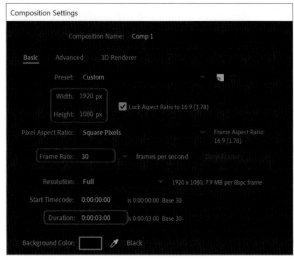

Full HD 크기의 30fps 컴포지션을 3초 길이로 생성합니다.

02 Project 패널의 빈 공간을 더블클릭하여 예제의 [SC]–[P05] 폴더에서 [Subscribe.png]를 불러들인 후 Timeline 패널의 빈(none) 컴포지션에 드래그 앤 드롭하여 레이어로 배치합니다.

03 어떤 레이어도 선택되지 않은 상태에서 Pen Tool 🖊 을 사용하여 다음과 같은 흰색 패스를 그립니다. 패스의 Stroke 굵기는 [3]으로 설정합니다.

❗ [Subscribe.png] 레이어가 선택된 상태에서 Pen Tool 🖊 을 사용하면 셰이프 대신 마스크가 생성되므로 유의합니다.

04 [Shape Layer 1] 셰이프 레이어를 선택하고 [Enter↵] 키를 눌러 이름을 [곡선]으로 변경합니다. [곡선] 셰이프 레이어의 [Contents] 항목 오른쪽에서 Add: ● 를 클릭하여 목록 중 [Trim Paths]를 선택하면 레이어에 [Trim Paths 1] 속성이 추가됩니다.

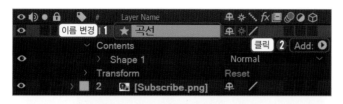

05 0초에서 [Trim Paths 1]의 [End] 속성값을 [0]으로 설정한 후 Stopwatch ● 을 클릭하여 키프레임 ◆ 을 생성합니다.

06 15프레임으로 이동한 후 [End] 속성값을 [100]으로 설정합니다. 곡선 패스가 처음에는 안 보이다가 15프레임동안 점차 나타나는 애니메이션이 만들어졌습니다.

패스 시작 위치

07 이번에는 곡선 패스가 그려지면서 동시에 한 편으로는 사라지게 하기 위해 다음과 같이 설정합니다. 0초에서 [Trim Paths 1]의 [Start] 속성값이 [0]인 상태에서 Stopwatch ⏱을 클릭하여 키프레임 ◆을 생성합니다.

08 3프레임으로 이동한 후 [Start] 속성값을 [100]으로 변경합니다.

❗ [Start] 속성값의 키프레임 간격에 따라 사라지는 정도를 조절할 수 있습니다.

09 [곡선] 셰이프 레이어가 선택된 상태에서 Anchor Point Tool ▩을 선택하고 화면에서 [곡선] 셰이프 레이어의 앵커포인트를 클릭하여 곡선 패스의 시작점 위치로 이동시킵니다. 툴 옵션에서 [Snapping] 항목을 체크하면 바운딩박스의 핸들에 스냅이 적용되어 쉽게 이동시킬 수 있습니다.

❗ 앵커포인트는 변형의 기준점이 되므로 복제 레이어를 변형할 때 편리하도록 이동시킵니다.

10 [곡선] 셰이프 레이어를 선택하고 Ctrl + D 를 네 번 클릭하여 레이어를 복제합니다. 각 레이어마다 위치와 크기, 방향, 회전값 등을 변형시켜 다양하게 배치합니다.

❶ 셰이프 레이어 내에서 [Shape 1]을 클릭하여 복제하는 것보다 셰이프 레이어 자체를 복제하는 것이 수시로 변형하기에 편리합니다.

11 15프레임으로 이동한 후 [곡선] 레이어와 복제된 모든 레이어를 선택하고 Alt +] 를 클릭하여 OUT 점을 설정합니다.

12 곡선이 나타나는 시간차를 주기 위해 레이어바를 클릭 앤 드래그하여 약간씩 이동합니다.

13 장식이 한 종류만 있으면 심심하므로 하나만 더 만들어보겠습니다. 어떤 레이어도 선택되지 않은 상태에서 Pen Tool 🖊 로 컴포지션 중심에서 약간 떨어진 위치에 다음과 같은 직선을 그립니다. 새로 생성된 셰이프 레이어의 이름을 [방사선]으로 변경합니다.

14 [방사선] 셰이프 레이어의 세부 속성에서 [Stroke Width]를 [20]으로 설정하고 [Line Cap]을 [Round Cap]으로 변경하여 선의 엣지 부분을 둥글립니다. [Dashes] 속성 오른쪽의 ➕를 클릭하고 [Dash]를 [38]로 설정하여 선의 모양을 점선 모양으로 변경합니다.

❗ [Dash] 속성값은 각자 그린 직선 길이에 따라 약간 달라질 수 있습니다. 다음과 유사한 모양이 나오도록 설정합니다.

15 [방사선] 셰이프 레이어의 [Contents] 항목 오른쪽에서 Add: ◉ 를 클릭하여 목록 중 [Repeater]를 선택하여 [Repeater 1] 속성을 추가합니다.

16 [Repeater 1]의 세부 속성에서 [Copies]를 [6]으로 설정하여 원본 이외에 5개의 셰이프를 복제합니다. [Transform : Repeater 1]의 [Position] 속성값을 [0, 0]으로 변경하고 [Rotation] 속성값의 각도를 [0x+60°]로 설정합니다.

17 [방사선] 셰이프 레이어가 선택된 상태에서 다시 `Add: ●` 를 클릭한 후 목록 중 [Trim Paths]를 선택하여 [Trim Paths 1] 속성을 추가합니다.

18 [Trim Paths 1]의 [Start]와 [End] 속성에 다음과 같이 키프레임을 설정합니다.

	0:00:00:00	0:00:00:05	0:00:00:10
Start	−	0	100
End	0	100	−

19 10프레임에서 [방사선] 셰이프 레이어를 선택하고 Alt +] 를 클릭하여 OUT점을 설정합니다.

20 [방사선] 셰이프 레이어를 선택한 상태로 Ctrl + D 로 레이어를 여러 개 복제하여 위치와 크기, 회전 값 등을 변경하여 배치합니다. 마찬가지로 각 레이어마다 시간차를 두어 다이내믹한 느낌을 줍니다.

21 Num 0 키를 눌러 프리뷰한 후 Ctrl + S 를 눌러 [Subscribe-Master.aep]로 프로젝트를 저장합니다.

● Section 02 마스크 사용하기

마스크는 레이어의 일부만 보이도록 하기 위해 레이어에 생성하는 패스입니다. 레이어를 선택한 후 셰이프 툴과 펜툴로 레이어 위에 직접 클릭 앤 드래그하여 생성합니다. 셰이프 툴과 펜 툴의 사용법은 셰이프 레이어에 셰이프를 추가하거나 수정할 때와 동일합니다. 하나의 레이어에 여러 개의 마스크를 만들 수 있습니다.

❶ 펜 툴을 사용하여 마스크를 생성할 때는 닫힌 패스를 그려야 필요한 부분만 표시되도록 할 수 있습니다.

01 레이어에 마스크 적용하기

활용예제 모니터 화면 바꾸기

예제 파일 [SC]-[P05]-[Monitor.jpg], [Sunflower.mp4]

01 예제의 [SC]-[P05] 폴더에서 [Monitor.jpg] 파일을 임포트하여 Timeline 패널에 레이어로 배치합니다.

02 [Monitor.jpg] 레이어가 선택된 상태에서 Pen Tool 🖋 을 선택합니다. Comp 패널에서 다음과 같이 모니터 액정 부분을 따라 직선 패스를 연속해서 그립니다. 닫힌 패스 안쪽으로만 레이어의 이미지가 표시되고 패스 바깥쪽은 컴포지션의 배경색이나 하위 레이어들이 드러나게 됩니다. 마스크가 생성되면 레이어에 [Mask #] 속성이 추가됩니다.

❶ 어떤 레이어도 선택되지 않은 상태에서 Comp 패널에 셰이프 툴이나 펜 툴로 클릭 앤 드래그하면 마스크가 아닌 셰이프 레이어와 셰이프가 생성됩니다.

레이어가 선택된 상태에서 단축키 Ⓜ 을 누르면 마스크 속성만 표시됩니다.

TIP

이미지를 보면서 마스크 패스 그리기

셰이프 툴로 마스크를 그릴 때 화면에 클릭 앤 드래그 하자마자 닫힌 패스 안쪽으로만 이미지가 표시되고 패스 바깥쪽은 보이지 않게 되어 가끔 불편할 때가 있습니다. 좀 더 섬세하게 작업할 필요가 있어서 패스의 안팎으로 이미지가 모두 보이는 상태로 패스를 그리고 싶다면 Alt + 클릭 앤 드래그 합니다. 펜툴로 마스크를 그릴 때는 닫힌 패스가 될 때까지 이미지 전체가 표시됩니다.

TIP

마스크 패스의 색상 바꾸기

마스크를 생성할 때마다 마스크 색상은 바뀌게 됩니다. 마스크 색상이 이미지와 비슷해서 잘 안 보인다면 Timeline 패널에서 [Mask #] 속성 앞의 색상 상자를 클릭합니다. 〈Mask Color〉 대화창이 열리면 잘 보이는 색상으로 교체합니다.

03 Timeline 패널에서 [Mask #] 속성 오른쪽에 있는 [Inverted]의 체크 박스를 클릭하여 체크하면 마스크가 반전되어 닫힌 패스 바깥쪽의 이미지가 표시됩니다.

❶ 마스크는 해당 레이어가 선택된 상태에서만 화면에 표시됩니다.

Comp 패널 하단의 Transparency Grid ▨ 아이콘을 클릭하면 컴포지션의 배경색 대신 투명 격자무늬가 표시됩니다.

04 예제의 [SC]-[P05] 폴더에서 [Sunflower.mp4] 파일을 임포트하여 Timeline 패널의 [Monitor.jpg] 레이어 아래에 배치합니다.

05 [Sunflower.mp4] 레이어가 선택된 상태에서 메뉴바의 [Effect]〉[Distort]〉[Corner Pin] 이펙트를 적용합니다. Selection Tool ▶이 선택된 상태로 레이어의 네 귀퉁이에 표시되는 Effect Control Point ◈ 를 각각 클릭한 후 화면 안쪽으로 드래그하여 모니터 액정과 동영상의 기울기를 맞춥니다.

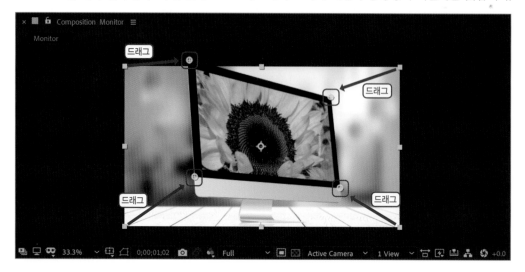

❶ 화면에 Effect Control Point  가 사라졌다면 [Sunflower.mp4] 레이어가 선택된 상태로 Effect Controls 패널에서 [Corner Pin] 이펙트 이름을 클릭하여 선택합니다.

06 `Num 0` 키를 눌러 프리뷰한 후 `Ctrl`+`S`를 눌러 [Monitor−Master.aep]로 프로젝트를 저장합니다.

POINT

셰이프 레이어에 마스크 만들기

일반 레이어에 마스크를 생성하는 것처럼 셰이프 레이어에도 셰이프 툴과 펜 툴을 이용하여 마스크를 만들 수 있습니다.

셰이프 레이어가 선택된 상태에서 셰이프 툴이나 펜 툴을 선택하고 해당 툴 옵션에서 Tool Creates Mask 🔳를 클릭하여 🔳로 활성화합니다. 그리고 셰이프 레이어 위에서 클릭 앤 드래그하면 마스크 패스를 그릴 수 있습니다.

★ 🔳 Fill: □ Stroke: □ 15 px Add: ● □ Bezier Path → ★ 🔳
클릭   활성화

셰이프 레이어 선택   셰이프 레이어에 마스크 생성
                                              마스크 패스

PLUS **포토샵이나 일러스트레이터에서 만들어진 패스를 마스크 패스로 활용하기**

포토샵이나 일러스트레이터에서 셰이프 툴 또는 펜 툴을 이용해 만든 패스들을 마스크패스로 활용할 수 있습니다.

포토샵이나 일러스트레이터에서 패스 선택 툴로 패스(들)를 선택한 후 `Ctrl`+`C`로 복사합니다. 그리고 애프터 이펙트를 연 후 레이어(셰이프 레이어 포함)를 선택하고 `Ctrl`+`V`로 붙여넣기 합니다. 패스 하나하나가 각각의 마스크패스로 들어옵니다.

02 마스크 패스 조절하기

마스크를 그린 후에 수정해야 할 상황이 많이 생깁니다. 마스크를 선택하고 이동하는 것을 배움으로써 문제를 해결할 수 있습니다.

예제 파일 [SC]-[P05]-[Pattern.png]

예제의 [SC]–[P05] 폴더에서 [Pattern.png] 파일을 임포트하여 Timeline 패널에 레이어로 배치합니다. 레이어를 선택한 후 셰이프 툴 또는 펜 툴을 이용하여 마스크를 그리고 다음 설명들을 따라 마스크를 선택하고 조절해보면서 기능을 익히도록 합니다.

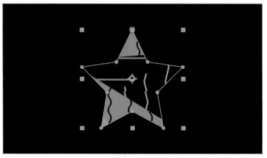

마스크가 적용된 레이어를 선택하면 화면에 마스크가 표시됩니다.

마스크 패스를 선택하고 조절하기

레이어가 선택된 상태에서 Selection Tool ▶로 마스크 패스의 엣지(Edge)나 조절점(Vertex) 부분을 한 번 더 클릭하면 마스크 선택 상태가 됩니다. 선택된 조절점 중의 하나를 클릭하여 드래그하면 조절점들의 위치가 이동하면서 패스의 모양이 변형됩니다.

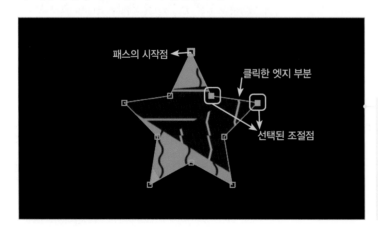

커서로 클릭한 부분의 조절점이 진한 사각형 ■으로 선택됩니다. 마스크 패스의 엣지를 클릭하면 선 양쪽의 조절점이 선택됩니다.
추가로 선택하려면 Shift + 다른 엣지나 조절점을 클릭합니다.

마스크 패스의 엣지나 조절점 부분을 더블클릭하면 마스크 전체가 선택이 되면서 마스크 패스의 바운딩 박스가 표시됩니다.

❶ 마스크 영역의 안쪽을 더블클릭하면 레이어 패널이 열리게 됩니다.

❶ 바운딩 박스를 해제하려면 Esc 키를 누릅니다.

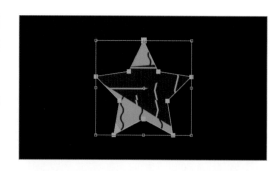

바운딩 박스 내에서 커서가 ▶ 모양 일 때 클릭 앤 드래그하여 전체 마스크 패스의 위치를 이동할 수 있습니다. Shift +드래그하면 수직/수평으로 움직임을 강제할 수 있습니다.

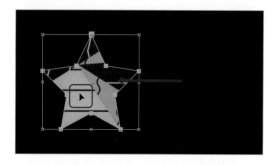

바운딩 박스의 핸들 위에서 커서가 ↔, ↕, ↘, ↗ 일 때 클릭 앤 드래그하여 크기를 조절할 수 있습니다. Shift + 네 꼭지점의 핸들을 클릭 앤 드래그하면 가로세로 비율을 유지하면서 크기가 조절됩니다. Ctrl + 클릭 앤 드래그하면 앵커포인트를 중심으로 크기가 조절됩니다.

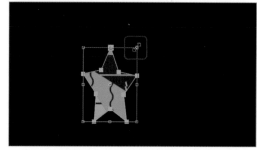

바운딩 박스 근처에서 커서가 ↻ 로 바뀌면 회전할 수 있습니다. Shift +드래그하면 45° 각도로 스냅이 걸리면서 회전합니다.

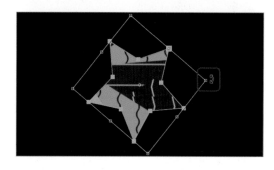

바운딩 박스의 앵커포인트는 커서가 ▶ 일 때 클릭 앤 드래그하여 이동합니다.

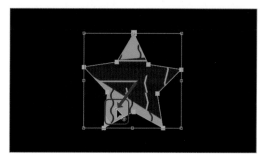

Timeline 패널의 레이어 속성에서 마스크 선택하기

Timeline 패널에서 레이어의 [Masks]>[Mask #] 또는 [Mask Path]를 클릭하면 마스크 패스의 모든 조절점이 선택됩니다.

❶ 이렇게 선택하는 경우에는 바운딩 박스가 표시되지 않는데, 바운딩 박스를 표시하려면 Ctrl+T를 눌러줍니다.

❶ 레이어에 여러 개의 마스크를 적용한 경우에는 Ctrl 이나 Shift 또는 박스 드래그로 [Mask #]를 다중 선택할 수 있습니다.

마스크 패스를 선택한 뒤 엣지나 조절점 위에서 커서가 ▶ 모양일 때 클릭 앤 드래그하여 전체 마스크 패스의 위치를 이동시킵니다.

레이어가 선택된 상태에서 단축키 M을 누르면 마스크 속성만 표시됩니다.

엣지나 조절점 이외에서 커서가 ⌕ 모양일 때는 박스 드래그하여 하나 이상의 조절점을 선택할 수 있습니다.

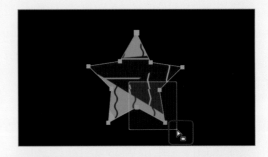

선택한 조절점들만 조절할 수 있는 바운딩 박스를 표시하려면 두 개 이상의 조절점이 선택된 상태에서 Ctrl + T를 눌러줍니다.

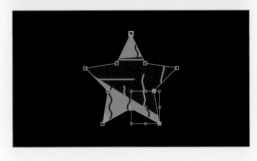

마스크 영역에 표시되는 이미지를 이동시키기

레이어를 선택한 후 Pan Behind Tool ⊕ (=Y)로 바운딩 박스 표시 영역 내에서 클릭 앤 드래그하면 마스크 패스의 위치는 고정된 채 패스 뒤에서 레이어의 이미지만 이동하게 됩니다.

바운딩 박스 표시 영역

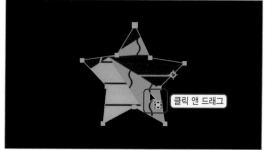

클릭 앤 드래그

마스크 잠그기

Timeline 패널에서 레이어의 [Masks]>[Mask #] 속성 왼쪽의 빈 박스를 클릭하면 Lock 🔒 아이콘이 표시되면서 마스크를 수정하거나 삭제할 수 없습니다. 다시 한 번 클릭하면 잠금이 해제됩니다. 여러 마스크가 선택된 상태에서 클릭하면 동시에 잠금이 설정되거나 해제됩니다.

마스크 삭제하기

레이어에 생성한 전체 마스크를 삭제하려면 Timeline 패널에서 레이어의 [Masks] 속성을 클릭한 후 Delete 키를 누릅니다.

레이어에 생성한 여러 마스크 중 일부만 삭제하려면 Ctrl 이나 Shift 로 [Masks]>[Mask #]를 다중 클릭한 후 Delete 키를 누릅니다.

03 마스크 속성 조절하기

레이어가 선택된 상태에서 단축키 M M 을 클릭하면 Timeline 패널에 마스크의 모든 속성이 표시됩니다.

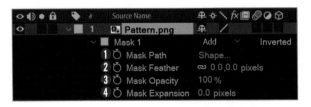

❶ **Mask Path** : 마스크 패스에 관한 속성입니다. Stopwatch 를 클릭하여 패스 모양이 변하는 애니메이션을 만들 수 있습니다.

파란색 글씨인 [Shape]를 클릭하면 〈Mask Shape〉 대화창이 열립니다.

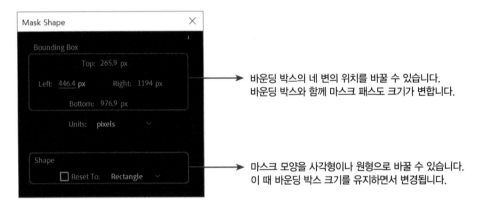

바운딩 박스의 네 변의 위치를 바꿀 수 있습니다.
바운딩 박스와 함께 마스크 패스도 크기가 변합니다.

마스크 모양을 사각형이나 원형으로 바꿀 수 있습니다.
이 때 바운딩 박스 크기를 유지하면서 변경됩니다.

❷ **Mask Feather** : 마스크의 경계면을 부드럽게 번지도록 합니다. Constrain Proportions 를 해제하면 가로세로의 번지는 정도를 각각 조절할 수 있습니다.

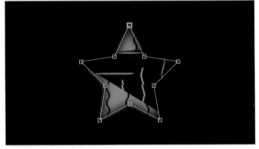

Mask Feather [100, 100]

단축키 F 를 누르면 [Mask Feather] 속성만 표시합니다.

❸ **Mask Opacity** : 마스크로 표시되는 이미지 영역의 불투명도를 지정할 수 있습니다. 레이어의 [Transform]
〉[Opacity] 속성에서 설정한 불투명도에 추가로 [Mask Opacity] 값이 더해지는 방식입니다.

❹ **Mask Expansion** : 마스크 패스는 유지한 채 표시되는 영역을 확장하거나 축소합니다.

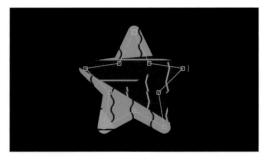

Mask Expansion 50

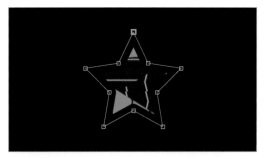

Mask Expansion −50

활용예제 **마스크를 활용한 트랜지션 만들기**

예제 파일 [SC]-[P05]-[Food]

01 Project 패널의 빈 공간을 더블클릭하여 예제의 [SC]–[P05]–[Food] 폴더에 있는 모든 파일을 임 포트합니다.

02 불러들인 모든 푸티지를 선택한 후 Project 패널 하단의 Create a new Composition 아이 콘이나 Timeline 패널의 빈 컴포지션으로 드래그 앤 드롭하면 다음과 같은 대화창이 열립니다. ⟨New Composition from Selection⟩ 대화창의 [Single Composition]이 선택된 상태에서 [Still Duration]을 5초로 설정합니다. [Sequence Layer]에는 체크하지 않습니다.

[Still Duration]은 선택한 푸티지가 스틸 이미지일 때 해당 레이어의 재생시간(Duration)을 설정합니다.

Timeline에 배치된 레이어들

Project 패널에서 클릭하여 선택한 순서대로 1번 레이 어부터 배치됩니다.

03 [Food-1.jpg] 레이어를 선택하고 툴바의 Rectangle Tool ■을 클릭합니다. 화면에서 다음과 같이
사각형 마스크를 여러 개 드래그하여 생성합니다.

04 [Food-1.jpg] 레이어의 Video ◉ 를 클릭하여 임시로 Off한 후 이번에는 [Food-2.jpg] 레이어를
선택하고 Rectangle Tool ■로 다음과 같이 마스크를 생성합니다. Timeline 패널에서 [Food-2.
jpg] 레이어의 모든 [Mask #]를 선택합니다.

05 화면에서 선택된 조절점 중 하나를 클릭한 후 Shift 를 누르고 왼쪽으로 드래그하여 화면 밖으로
수평이동 합니다.

❶ 만일 Shift 를 먼저 클릭하고 조절점을 클릭하면 선택된 모든 조절점이 취소되므로 클릭 순서에 유의합니다.

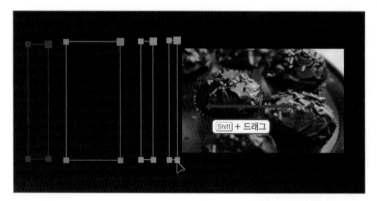

Timeline 패널에서 레이어의 [Masks] 속성을 클릭한 후 마스크 전체를 둘러싼 바운딩 박스를 이동시켜도 됩니다.

06 컴포지션의 시작 시간(0초)에서 [Food-2.jpg] 레이어가 선택된 상태로 Alt + Shift + M 키를 누르면 모든 마스크의 [Mask Path] 속성에 키프레임이 생성됩니다.

❗ Alt + Shift + M은 단축키 M을 눌러 [Mask Path] 속성만 표시한 다음 다시 Stopwatch 🕐 를 눌러 키프레임을 생성하는 과정을 하나의 단축키로 줄여줍니다.

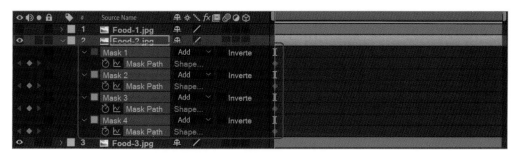

07 2초로 이동한 후 이번에는 각각의 마스크([Mask #] 속성)를 클릭하고 Shift + 드래그하여 화면 위로 수평 이동 시킵니다. 마스크를 뒤섞어 화면 위에 자유자재로 배치하도록 합니다. 마스크의 위치 변화가 생기면 다음 키프레임이 자동으로 생성됩니다.

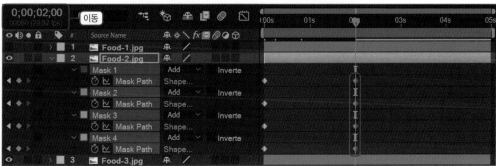

08 3초로 이동한 후 마스크 각각을 클릭하여 화면에 배치된 마스크의 순서를 뒤섞도록 합니다. 각각의 마스크 가로폭을 조절하여 줄이거나 늘리면 좀 더 다이내믹한 화면을 만들 수 있습니다.

❗ [Mask #]가 선택된 상태에서 마스크의 세로 조절점 두 개를 박스 드래그나 Shift + 클릭으로 선택한 후 Shift + 드래그로 수평 이동 시키면 마스크의 폭을 조절할 수 있습니다.

09 End 키를 눌러 컴포지션의 마지막 시간대로 이동한 후 모든 마스크를 선택하고 Shift +오른쪽으로 드래그하여 화면 밖으로 모두 이동 시킵니다. 마찬가지로 마스크의 순서를 섞고, 가로폭도 조절하면 좋습니다.

10 [Food-2.jpg] 레이어의 Lock 🔒 을 클릭하여 수정되지 않도록 설정한 후 [Food-1.jpg] 레이어의 Video 👁 를 클릭하여 다시 On합니다. 3초 15프레임 위치에서 [Food-1.jpg] 레이어를 선택하고 Alt + Shift + M 키를 누르면 모든 마스크의 [Mask Path] 속성에 키프레임이 생성됩니다.

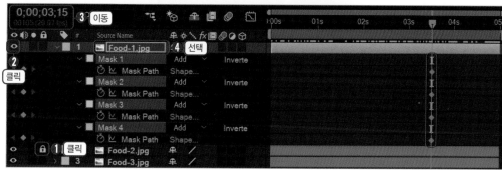

Alt + Shift + M 은 [Mask Path] 속성을 클릭한 후 Stopwatch 🕐 를 클릭하는 과정을 줄여주는 단축키입니다.

11 2초 위치로 이동한 후 모든 마스크를 선택하고 Shift + 오른쪽으로 드래그하여 화면 밖으로 이동시킵니다. 마스크의 배치 순서를 바꾸고 가로폭 크기를 조절합니다.

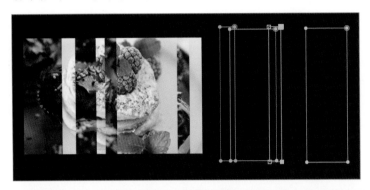

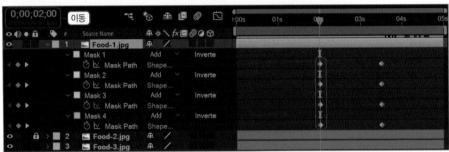

12 4초 15프레임 시간대로 이동한 후 [Food-1.jpg] 레이어의 모든 이미지가 다 표시되도록 각 마스크의 가로폭을 확장하여 빈 틈이 없도록 합니다. 이 때도 마찬가지로 마스크의 배치 순서를 변경합니다.

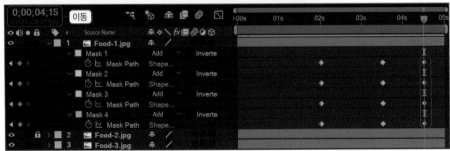

13 모든 키프레임 ◆을 박스 드래그하여 선택한 후 마우스 오른쪽 버튼을 클릭하고 [Keyframe Assistant] >[Easy Ease In] (=Shift+F9) 명령을 적용합니다.

박스 드래그로 모든 키프레임 ◆을 선택합니다.

키프레임에 [Easy Ease In] 속도를 설정하였습니다.

14 Num 0 키를 클릭하여 프리뷰를 한 후 Ctrl+S를 눌러 [Food-Master.aep]로 프로젝트를 저장합니다.

애프터 이펙트로 자막 넣기

Chapter 01 자막 만들기

Section 01 자막 입력하기

Section 02 자막 꾸미기

Chapter 02 움직이는 자막 만들기

Section 01 텍스트 프리셋 활용하기

Section 02 텍스트 애니메이션 만들기

PART 06

Chapter 01

자막 만들기

자막은 주로 뉴스나 다큐에서 핵심을 짚거나, 화자의 말을 온전하게 전달하기 위해 쓰였으나, 이제는 예능과 생활다큐를 중심으로 영상을 좀 더 재미있고 화려하게 만드는 요소로 자리매김하게 되었습니다. 이에 따라 단순하게 정보를 전달하는 역할에 더하여 영상을 위한 장식 요소로서 자막의 디자인적 기능이 더욱 강조되고 있습니다. 다른 한편으로는 자막이 화려해지고 커지면서 시선을 끌어가다 보니 반대로 영상 화면에 대한 주목도를 떨어뜨리기도 합니다. 따라서 자신이 만들 영상의 특성에 따라 자막을 깔끔하고 단순하게 넣을 것인지, 화려하게 넣을 것인지를 결정하는 것이 좋습니다.

❶ 이 책에서 사용된 폰트는 무료로 배포되는 폰트를 사용하였습니다. 이 폰트들이 설치되지 않은 시스템에서는 프로젝트 파일을 열 때 해당 폰트를 찾지 못했다는 에러 메시지가 뜹니다. 특정 폰트 사용 시 예제 마다 따로 명기하였으니 구글에서 해당 폰트를 검색한 후 각 배포처에서 무료로 다운받아 설치하여 문제를 해결할 수 있습니다. 폰트를 설치한 후에는 애프터 이펙트를 다시 실행해야 해당 폰트가 적용됩니다.

● Section 01 자막 입력하기

텍스트 레이어

텍스트 레이어는 텍스트를 입력할 수 있는 레이어로 툴바에서 타입 툴 **T** 을 더블클릭하거나 메뉴바의 [Layer] 〉 [New] 〉 [Type] 명령을 실행하면 Timeline 패널에 〈empty text layer〉라는 빈 텍스트 레이어가 생성되면서 동시에 Comp 패널에는 텍스트를 입력할 수 있는 커서(Red Line)가 표시됩니다.

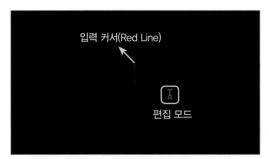

입력 대기상태

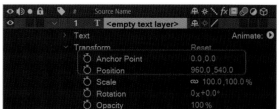

처음 빈 텍스트 레이어를 만들면 컴포지션(1920x1080 px 기준)의 중앙 위치 [0, 0]에 생성됩니다.

키보드로 텍스트를 입력하기 시작하면 즉시 Comp 패널에 반영되고 입력이 완료되면 텍스트 레이어의 이름이 입력된 텍스트 내용으로 변경됩니다.

텍스트 입력

입력한 텍스트 내용으로 텍스트 레이어의 이름이 결정됩니다.

❗ 텍스트를 입력하기 전에 입력 커서(Red Line)가 사라졌다면 Timeline 패널에서 〈empty text layer〉 텍스트 레이어를 더블클릭합니다.

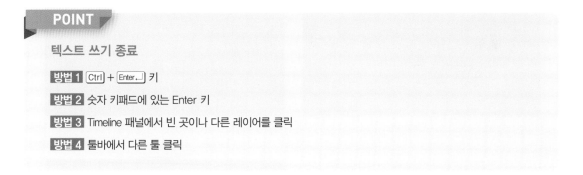

POINT

텍스트 쓰기 종료

방법 1 Ctrl + Enter↵ 키

방법 2 숫자 키패드에 있는 Enter 키

방법 3 Timeline 패널에서 빈 곳이나 다른 레이어를 클릭

방법 4 툴바에서 다른 툴 클릭

단독 문자(Point Text) 입력하기

단독 문자(Point Text)는 단락없이 짧은 문자를 입력하는 것으로 애프터 이펙트에서 자막을 입력할 때 대부분 이 텍스트 타입을 사용합니다.

툴바에서 타입 툴 ■ 을 선택한 후 커서가 쓰기 모드 ■ 인 상태에서 컴포지션의 아무 위치나 클릭하면 자동으로 빈 텍스트 레이어가 생성되면서 텍스트를 입력할 수 있는 상태가 됩니다.

❶ 일반적으로 텍스트 레이어를 먼저 만들고 텍스트를 입력하는 방식보다는, 타입 툴 ■ 로 화면 위에서 원하는 위치를 클릭하면 자동으로 텍스트 레이어가 바로 생성되는 방식을 씁니다.

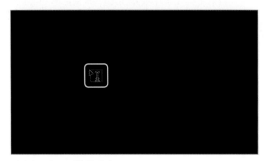

커서가 쓰기 모드 ■ 인 상태

원하는 위치를 클릭한 후 키보드로 텍스트 입력

PLUS **단락 문자(Paragraph Text) 입력하기**

단락 문자는 장문의 텍스트나 크레딧롤처럼 긴 단락의 문자를 입력할 때 사용하며, 입력한 여러 줄의 문자열을 동시에 이동하거나 변경할 수 있습니다. Paragraph 패널의 문단 정렬 기능 ▤ ▤ ▤ ▤ 은 단락 문자(Paragraph Text)일 때만 사용할 수 있습니다.

타입 툴 ■ 을 선택하여 커서가 쓰기 모드 ■ 인 상태로 Comp 패널에서 단락 상자를 드래그합니다.

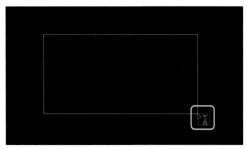

커서가 쓰기 모드인 상태로 단락 상자 드래그

키보드로 텍스트 입력

입력할 내용이 많을 경우 타입 툴 ■ 로 단락 상자의 각 핸들을 커서로 클릭 앤 드래그하여 처음 만들었던 단락 상자의 크기를 조절할 수 있습니다. 이때 단락 상자 안의 텍스트 크기가 변하는 것은 아닙니다.

쓰기 방향 바꾸기

타입 툴을 길게 누르면 텍스트를 두 가지 방법으로 쓸 수 있도록 툴이 표시됩니다.

Vertical Type Tool  로 입력하기

단축키 [Ctrl] + [T] 를 클릭하면 타입 툴이 선택되는데, 다시 한 번 클릭하면 수평/수직 입력 방식이 번갈아 전환됩니다.

TIP

이미 입력된 문자의 수평/수직 입력 상태를 전환하기

Timeline 패널에서 텍스트 레이어를 클릭하여 바운딩 박스가 표시되도록 합니다.

Type 툴이 선택된 상태로 Comp 패널에서 마우스 오른쪽 버튼을 클릭한 후 [Horizontal] 또는 [Vertical] 명령을 선택합니다.

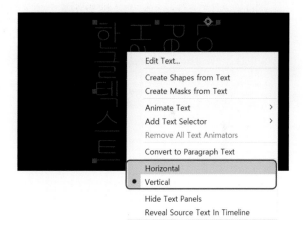

편집 모드로 텍스트 수정하기

타입 툴 ![T] 이 선택된 상태에서 커서는 텍스트가 없는 위치에서 쓰기 모드 ![I] 로 표시되고, 텍스트 위에서는 편집 모드 ![I] 로 표시됩니다. 커서가 편집 모드 ![I] 인 상태에서 편집할 영역을 선택한 후 입력한 텍스트 내용, 크기, 색상 등을 수정할 수 있습니다.

❶ 단락 문자(Paragraph Text)에도 마찬가지로 적용됩니다.

커서가 편집 모드 I 인 상태에서 텍스트의 일부 영역이나 전체를 드래그로 선택하여 수정합니다.

커서가 편집 모드 I 인 상태에서 단어 위에서 더블클릭하면 단어 전체를 선택할 수 있습니다.

Selection Tool ▶로 Comp/Timeline 패널의 텍스트 레이어를 더블클릭하면 입력한 텍스트 전체가 선택됩니다.

바운딩 박스로 텍스트 크기 바꾸기

Selection Tool ▶로 텍스트 레이어를 클릭하면 바운딩 박스가 표시됩니다. 바운딩 박스는 텍스트를 이동하거나 앵커포인트를 기준으로 변형시킬 수 있습니다.

앵커포인트

- 핸들을 커서로 클릭하여 바운딩 박스의 크기를 조절하면 박스 안의 텍스트 크기가 전체적으로 변합니다.
- 핸들을 클릭한 후 [Shift] + 드래그하면 가로세로 비율을 유지하면서 전체 바운딩 박스 크기를 조절할 수 있습니다.

❶ 바운딩 박스의 크기를 변형시켜서 텍스트 전체 크기가 변해도 Character 패널의 [Font Size] 수치가 변하지는 않습니다.

Character 패널

타입 툴 **T** 을 선택하면 툴바 오른쪽에 다음과 같은 툴 옵션이 표시됩니다.

- 📖 : 클릭하면 기타 패널 위치에 Character 패널과 Paragraph 패널을 동시에 표시하거나 숨깁니다.
- ✅ Auto-Open Panels : 타입 툴 **T** 을 쓸 때마다 기타 패널 위치에 Character 패널과 Paragraph 패널이 자동으로 열립니다. 디폴트로 체크되어 있습니다.

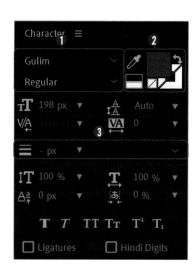

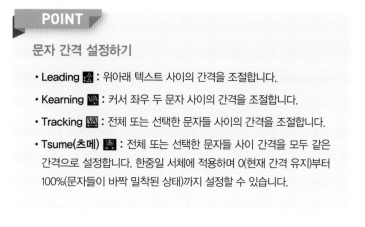

POINT

문자 간격 설정하기

- **Leading** 📐 : 위아래 텍스트 사이의 간격을 조절합니다.
- **Kearning** 🅅🄰 : 커서 좌우 두 문자 사이의 간격을 조절합니다.
- **Tracking** 🅅🄰 : 전체 또는 선택한 문자들 사이의 간격을 조절합니다.
- **Tsume(츠메)** 📇 : 전체 또는 선택한 문자들 사이 간격을 모두 같은 간격으로 설정합니다. 한중일 서체에 적용하며 0(현재 간격 유지)부터 100%(문자들이 바짝 밀착된 상태)까지 설정할 수 있습니다.

❶ 서체 선택하기

서체의 모양을 보면서 선택하려면 서체 선택 필드나 서체 이름 옆의 ⬛ 를 클릭한 후 화살표 키 [↑], [↓] 또는 목록 오른쪽의 슬라이드를 사용하여 서체를 선택합니다.

❶ 서체 선택 필드에 서체 이름의 첫 알파벳을 입력하면 해당 알파벳으로 시작하는 목록으로 이동합니다. 단, 서체가 영문으로 표기된 상태에서는 한글 입력이 적용되지 않습니다.

디폴트로 한글 서체는 영문으로 이름을 표기하나, 이를 한글 표기로 바꾸려면 Character 패널의 패널 메뉴 ▤ 목록에서 [Show Font Names In English] 명령의 체크 상태를 해제하도록 합니다.

서체 선택 필드에 서체 이름의 알파벳이나 한글을 입력하면 해당 알파벳이나 단어가 포함된 목록만 표시합니다. 한글 서체가 영문 표기로 된 상태에서는 한글 입력을 인식하지 못하므로, 한글 표기로 바꾼 후 적용합니다.

한글 서체를 한글 이름 표기로 변경한 후 한글 서체 검색

❷ 색상 선택하기

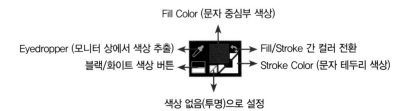

Fill 또는 Stroke의 색상 상자를 클릭하여 앞쪽으로 표시되도록 한 후 다시 클릭하면 〈Text Color〉 대화창이 자동으로 열리고 문자의 색상을 선택하거나 변경할 수 있습니다.

❸ 테두리 선(Stroke) 설정하기

Stroke 색상 상자를 클릭하여 색상을 지정하고 Stroke Width ▤ 15 px ▼ 에서 글씨 테두리의 두께를 설정합니다. Stroke Width 오른쪽의 선택 메뉴 ▼ 에서 Stroke와 Fill 색상의 겹치는 방식을 선택할 수 있습니다. 디폴트는 [Stroke Over Fill]입니다.

Fill과 Stroke 색상의 위아래 배열 순서 선택

Paragraph 패널

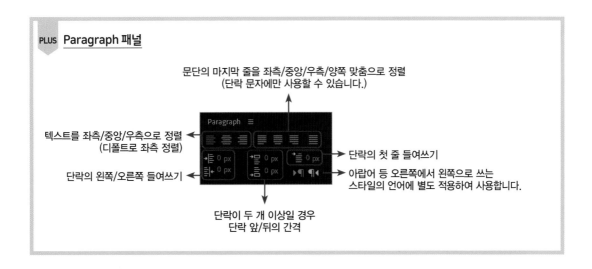

문단의 마지막 줄을 좌측/중앙/우측/양쪽 맞춤으로 정렬
(단락 문자에만 사용할 수 있습니다.)

텍스트를 좌측/중앙/우측으로 정렬
(디폴트로 좌측 정렬)

단락의 왼쪽/오른쪽 들여쓰기

단락의 첫 줄 들여쓰기

아랍어 등 오른쪽에서 왼쪽으로 쓰는
스타일의 언어에 별도 적용하여 사용합니다.

단락이 두 개 이상일 경우
단락 앞/뒤의 간격

활용예제 글씨체가 빠르게 바뀌는 폰트 애니메이션 만들기

예제 파일 [SC]-[P06]-[Paris.mp4]

01 예제의 [SC]-[P06] 폴더에서 [Paris.mp4]를 푸티지로 불러들인 후 Timeline 패널의 빈 컴포지션에
다음과 같이 레이어로 배치합니다.

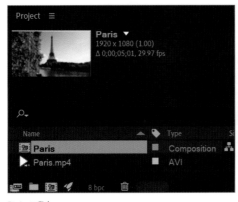

Project 패널

Timeline 패널

02 ▶ Horizontal Type Tool **T** 을 클릭하고 Paragraph 패널에서 중앙 정렬 **≡** 을 선택한 후 다음과 같이 원하는 폰트와 크기로 [PARIS] 텍스트를 입력합니다. 텍스트 레이어가 선택된 상태에서 Ctrl + Alt + Home 을 눌러 텍스트 레이어 중앙에 앵커포인트를 위치시키고, 다시 Ctrl + Home 을 클릭하여 컴포지션 화면 중앙에 텍스트 레이어가 놓이도록 합니다.

❗ Ctrl + Home 키를 사용하는 대신 Selection Tool **▶** 의 툴 옵션에서 [Snapping]을 체크하면 앵커포인트에 스냅이 적용됩니다. 화면에서 직접 텍스트 레이어를 클릭한 다음 화면 중앙에 쉽게 놓을 수 있습니다.

03 ▶ Timeline 패널의 텍스트 레이어에서 [Text]의 세부 속성인 [Source Text]의 Stopwatch **⏱** 를 클릭하여 0초에 첫 키프레임을 설정합니다.

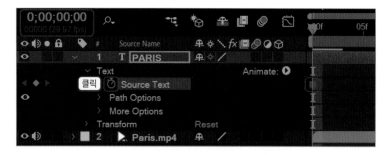

04 ▶ 5프레임 위치로 이동한 후 Character 패널에서 폰트 타입, 크기, 색상, 간격 등 원하는 설정값을 변경하면 자동으로 다음 키프레임이 생성됩니다.

05 이후 5프레임 간격으로 Character 패널에서 폰트 타입 등 설정값을 바꾸어 다양한 폰트를 적용합니다. 고딕과 흘림체를 섞어서 적용하면 다채롭게 보입니다.

❶ Character 패널에서 속성을 변경하는 것은 Hold 키프레임 ■으로 설정됩니다. Hold 키프레임은 다음 키프레임 직전까지 이전 키프레임의 속성을 그대로 유지합니다.

06 Character 패널에서 동일한 [Font Size]와 간격을 적용해도 폰트의 종류에 따라 화면에 표시되는 폰트의 크기와 간격이 저마다 다르기 때문에 Comp 패널 하단의 Grid and guide options ▦ 에서 [Proportional Grid]를 체크하여 화면에 표시한 후 폰트 크기가 너무 어긋나지 않는 정도로만 대략 맞춥니다.

07 Num 0 키를 눌러 프리뷰해보면 뚝뚝 끊기는 느낌으로 다이내믹하게 폰트가 바뀌는 애니메이션이 완성되었습니다.

❶ 이번 예제는 개개인이 사용한 폰트에 따라 다른 결과가 나오므로 [SC]–[P06]–[Paris–Master.mp4]를 통해 최종 완성 파일을 확인하도록 합니다.

유튜브 동영상을 제작하는 이들 중 프리미어 프로나 파이널 컷 프로 등의 전용 편집툴 외에 애프터 이펙트를 사용하는 큰 이유 중의 하나는 자막을 좀 더 예쁘고 멋지게 넣고 싶어서일 것입니다.

방송현장에서는 자막 작업에 포토샵, "토네이도" 같은 자막 전용 프로그램(문자 발생기), 그리고 애프터 이펙트를 많이 사용합니다. 문자 발생기는 작업 속도가 빠르지만 이동과 회전 등 다소 단순한 자막 애니메이션을 제공하기에 좀 더 화려한 자막 애니메이션 작업에는 애프터 이펙트를 활용합니다. 애프터 이펙트에서 자막 입력부터 데코레이션까지 모두 끝낼 수도 있고, 본인이 포토샵에 능숙하다면 데코레이션을 포토샵에서 완료하여 애프터 이펙트로 가져온 후 애니메이션을 주는 것도 좋은 방법입니다.

01 포토샵 텍스트 활용하기

포토샵에서 텍스트에 레이어 스타일(Layer Styles)을 적용하여 PSD로 저장한 파일을 애프터 이펙트에서 편집이 가능한 텍스트 레이어로 변환할 수 있습니다.

예제 파일 [SC]-[P06]-[Dream.psd]

❶ 해당 PSD파일은 무료 폰트인 [EBS 훈민정음 새론SB] 폰트로 제작되었습니다. 구글에서 해당 폰트를 검색한 후 다운받아 시스템에 설치하고 애프터 이펙트를 다시 실행시키면 에러 없이 적용됩니다.

01 애프터 이펙트에서 Project 패널의 빈 공간을 더블클릭하여 〈Import File〉 대화창을 엽니다. 예제 [SC]-[P06]-[Dream.psd]를 선택하고 [Import] 버튼을 클릭하면 다음과 같은 옵션창이 열립니다. [Import Kind] 옵션에서 [Composition-Retain Layer Sizes]를 선택하고, [Layer Options]에서는 [Editable Layer Styles]를 선택합니다.

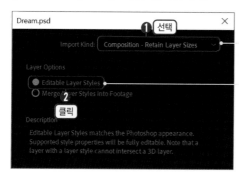

PSD 파일의 레이어가 각각의 크기대로 임포트되도록 합니다.

레이어에 적용된 레이어 스타일을 애프터 이펙트에서 편집할 수 있는 상태로 불러옵니다.

02 Project 패널에 생성된 [Dream] 컴포지션을 더블클릭하여 Comp 패널과 Timeline 패널에 활성화합니다.

❗ PSD 파일을 [Composition]이나 [Composition-Retain Layer Sizes]로 불러들이면 Project 패널에 동일한 이름의 컴포지션으로 임포트됩니다.

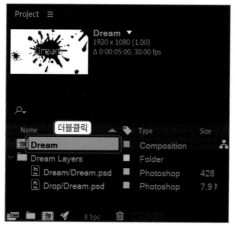

Comp/Timeline 패널에 놓인 [Dream] 레이어는 텍스트가 아닌 한 장의 이미지로 불러들여진 상태입니다.

03 포토샵에서 사용한 폰트 그대로 애프터 이펙트에서 텍스트 레이어로 바꾸기 위해 [Dream] 레이어를 선택하고 마우스 오른쪽 버튼을 클릭하여 [Create]〉[Convert to Editable Text] 명령을 적용합니다. [Dream] 레이어 앞의 아이콘이 "T"로 바뀌면서 텍스트 레이어로 전환됩니다.

앵커포인트

❶ 표시되는 앵커포인트의 위치는 현재 Paragraph 패널에 설정된 정렬 방식 █ ≡ █ 에 따라 정해집니다.

04 Timeline 패널에서 [Dream] 텍스트 레이어의 세부 속성을 열어보면 포토샵에서 적용된 [Layer Styles] 속성이 모두 표시됩니다. 타입 툴 **T**을 선택한 후 일반 텍스트 레이어처럼 Character 패널에서 폰트의 수정이나 변형이 가능하고, 적용된 레이어 스타일을 바꾸거나 애니메이션도 줄 수 있습니다.

PSD 파일에 적용되어 있던 레이어 스타일이 모두 표시됩니다.

05 컴포지션의 시작 프레임(0초)에서 [Dream] 텍스트 레이어의 [Layer Styles] 중 [Bevel and Emboss]의 [Angle] 속성에 Stopwatch ⏱ 를 눌러 키프레임을 적용합니다.

06 CTI를 3초로 이동한 후 [Angle] 속성값을 [1x+90°]로 설정하여 텍스트의 하이라이트 영역을 한 바퀴 회전시킵니다.

07 3초 위치에서 단축키 N 을 눌러 작업 영역(Work Area)의 끝점을 설정하고 Num 0 키를 눌러 프리뷰 해봅니다.

POINT

애프터 이펙트에서 텍스트에 레이어 스타일(Layer Styles) 적용하기

Comp 패널이나 Timeline 패널에서 텍스트 레이어를 선택한 후(여러 텍스트 레이어를 선택하여 한번에 적용 가능) 마우스 오른쪽 버튼(또는 메뉴바의 [Layer])을 클릭하여 [Layer Styles] 명령의 목록 중 원하는 스타일을 선택합니다.

[Layer Styles] 목록

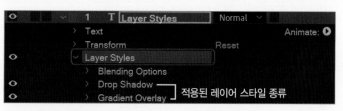

레이어 스타일이 적용되면 레이어 아래 [Layer Styles] 속성이 추가됩니다.

[Drop Shadow]와 [Gradient Overlay]가 적용된 텍스트 레이어

적용된 레이어 스타일 중 일부를 제거하려면 Timeline 패널에서 [Layer Styles] 속성 아래 추가된 레이어 스타일 목록 중에 선택한 후 Delete 키를 누릅니다.

[Drop Shadow] 레이어 스타일만 제거됩니다.

[Layer Styles] 속성 그룹을 선택하고 Delete 키를 누르면 레이어에 적용된 모든 레이어 스타일이 제거됩니다.

02 패턴 자막 만들기

텍스트 안을 단색 색상으로 채우는 대신 트랙 매트(Track Matte) 합성을 이용하여 이미지나 움직이는 영상을 넣을 수 있습니다.

예제 파일 [SC]-[P06]-[Spring.aep]

❶ 해당 예제는 무료 폰트인 [여기어때 잘난체]를 사용하고 있습니다. 구글에서 검색한 후 다운받아 설치하고 애프터 이펙트를 다시 실행합니다. CC 2019 버전 이상인 분들은 [SC]–[P06] 폴더에서 [Spring.aep] 프로젝트 파일을 열어 3번 과정부터 시작하고, 그 외 분들은 처음부터 따라하면 됩니다.

01 예제 [SC]–[P06]–[Spring] 폴더에서 [Spring–BG.jpg] 파일을 Project 패널로 불러들인 후 Timeline 패널의 빈 컴포지션으로 드래그 앤 드롭하여 레이어로 배치합니다.

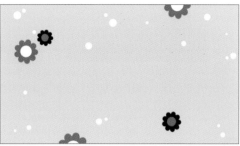

02 설치한 [여기어때 잘난체] 폰트를 활용하여 "SPRING"을 입력하고 Character 패널에서 폰트 사이즈를 [270]으로 설정합니다. 폰트의 Fill 색상은 흰색으로 설정하고 Stroke 색상은 사용하지 않습니다. 텍스트 레이어를 화면의 중심에 놓기 위해 텍스트 레이어가 선택된 상태에서 Ctrl + Alt + Home 키를 클릭하여 레이어 중앙으로 앵커포인트를 옮긴 후, 다시 Ctrl + Home 키를 눌러 레이어를 컴포지션의 중앙 위치로 이동시킵니다.

03 이번에는 예제 [SC]–[P06]–[Spring] 폴더에서 [Check–Pattern.png] 파일을 Project 패널로 불러들인 후 [SPRING] 텍스트 레이어 바로 아래에 배치합니다.

04 Timeline 패널 하단의 Toggles Switches/Modes 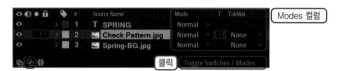 버튼을 클릭하면 Switches 컬럼이 Modes 컬럼으로 전환됩니다.

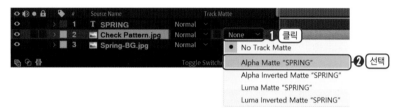

❗ Timeline 패널 왼쪽 하단의 Transfer Controls pane 🔄을 On하면 Switches 컬럼 오른쪽에 Modes 컬럼이 표시됩니다.

05 텍스트에 트랙 매트를 적용하기 위해 [Check Pattern.jpg] 레이어의 트랙 매트 옵션을 [Alpha Matte "SPRING"]으로 설정합니다.

❗ 폰트의 Fill 색상을 화이트로 설정하였기에 이 경우엔 [Luma Matte "SPRING"]으로 선택해도 같은 결과가 나옵니다.

06 트랙 매트가 적용되면 텍스트의 Fill 영역을 패턴이 채우게 됩니다.

❗ 이미지 레이어인 [Check Pattern.jpg] 대신 동영상 파일을 레이어로 사용하면 텍스트 안에 움직이는 동영상을 넣을 수 있습니다.

트랙 매트가 적용되면 텍스트 레이어의 Video 👁 스위치가 자동으로 Off 됩니다.

07 [SPRING] 텍스트 레이어를 선택하고 Ctrl + D 를 두 번 클릭하여 두 개를 복제한 후 하나는 [Check Pattern.jpg] 레이어 아래에 놓습니다. 복제한 레이어를 선택한 후 Enter↵ 키를 눌러 이름을 다음과 같이 각각 [SPRING-Stroke], [SPRING-Shadow]로 변경합니다. 두 레이어의 Video 👁 스위치를 On 합니다.

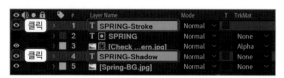

08 ▶ [SPRING-Stroke] 레이어를 선택하고 Character 패널에서 폰트 색상을 다음과 같이 Fill은 투명하게, Stroke 색상은 [#303030]으로, Stroke 두께는 [4px]로 설정합니다.

09 ▶ 이번엔 [SPRING-Shadow] 레이어를 선택하고 마우스 오른쪽 버튼을 클릭한 후 [Layer Styles]〉 [Drop Shadow]를 적용합니다. 그림자의 색상을 [#F3665D]로 설정하고 그림자 위치를 다음과 같이 변경합니다.

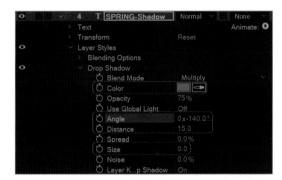

Color	#F3665D
Angle	0x−140°
Distance	15
Size	0

10 [Check Pattern.jpg] 레이어를 선택하고 단축키 P 키를 누른 후 다시 Shift + S 를 클릭하여 [Position]과 [Scale] 속성을 함께 열도록 합니다. 다음과 같이 각각 속성값을 설정하여 폰트 안의 패턴 크기와 위치를 조정합니다.

Position	960, 705
Scale	65%

11 1번부터 4번 레이어까지 모두 선택한 후 Ctrl + Shift + C 를 클릭하여 폰트와 폰트에 적용한 데코레이션을 Pre-compose로 하나로 묶도록 합니다. Pre-composition의 이름을 [SPRING-Text]라고 설정합니다.

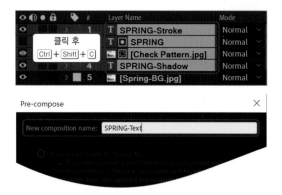

패턴이 적용된 텍스트가 하나로 묶인 Precomp 레이어에 애니메이션을 줄 경우 패턴이 흐트러지지 않고 고정됩니다.

❶ 만일 패턴이 적용된 채로 각각의 알파벳마다 따로 움직임을 주고 싶다면 Precomp 레이어를 알파벳 수 만큼 복제한 후 각 복제 레이어마다 알파벳 하나씩 마스크를 설정하여 사용합니다.

트랙 매트(Track Matte) 사용하기

매트(Matte)는 자신의 화이트 영역에서 다른 이미지를 드러내고, 투명하거나 블랙인 영역에서 다른 이미지가 보이지 않도록 합성할 때 사용합니다. 반투명하거나 회색인 영역은 다른 이미지의 일부만 표시됩니다.

애프터 이펙트에서 트랙 매트 합성은 상위 레이어가 가진 알파 채널(Alpha Channel)이나 밝기의 차이(Luminance)를 매트로 이용하여 하위 레이어의 이미지 일부만 표시하거나 가리는 방법입니다.

알파 매트(Alpha Matte)

루마 매트(Luma Matte)

트랙 매트를 적용할 하위 레이어의 트랙 매트 컬럼에서 None 을 클릭하여 4가지 옵션 중 하나를 선택합니다.

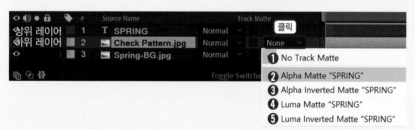

❶ **No Track Matte :** 트랙 매트를 적용하지 않습니다.

❷ **Alpha Matte :** 상위 레이어에 포함된 알파 채널을 매트로 사용하여 완전 불투명한 영역에서 하위 레이어의 영상이 100% 표시되고, 완전 투명한 영역에서는 전혀 표시되지 않습니다.

❸ **Alpha Inverted Matte :** 상위 레이어에 포함된 알파 채널을 반전하여 매트로 사용합니다.

❹ **Luma Matte :** 상위 레이어의 루미넌스(Luminance)를 매트로 사용하여 화이트인 영역에서 하위 레이어의 영상이 100% 표시되고 블랙인 영역에서는 전혀 표시되지 않습니다.

❺ **Luma Inverted Matte :** 상위 레이어에 포함된 루미넌스를 반전하여 매트로 사용합니다.

트랙 매트가 적용된 두 레이어의 이름 앞에는 각각 새로운 아이콘이 표기되며, 두 레이어의 Video 🔘 스위치에도 변화가 생깁니다.

적용된 트랙 매트를 해제하려면 하위 레이어의 트랙 매트 설정을 다시 클릭하고 [No Track Matte]를 선택하여 None 으로 변경합니다. 매트로 사용한 상위 레이어의 Video 도 클릭하여 다시 On 합니다.

03 자막에 테두리 선을 여러 겹 주기

기본적으로 하나의 텍스트에는 Character 패널에서 설정한 하나의 테두리 선(Stroke)이 적용됩니다. 만일 자막을 강조하기 위해 테두리 선을 여러 겹 적용하고 싶다면 텍스트를 셰이프 레이어로 변환시킨 후 셰이프 에 Stroke 속성을 여러 번 추가하는 방식을 사용합니다.

예제 파일 [SC]-[P06]-[빡-Pattern.jpg]

텍스트 레이어를 셰이프 레이어로 변환하기

01 자신의 시스템에 설치된 폰트 또는 무료로 제공되는 폰트들 중에서 강조하고 싶은 글씨에 어울리는 글씨체를 골라 텍스트 레이어를 생성한 후 Ctrl + D 를 눌러 복제합니다.

❗ 본 예제에서는 무료 폰트인 [배달의 민족 도현체]를 사용하였고, 폰트 크기는 [562]로 설정하였습니다.

02 Project 패널에 예제의 [SC]-[P06] 폴더에서 [빡-Pattern.jpg]를 불러들인 후 복제한 텍스트 레이어 아래에 배치합니다. [빡-Pattern.jpg] 레이어의 트랙 매트 컬럼에서 [Alpha Matte "빡! 2"]를 선택합니다.

03 [빡!] 레이어를 선택한 후 선택한 후 마우스 오른쪽 버튼을 클릭하여 [Create]〉[Create Shapes from Text] 명령을 적용합니다. 기존 텍스트 레이어는 Video 👁 가 자동으로 Off 되고 바로 위에 [빡! Outlines]라는 새로운 셰이프 레이어가 생성됩니다.

❶ Video 👁가 Off된 원본 텍스트 레이어는 나중에 다시 텍스트를 수정하거나 할 때 Video 👁를 On 하여 사용합니다.

PLUS **텍스트 레이어를 셰이프로 변환할 때 패스가 생성되는 방식**

텍스트 레이어를 셰이프로 변환하면 문자(Character)마다 각각의 셰이프가 생성되고 각 셰이프에는 문자에 따라 다수의 패스를 가집니다.

예제의 경우 "빡"이라는 셰이프 하나에 4개의 패스가 생성이 되고, 느낌표 "!"는 2개의 패스가 생성됩니다.

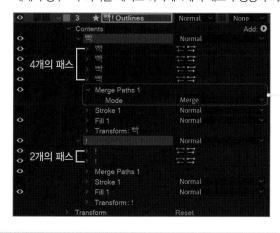

"ㅃ"처럼 여러 개의 패스가 겹쳐진 경우, [Merge Paths #]〉[Mode] 속성이 [Merge]로 자동 설정되어 겹치는 패스의 중간 부분을 비어있게 만듭니다.

텍스트에 테두리 선 추가하기

04 생성된 [빡! Outlines] 셰이프 레이어의 속성에서 **Add: ●** 를 클릭하여 [Stroke] 속성을 추가합니다.

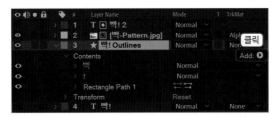

05 추가된 [Stroke 1] 속성 아래의 [Color]와 [Stroke Width]를 설정하여 테두리 선의 색상과 두께를 결정합니다.

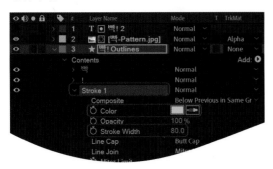

06 다시 한번 **Add: ●** 를 클릭하여 [Stroke] 속성을 두 번 더 추가하고 다음과 같이 색상과 두께를 설정합니다. 계속해서 테두리 선을 더 추가할 수 있습니다.

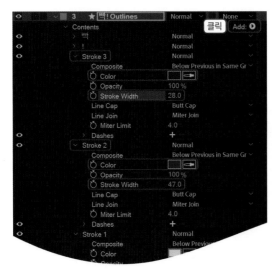

❶ [Stroke] 속성을 추가할수록 기본적으로는 아래 속성을 가리고 위로 쌓이는 방식으로 적용됩니다. 아래 테두리 선이 충분히 두꺼워야 위에 추가한 선으로 인해 덮이지 않습니다. [Stroke #] 〉 [Composite] 속성으로 각 [Stroke #] 속성끼리 합성되는 방식을 변경하거나, [Stroke #] 이름을 클릭하여 다른 동일 속성 위 또는 아래로 이동시켜 배치함으로써 적용 순서를 변경할 수 있습니다.

02 움직이는 자막 만들기

애프터 이펙트의 최대 강점은 정지 자막뿐만 아니라 자막에 화려한 움직임을 줄 수 있다는 것입니다. 프리미어 프로 같은 기본 편집 프로그램에서도 자막에 간단한 애니메이션을 줄 수 있지만, 애프터 이펙트 만큼 본인이 원하는 움직임을 모두 구현하지는 못합니다.

● Section 01 텍스트 프리셋 활용하기

애프터 이펙트에서는 미리 애니메이션을 세팅하여 자막에 쉽게 적용할 수 있도록 텍스트 프리셋(Text Presets)을 제공합니다. 텍스트 레이어에 프리셋을 적용한 다음 Timeline 패널에서 설정값을 변경하여 적용한 애니메이션을 수정할 수도 있습니다.

01 텍스트 프리셋 선택하기

기타 패널 위치에 있는 Effect & Presets 패널의 [Animation Presets] > [Text] 폴더 안에서 프리셋을 선택할 수 있습니다. 프리셋의 이름을 안다면 Effect & Presets 패널의 검색창에 프리셋 이름의 일부를 입력한 후 표시되는 검색 목록 중에서 빠른 선택이 가능합니다.

❶ 기타 패널 위치에 Effects & Presets 패널이 보이지 않으면 메뉴바에서 [Window] > [Effects & Presets]를 선택하여 체크합니다.

애프터 이펙트 초급자의 경우에는 프리셋에 저장된 텍스트 애니메이션이 어떻게 움직이는지 미리 확인하는 것으로 시행착오를 줄일 수 있으므로 텍스트 프리셋을 어도비 브릿지(Adobe Bridge)에서 적용하는 것을 추천합니다.

어도비 브릿지는 애프터 이펙트를 설치했을 때와 마찬가지로 Adobe Creative Cloud 앱에서 추가로 설치할 수 있습니다.

❗ 어도비 브릿지는 Adobe Creative Cloud 앱이 로그인 상태이어야 사용할 수 있습니다.

어도비 브릿지가 설치되어 있다면 애프터 이펙트에서 메뉴바의 [Animation]〉[Browse Presets] 명령을 실행했을 때 어도비 브릿지 앱이 자동으로 실행되면서 애프터 이펙트가 제공하는 각종 프리셋 카테고리가 포함된 [Presets] 폴더가 자동으로 열리게 됩니다.

어도비 브릿지의 Content 패널에서 [Text] 폴더로 이동하면 텍스트 애니메이션 특성에 따라 다양한 카테고리로 텍스트 프리셋을 제공합니다. 그 중 한 카테고리로 들어가서 텍스트 프리셋 중 하나를 선택하면 오른쪽 Preview 패널에 해당 프리셋이 어떤 움직임으로 표현되는지 미리보기를 표시합니다.

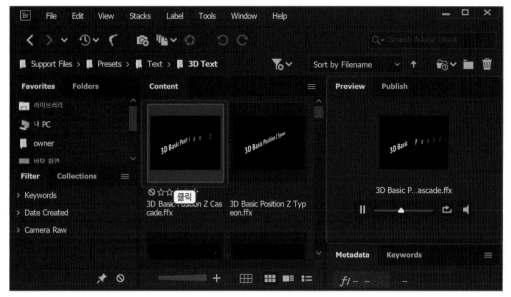

어도비 브릿지에서는 프리셋의 미리보기가 가능하여 애니메이션을 가늠할 수 있습니다.

02 텍스트 프리셋 적용하기

CTI를 프리셋을 적용하려는 시간대(애니메이션 시작 시간)에 위치시킨 후 텍스트 레이어를 선택하고 Effects & Presets 패널이나 [Browse Presets]에서 원하는 프리셋을 더블클릭하여 적용합니다.

활용예제 텍스트 프리셋으로 타이핑 자막 만들기

예제 파일 [SC]-[P06]-[Typewriter.mp4]

01 예제의 [SC]–[P06] 폴더에서 [Typewriter.mp4] 파일을 Project 패널로 임포트한 후 빈 컴포지션에 레이어로 배치합니다. Horizontal Type Tool **T**을 이용하여 원하는 폰트로 적당한 길이의 글을 입력합니다.

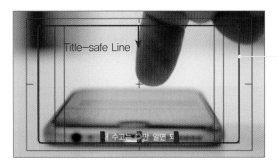

단축키 ⟨.⟩(작은 따옴표)를 누르면 Safe Line을 화면에 표시할 수 있습니다. 유튜브는 TV가 아니므로 이 규격에 꼭 맞출 필요는 없지만 텍스트가 안정감 있게 배치되도록 너무 벗어나지 않게 작업합니다.

본 예제에서는 무료 폰트인 [Noto Sans Mono CJK KR]을 사용하였습니다.

❗ 텍스트 레이어가 선택된 상태에서 단축키 Ctrl + Alt + Home 을 누르면 텍스트 레이어의 정중앙으로 앵커포인트가 이동합니다. 그리고 Selection Tool ▶ 의 툴 옵션에서 [Snapping]을 체크하면 화면에서 텍스트 레이어를 움직일 때 앵커포인트에 스냅이 적용되어 화면 중앙에 자막을 쉽게 놓을 수 있습니다.

02 Timeline 패널에서 [Typewriter.mp4] 레이어를 선택하고 메뉴바의 [Layer] 〉 [New] 〉 [Solid] (= Ctrl + Y)를 실행하여 블랙 솔리드 레이어를 생성하면 [Typewriter.mp4] 레이어 바로 위에 배치됩니다. 이번에는 블랙 솔리드 레이어가 선택된 상태에서 Rectangle Tool ■ 을 사용하여 자막보다 약간 크게 사각형 마스크를 생성합니다.

자막용 바(Bar)로 셰이프 대신 마스크를 사용하면 마스크의 조절점(Vertex)을 클릭하여 글씨 길이에 따라 화면 위에서 모양을 쉽게 조절할 수 있습니다.

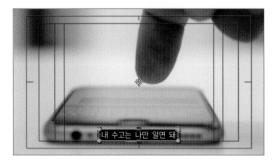

03 블랙 솔리드 레이어가 선택된 상태에서 단축키 T 를 눌러 [Opacity] 속성을 열고 불투명도를 [70%]로 지정합니다.

04 CTI를 4프레임으로 이동시키고 텍스트 레이어를 선택합니다. 기타 패널 위치에 있는 Effect & Presets 패널을 열고 검색창에 "type"를 입력합니다. "type" 문자가 포함된 모든 프리셋이 표시되면 [Typewriter]를 더블클릭합니다. 어도비 브릿지를 사용하려면 메뉴바의 [Animation] 〉 [Browse Presets]를 실행한 후 [Presets] 〉 [Text] 〉 [Animate In] 폴더 안에서 [Typewriter]를 더블클릭합니다.

Effect & Presets 패널　　　　　메뉴바의 [Animation] 〉 [Browse Presets] 실행

05 CTI가 있는 4프레임부터 키프레임이 적용되어 애니메이션이 시작되고 텍스트 레이어에는 [Text] 〉 [Animator #] 속성이 추가됩니다.

[Animator #]의 세부 속성을 열어 속성값이나 키프레임, 적용 시간 등을 바꾸어 애니메이션을 변경할 수 있습니다.

06 손가락이 휴대폰을 마지막으로 누르는 시점과 자막의 마지막 글자를 맞추기 위해 4초 20프레임 위치로 이동합니다. 마지막 키프레임 ◆을 Shift + 클릭 앤 드래그하면 CTI 위치에 스냅이 적용되어 키프레임이 달라붙습니다.

텍스트 레이어를 선택하고 단축키 U 를 누르면 키프레임이 설정된 속성만 표시합니다.

07 Num0 키을 눌러 프리뷰 한 후 Ctrl+S를 눌러 [Typewriter-Master.aep]로 프로젝트를 저장합니다.

활용예제 텍스트 프리셋으로 감성 자막 만들기

감성 자막에는 딱딱한 고딕체 계열보다는 명조체나 손글씨체 계열의 폰트를 많이 사용합니다. 애니메이션을 줄 때도 빠르거나 지나치게 큰 움직임은 배제합니다. 이펙트를 사용할 때는 부드러운 느낌을 줄 수 있는 블러(Blur) 효과를 많이 사용합니다.

예제 파일 [SC]-[P06]-[모닝커피.aep]

❶ 본 예제에는 무료 폰트인 [제주명조], [나눔손글씨 붓]이 사용되었습니다. 구글에서 해당 폰트를 검색한 후 다운받아 시스템에 설치하고 애프터 이펙트를 다시 실행시키면 에러 없이 적용됩니다.

❶ CC 2019 아래 버전인 분들은 폰트 설치 후, [SC]–[P06] 폴더에서 배경 영상인 [모닝커피.mp4], 장식용 그래픽 소스인 [Lines
–1.png]와 [Watercolor Bar.png] 파일을 불러들여 텍스트와 함께 배치합니다. 텍스트에는 레이어 스타일로 [Drop Shadow]
가 추가되었습니다.

01 예제의 [SC]–[P06] 폴더에서 [모닝커피.aep] 프로젝트를 오픈합니다. 버전이 다른 분들은 텍스트 레이어와 장식 요소들의 배치가 완료되면 애니메이션 작업에 들어갑니다. 시작 프레임에서 Ctrl 을 누르고 [하루를 대하는]과 [마음가짐을 일깨우는] 텍스트 레이어를 함께 선택합니다. Effects & Presets 패널에서 검색창에 "fade"를 입력하고, [Text]〉[Animate In] 폴더의 [Show Fade On]을 더블클릭하여 프리셋을 적용합니다.

❶ 또는 메뉴바의 [Animation]〉[Browse Presets] 명령을 실행하여 오픈된 어도비 브릿지에서 [Presets]〉[Text]〉
[Animate In] 폴더의 [Show Fade On]을 더블클릭합니다.

02 두 텍스트 레이어에 2초 동안 움직이는 애니메이션이 자동으로 생성되었습니다.

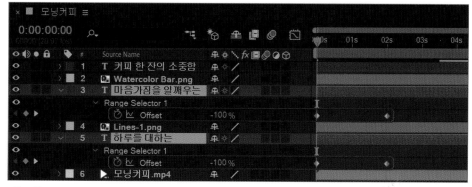

단축키 U를 누르면 키프레임이 적용된 속성만 표시됩니다.

03 1초 15프레임으로 이동한 후 [마음가짐을 일깨우는] 텍스트 레이어의 두 키프레임 ◆ 을 박스 드래그로 선택하거나 [Offset] 속성 이름을 클릭합니다. 이 상태에서 Shift 를 누른 다음 선택된 두 키프레임 중 첫 키프레임을 클릭하여 오른쪽으로 드래그하면 스냅이 적용되어 CTI 위치에 첫 키프레임이 달라붙습니다.

[하루를 대하는] 레이어와 [마음가짐을 일깨우는] 레이어에 시간차를 두어 순차적으로 나오도록 설정하였습니다.

04 3초에서 [Line-1.png] 레이어를 선택합니다. 단축키 T 를 눌러 [Opacity] 속성을 연 후 [80%]로 설정하고 Stopwatch ◎ 를 클릭합니다.

05 2초 15프레임으로 이동한 후 [Opacity] 속성값을 [0%]로 설정합니다.

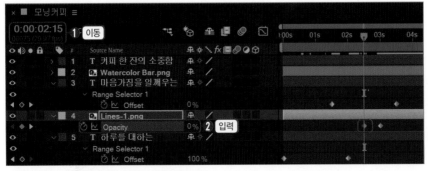

단축키 U 를 누르면 키프레임이 적용된 속성만 표시됩니다.

06 3초 15프레임으로 이동 후 [커피 한 잔의 소중함] 텍스트 레이어를 선택합니다. 이번에는 메뉴바의 [Animation]〉[Browse Presets] 명령을 실행하여 오픈된 어도비 브릿지에서 [Presets]〉[Text]〉 [Blurs] 폴더의 [Evaporate.ffx]를 더블클릭합니다.

07 CTI를 드래그해보면 블러가 적용되면서 글씨가 점차 퍼지는 것을 알 수 있습니다. 애니메이션을 뒤 집어 퍼져있던 글씨가 모여서 제 위치에 오도록 바꿔주겠습니다. 단축키 U를 눌러 키프레임이 적 용된 속성만 표시한 후 두 키프레임 ◆ 을 선택합니다. 그 상태에서 마우스 오른쪽 버튼을 클릭하여 [Keyframe Assistant]〉[Time-Reverse Keyframes] 명령을 실행합니다.

❶ [Time-Reverse Keyframes] 명령은 시작 키프레임부터 마지막 키프레임까지 키프레임 순서를 뒤바꾸는 기능을 합니다.

08 퍼진 글씨가 너무 늦게 나오므로 3초 15프레임 위치에서 [Offset]의 첫 키프레임 속성값을 [17]로 변경합니다.

09 [Watercolor Bar.png] 레이어를 선택하고 Rectangle Tool ■로 다음과 같이 사각형 마스크를 생성합니다.

10 Selection Tool ▶로 화면에서 마스크의 아래 핸들 두 개를 박스 드래그로 선택합니다. 선택된 두 핸들 중 하나를 클릭한 후 Shift + 왼쪽으로 드래그하여 마스크를 다음과 같이 기울입니다.

❗ Shift 를 먼저 누르고 핸들을 클릭하면 선택이 해제될 수 있으므로 유의합니다.

11 [Watercolor Bar.png] 레이어가 선택된 상태에서 단축키 F 를 눌러 [Mask Feather] 속성을 열고 속성값을 [100, 100]으로 설정합니다.

12 다시 단축키 M 을 눌러 [Mask Path] 속성을 열고 5초 위치에서 Stopwatch ⏱ 를 클릭하여 키프레임 ◆ 을 생성합니다.

13 4초 위치로 이동한 후 화면에서 마스크의 오른쪽 두 핸들을 박스 드래그로 선택합니다. 선택된 두 핸들 중 하나를 클릭한 후 Shift + 왼쪽으로 드래그하여 바가 보이지 않을 때까지 수평으로 이동합니다. 이 애니메이션으로 붓칠을 하는 듯한 느낌을 줄 수 있습니다. [Watercolor Bar.png] 레이어의 [Opacity]는 [85%]로 설정하였습니다.

마스크가 변형된 위치에 두 번째 키프레임이 자동으로 생성됩니다.

14 Num 0 키를 클릭하여 프리뷰 한 후 Ctrl + S 를 눌러 [모닝커피–Master.aep]로 프로젝트를 저장합니다.

---

01 키네틱 타이포그래피

키네틱(kinetic)은 '움직이는'이라는 의미로, 키네틱 타이포그래피(Kinetic Typography)는 텍스트 이외의 장식적인 요소를 가급적 배제하고 텍스트로 압축된 정보와 의미를 극대화하여 전달하는 그래픽 애니메이션입니다. 주목도가 높아 영상의 인트로나 브릿지에 많이 쓰입니다.

활용예제 셰이프와 마스크를 이용하여 키네틱 타이포그래피 만들기

예제 파일 [SC]-[P06]-[Kinetic.aep]

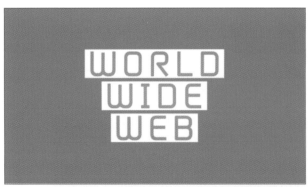

사각형 셰이프 레이어

● 해당 프로젝트 파일은 무료 폰트인 [EBS 훈민정음 새론SB]로 제작되었습니다. 구글에서 해당 폰트를 검색한 후 다운받아 시스템에 설치하고 애프터 이펙트를 다시 실행시키면 에러 없이 적용됩니다.

● CC 2019 아래 버전인 분들은 Ctrl + N 으로 5초 길이의 새 컴포지션을 Full HD 크기로 만든 후, 메뉴바의 [Layer]〉[New Solid] (= Ctrl + Y)로 [#548FA7] 색상의 솔리드 레이어를 하나 생성합니다. 위와 같이 세 개의 텍스트 레이어를 생성합니다. 폰트 색상은 [#F28C8F]입니다. [World] 텍스트 레이어 아래에 Rectangle Tool ■ 을 사용하여 텍스트 크기에 맞게 사각형 도형을 만든 후 Ctrl + D 를 사용하여 두 개 더 복제한 다음 [WIDE]와 [WEB] 텍스트 레이어 아래로 각각 이동시켜 배치합니다. 복제된 사각형 박스의 가로폭을 각 텍스트에 맞추도록 합니다. 사각형 도형의 이름을 구별하기 쉽도록 각각 [Box 1], [Box 2], [Box 3]로 변경하고, 위 그림처럼 레이어 순서를 배치합니다.

01 예제의 [SC]–[P06] 폴더에서 [Kinetic.aep] 프로젝트 파일을 엽니다. 현재 시간을 10프레임으로 이동한 후 [Box1]과 [World] 레이어를 동시에 선택하고 Shift + Alt + P 를 눌러 [Position] 속성에 키프레임을 줍니다. 0프레임으로 다시 이동한 후 Selection Tool ▶ 이 선택된 상태로 Comp 패널에서 Shift 를 누르고 두 레이어를 동시에 오른쪽 화면 바깥으로 당겨 화면에 보이지 않도록 배치합니다.

❗ Comp 패널에서 Shift 를 누르고 드래그하면 수평/수직 방향으로만 이동을 강제합니다.

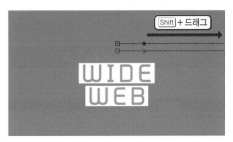

02 현재 시간을 20프레임으로 이동한 후 [Box2]와 [WIDE] 레이어를 동시에 선택하고 Shift + Alt + P 를 눌러 [Position] 속성에 키프레임을 줍니다. 10프레임으로 다시 이동한 후 Comp 패널에서 Shift 를 누르고 두 레이어를 동시에 위쪽으로 당겨 [Box1] 뒤쪽에 가려 보이지 않도록 배치합니다. 10프레임 전에는 이 두 레이어가 보이지 않아야 하므로 Alt + [를 눌러 10프레임 위치에 IN점을 설정합니다.

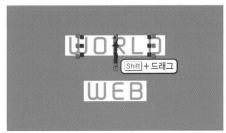

03 현재 시간을 1초로 이동한 후 [Box3]과 [WEB] 레이어를 동시에 선택하고 Shift + Alt + P 를 눌러 [Position] 속성에 키프레임을 줍니다. 20프레임으로 다시 이동한 후 Comp 패널에서 Shift 를 누르고 두 레이어를 동시에 위쪽으로 당겨 [Box2] 뒤쪽에 가려 보이지 않도록 배치합니다. 20프레임 위치에 서 Alt + [를 눌러 두 레이어의 IN점을 설정합니다.

04 각 레이어들이 나타나는 시간에 약간의 시간차를 주도록 하겠습니다. 각 Box들보다 글씨가 7프레 임씩 뒤에 나오도록 각 텍스트 레이어의 레이어바를 클릭하여 7프레임씩 오른쪽으로 드래그하여 놓 습니다.

05 도착 프레임에서 천천히 들어오도록 모든 레이어의 두 번째 키프레임 ◆ 을 Shift 를 누르고 각각 클릭하여 선택합니다. 선택된 키프레임 ◆ 위에서 마우스 오른쪽 버튼을 클릭하여 [Keyframe Assistant] 〉[Easy Ease In](= Shift + F9) 명령을 실행합니다.

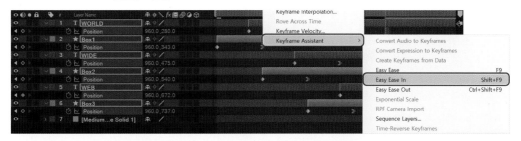

❗ 각 레이어가 좀 더 강하게 밀고 들어오길 원한다면 [PART 04]에서 배웠듯이 Graph Editor 🔲 버튼을 클릭하여 스피드 그래프를 조정함으로써 가속 효과를 증대합니다.

06 [WEB] 텍스트 레이어의 마지막 키프레임이 위치한 1초 7프레임에서 Shift + Page Down 키를 눌러 10프레임 뒤인 1초 17프레임으로 이동한 후 [WEB] 텍스트 레이어의 [Text]〉[Source Text]의 Stopwatch ⏱ 를 클릭하여 키프레임 ■ 을 생성합니다.

[Source Text] 속성에 적용되는 키프레임은 Hold 키프레임 ■ 입니다.

07 다시 4프레임 뒤로 이동한 후 화면에서 텍스트 중 "B"를 드래그하여 선택한 후 Delete 키로 제거합니다.

[WEB] 텍스트 레이어가 선택된 상태에서 단축키 U 를 실행하면 키프레임이 적용된 속성만 표시됩니다.

[WEB] 텍스트 레이어에서 "B" 텍스트를 지웁니다.

08 다시 4프레임 뒤로 이동한 후 텍스트 중 "E"를 제거하고 다시 4프레임 뒤로 이동하여 "W"를 제거합니다.

09 다시 Shift + Page Down 키를 눌러 10프레임 뒤인 2초 9프레임으로 이동한 후 이번에는 "H"를 입력합니다.

10 이번에는 3프레임 뒤로 이동한 후 "A", "N", "D", "S", "O", "M", "E"를 3프레임마다 각각 추가로 한글 자씩 입력합니다.

11 [Box3] 레이어를 선택하고 1초 17프레임에서 Alt + Shift + S 키를 클릭하여 [Scale] 속성에 첫 키프 레임을 줍니다. 그 후 [WEB] 텍스트 레이어의 텍스트가 바뀌는 각 키프레임마다 [Box3] 레이어의 가로폭을 텍스트에 맞게 조정하면 그 이후부터 자동으로 추가 키프레임이 생성됩니다.

[Scale] 속성의 Constrain Proportions 🔗 아이콘을 Off 하면 가로폭만 조절할 수 있습니다.

12 [Box3] 레이어의 [Scale] 속성 이름을 클릭하면 [Scale] 속성의 모든 키프레임이 선택됩니다. 선택된 키프레임 ◆ 위에서 마우스 오른쪽 버튼을 클릭하여 [Toggle Hold Keyframe] 명령으로 모든 키프레임을 Hold 타입 ■ 으로 변경해줍니다.

❗ [Source Text]가 Hold 타입 키프레임이기 때문에, [Scale] 속성도 이와 동일하게 Hold 타입으로 변경해야 다음 키프레임 직전까지 현재 키프레임의 속성값이 유지됩니다.

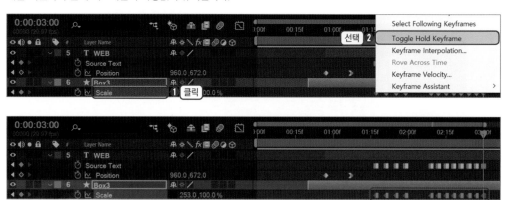

13 [WORLD]와 [Box1] 레이어를 함께 선택한 후 Ctrl + Shift + C 로 〈Pre-compose〉 대화창이 열리면 이름을 [WORLD-Box1]으로 설정하여 프리-컴포지션을 만듭니다.

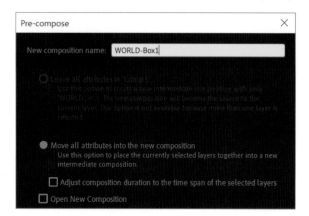

14 마찬가지로 [WIDE]와 [Box2] 레이어를 Pre-compose하여 프리-컴포지션 이름을 [WIDE-Box2]로 지정하고, [WEB]과 [Box3] 레이어를 Pre-compose하여 프리-컴포지션 이름을 [WEB-Box3]로 지정합니다.

15 [WORLD-Box1] Precomp 레이어를 클릭하고 Rectangle Tool ▥을 선택하여 마스크를 다음과 같이 여러 조각으로 생성합니다.

 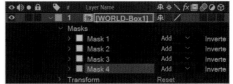

❗ 마스크를 만들 때 마스크 간에 빈 틈이 생기지 않도록 정확히 맞붙게 생성합니다.

16 [WIDE-Box2]와 [WEB-Box3] Pre-comp 레이어에도 마찬가지로 마스크를 여러 조각으로 생성합니다.

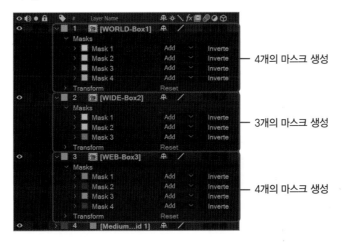

— 4개의 마스크 생성

— 3개의 마스크 생성

— 4개의 마스크 생성

17 세 개의 Precomp 레이어를 각각 생성한 마스크 수만큼 Ctrl + D 를 눌러 복제합니다. 그리고 하나의 레이어에 각각 하나의 마스크만 차례로 남기고 나머지는 제거합니다.

— [WORLD-Box1] 레이어를 3번 복제

— [WIDE-Box2] 레이어를 2번 복제

— [WEB-Box3] 레이어를 3번 복제

18 모든 레이어를 선택한 후 Ctrl + Alt + Home 을 눌러 각 레이어의 중심에 앵커포인트가 오도록 설정합니다.

19 모든 Precomp 레이어를 선택한 후 3초 20프레임의 시간대에서 Alt + Shift + P 와 Alt + Shift + R 을 눌러 [Position]과 [Rotation] 속성에 키프레임을 설정합니다. 1초 뒤인 4초 20프레임의 시간대로 이동한 후 레이어 각각의 [Position]과 [Rotation] 속성값을 다르게 설정하여 화면 아래로 모두 사라지 도록 움직임을 줍니다.

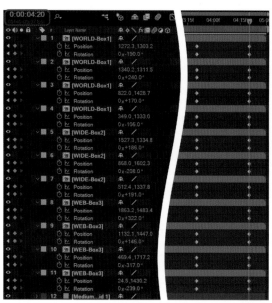

위치나 회전값의 설정은 본인이 원하는 대로 임의로 설정해도 됩니다.

20 모든 Pre-comp 레이어의 첫 키프레임을 박스 드래그하여 선택합니다. 키프레임 ◈ 위에서 마우스 오른쪽 버튼을 클릭하고 [Keyframe Assistant]〉[Easy Ease Out] (= Ctrl + Shift + F9) 명령을 실행하여 처음엔 느리게 떨어지도록 설정합니다.

21 [WORLD-Box1]과 [WIDE-Box2], [WEB-Box3] Precomp 레이어마다 2프레임의 시간차를 두고 떨어지도록 설정하겠습니다. 각 Precomp 레이어마다 키프레임을 박스 드래그로 선택한 후 클릭 앤 드래그하여 2프레임씩 뒤로 이동시킵니다.

22 Num 0 키를 눌러 프리뷰 한 후 Ctrl + S 를 눌러 [Kinetic-Master.aep]로 프로젝트를 저장합니다.

02 패스를 따라 움직이는 텍스트

셰이프 툴이나 펜 툴로 만들어진 패스(Path)를 따라 텍스트가 배치되거나 움직이도록 할 수 있습니다.

활용예제 원형 패스를 따라 움직이는 텍스트

예제 파일 [SC]-[P06]-[Makeup.mp4]

❶ 본 예제에는 무료 폰트인 [Noto Sans CJK KR], [전주 완판본 각L] 폰트가 사용되므로, 구글에서 검색한 후 다운받아 설치하고 애프터 이펙트를 다시 실행합니다.

01 예제의 [SC]-[P06] 폴더에서 [Makeup.mp4]를 불러들여 Timeline 패널의 빈 컴포지션에 레이어로 배치합니다. 아무 레이어도 선택되지 않은 상태에서 Ellipse Tool ⬤ 을 선택한 후 Shift 를 누르고 원을 생성합니다. 원의 크기는 [Shape Layer 1] 레이어의 [Contents] 〉[Ellipse 1] 〉[Ellipse Path 1] 에서 [Size] 속성값을 [800, 800]으로 설정합니다. 툴 옵션에서 원의 Fill 색상은 투명으로 설정하고, Stroke 색상은 흰색으로, 두께는 5px로 설정합니다. 셰이프 레이어를 선택하고 Ctrl + Alt + Home 을 눌러 셰이프 레이어의 중심으로 앵커포인트를 위치시키고, 다시 Ctrl + Home 을 눌러 컴포지션의 중앙으로 레이어를 이동시킵니다.

 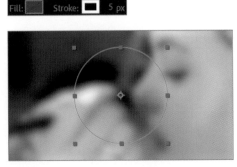

02 셰이프 레이어의 [Contents] 속성에서 [Ellipse 1]을 선택한 후 Ctrl + D 를 눌러 원을 복제합니다. 복제된 [Ellipse 2]의 [Ellipse Path 1] 속성에서 [Size] 속성값을 [520, 520]으로 설정합니다.

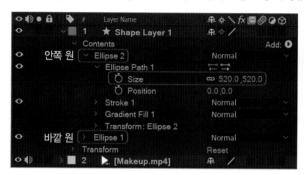 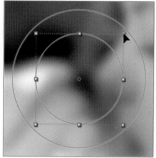

03 Horizontal Type Tool T 을 선택하고 화면을 클릭한 후 [Noto Sans CJK KR] 폰트로 "ART MAKE-UP"을 입력합니다. Comp 패널 하단의 Grid and guide options 아이콘을 클릭한 후 [Proportional Grid]를 선택하여 화면에 그리드를 표시합니다. 텍스트 레이어가 선택된 상태에서 Ellipse Tool 을 클릭합니다. 그리드를 참고하여 컴포지션 중앙을 클릭한 후 Ctrl + Shift 를 누르고 원형 마스크 패스를 그립니다.

❗ 원형 마스크를 그릴 때 Ctrl + Shift 를 누르면 클릭한 지점을 중심으로 정원을 만들 수 있습니다.

04 텍스트 레이어의 [Text] 〉 [Path Options] 〉 [Path]의 옵션 선택에서 [Mask 1]을 선택하면 마스크의 패스 모양대로 텍스트가 배치됩니다.

 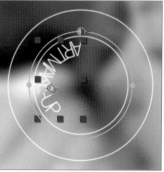

05 텍스트 레이어의 [Text]〉[Path Options]〉[Reverse Path] 속성의 [Off] 글씨를 클릭하여 [On]으로 변경하면 텍스트가 원형 바깥쪽으로 배치됩니다.

 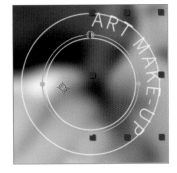

06 텍스트가 두 흰색 원 사이에 배치되도록 텍스트 레이어에 생성한 원형 마스크 [Mask 1]을 선택한 후 Ctrl + T 를 눌러 원형 마스크의 바운딩 박스를 표시합니다. 바운딩 박스의 대각선 핸들 위에서 커서가 ↖ 또는 ↗ 일 때 Ctrl + Shift 를 누르고 드래그하여 크기를 조절합니다.

❗ Ctrl + Shift 를 누르고 모서리 핸들을 드래그하면 원의 중심을 기준으로 비율을 유지하면서 원의 크기를 조절할 수 있습니다.

 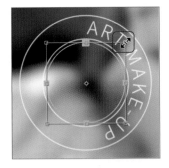

07 텍스트 레이어의 [Text]〉[Path Options]〉[First Margin]의 속성값을 조절하여 텍스트가 상단 중앙에 배치되도록 좌우 균형을 맞춥니다.

Comp 패널의 Grid and guide options 🔲 에서 [Grid]를 체크하여 화면에 표시한 후 텍스트 위치를 조정합니다.

08 [ART MAKE–UP] 텍스트 레이어를 선택한 후 Ctrl + D 를 눌러 복제합니다.

09 복제된 [ART MAKE–UP 2] 텍스트 레이어를 더블클릭하여 텍스트를 모두 선택한 후 "· KOREA GLOBAL COSMETICS ·"를 입력합니다. 이번엔 [ART MAKE–UP 2] 텍스트 레이어의 [Text] 〉 [Path Options] 〉 [Reverse Path] 속성을 다시 [Off]로 변경하여 텍스트가 원형 안쪽으로 배치되도록 합니다.

10 Character 패널에서 폰트 크기와 자간을 다음과 같이 조절합니다. 마찬가지로 [ART MAKE–UP 2] 텍스트 레이어의 원형 마스크 패스를 바운딩 박스로 크기 조절하고, [Text] 〉 [Path Options] 〉 [First Margin]의 속성값을 조절하여 다음과 같이 하단의 중심에 배치되도록 합니다.

[Mask 1]을 선택하고 Ctrl + T 를 눌러 원형 마스크의 바운딩 박스를 표시한 후 원형 마스크의 크기를 조절하여 텍스트가 두 흰색 원 사이에 들어오도록 합니다.

11 중앙에 "MAGIC SHOP", "– Since 2013 –" 텍스트를 추가합니다.

"MAGIC SHOP"은 무료 폰트인 [전주 완판본 각L] 폰트, "– Since 2013 –"은 [Noto Sans CJK KR] 폰트를 사용하였습니다.

12 레이아웃이 완료되었으면 애니메이션 작업에 들어갑니다. [Shape Layer 1] 셰이프 레이어에서 두 개의 원형 선인 [Ellipse 1]과 [Ellipse 2]를 Ctrl 또는 Shift 를 누르고 클릭하여 함께 선택합니다. [Contents] 항목 오른쪽의 Add: ● 를 클릭하여 [Trim Paths]를 선택하면 두 원에 동시에 [Trim Paths 1] 속성이 추가됩니다.

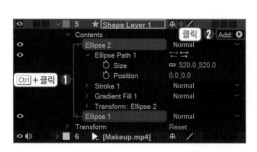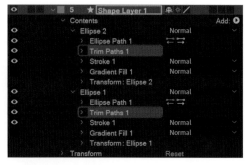

두 셰이프에 다른 움직임을 주기 위해 셰이프 레이어가 아닌 두 셰이프에 각각 [Trim Paths]를 적용합니다.

13 1초로 이동한 후 Ctrl 또는 Shift 를 누르고 [Ellipse 1]>[Trim Paths 1]>[Start] 속성과 [Ellipse 2]
>[Trim Paths 1]>[End] 속성을 함께 선택합니다. 둘 중 하나의 Stopwatch ⏱ 를 클릭하여 두 속성
에 동시에 키프레임 ◆ 을 설정합니다.

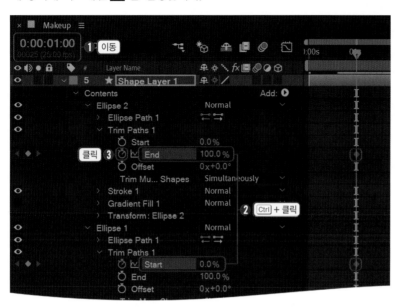

14 컴포지션의 시작 프레임(0초)으로 다시 이동한 후 [Ellipse 1]>[Trim Paths 1]>[Start] 속성값을
[100%]로 변경하고, [Ellipse 2]>[Trim Paths 1]>[End] 속성의 속성값은 [0%]로 변경합니다.

CTI를 드래그해보면 두 흰색 원이 서로 반대 방향으로 점차 생성되는 애니메이션이 만들어졌습니다.

15 다음은 [ART MAKE-UP]과 [・ KOREA GLOBAL COSMETICS ・] 텍스트 레이어를 선택합니다. CTI를 1초로 이동시키고 기타 패널 위치에 있는 Effect & Presets 패널을 연 다음 검색창에 "type" 를 입력합니다. "type" 문자가 포함된 모든 프리셋이 표시되면 [Typewriter]를 더블클릭합니다.

Timeline 패널에서 두 텍스트 레이어 선택

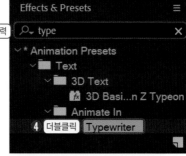

Effect & Presets 패널에서 프리셋 적용

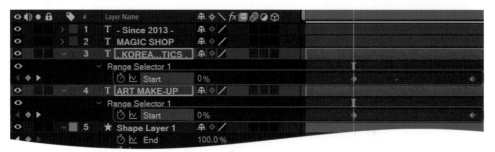

프리셋이 적용되면 단축키 [U]를 눌러 키프레임이 적용된 속성을 표시합니다.

16 2초로 이동한 후 프리셋을 적용한 두 텍스트 레이어의 마지막 키프레임 ◆ 을 함께 선택합니다. [Shift]
를 누르고 왼쪽으로 드래그하여 키프레임이 2초 위치에 달라붙도록 이동시킵니다.

프리셋이 1초 동안 적용되도록 조정하였습니다.

17 2초 위치에서 [ART MAKE-UP]과 [· KOREA GLOBAL COSMETICS ·] 텍스트 레이어를 선택
합니다. 두 레이어 중 하나의 [Text]〉[Path Options]〉[First Margin] 속성에 Stopwatch ◎ 를 클
릭하면 선택된 두 레이어에 동시에 키프레임 ◆ 이 생성됩니다.

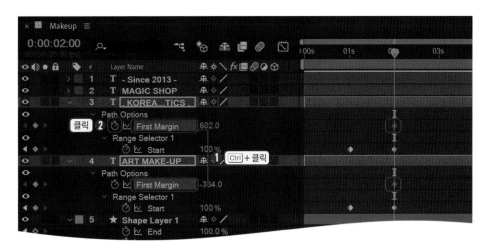

키프레임 적용 후 세부 속성이 길게 펼쳐져 있으면 보기 힘드므로 단축키 [U] 를 눌러 키프레임이 적용된 속성만 보도록 합니다.

18 다시 1초로 이동한 후 [ART MAKE-UP] 텍스트 레이어의 [First Margin] 속성값은 [375]로, [· KOREA GLOBAL COSMETICS ·] 텍스트 레이어의 [First Margin] 속성값은 [1910]으로 변경합니다.

19 [· KOREA GLOBAL COSMETICS ·] 텍스트 레이어의 모든 키프레임 ◆ 을 선택하고 [Shift]+오른쪽으로 드래그하여 2초부터 애니메이션이 시작되도록 이동합니다.

20 텍스트가 나오는 위치를 조정하기 위해 [First Margin] 속성의 마지막 키프레임 ◆ 을 2초 23프레임 위치로 이동시킵니다.

[ART MAKE–UP] 텍스트가 나와서 자리를 잡으면 연이어 [· KOREA GLOBAL COSMETICS ·] 텍스트가 나오게 됩니다.

21 3초 위치로 이동한 후 [MAGIC SHOP] 텍스트 레이어를 선택합니다. 기타 패널 위치에 있는 Effect & Presets 패널을 열고 검색창에 "scan"을 입력합니다. 표시된 [Block Dissolve–scanlines]를 더블 클릭하여 트랜지션 프리셋을 적용합니다.

❗ 또는 메뉴바의 [Animation] 〉 [Browse Presets] 명령을 실행하여 오픈된 어도비 브릿지에서 [Presets] 〉 [Transitions – Dissolves] 폴더의 [Block Dissolve–scanlines.ffx]를 더블클릭합니다.

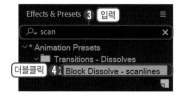 

22 4초 15프레임 위치로 이동한 후 [– Since 2013 –] 텍스트 레이어를 선택합니다. 단축키 [Alt] + [Shift] + [T] 를 눌러 [Opacity] 속성에 즉시 키프레임 ◆ 을 생성합니다.

23 3초 15프레임 위치로 이동한 후 [Opacity] 속성값을 [0%]로 변경합니다.

24 Num 0 키를 눌러 프리뷰 한 후 Ctrl + S 눌러 [Makeup-Master.aep]로 프로젝트를 저장합니다.

03 이펙트를 적용하여 흔들리는 자막 만들기

자막이 살짝 흔들리며 움직이는 효과로 감성적이고 아기자기한 영상에 많이 사용됩니다. [Displacement Map] 이펙트를 적용하여 표현할 수 있습니다.

예제 파일 [SC]-[P06]-[Rain.aep]

❶ 무료 폰트인 [고도 마음체]를 폰트 크기 [117]로 사용하였습니다. 구글에서 해당 폰트를 검색한 후 다운받아 시스템에 설치하고 애프터 이펙트를 다시 실행시키면 에러 없이 적용됩니다.

❶ CC 2019 아래 버전인 분들은 [SC]-[P06] 폴더에서 [Rain.mp4] 파일을 불러들인 후 위와 같이 텍스트 레이어를 적용하여 예제를 따라하시기 바랍니다. [몽글G]는 [몽글] 텍스트와 자막 바 장식 요소를 Pre-compose 한 것입니다. Ctrl + D 로 Precomp 레이어를 복제합니다.

01 1초 시간대에서 [빗소리에] 텍스트 레이어를 선택한 후 Alt + Shift + P 를 클릭하고 다시 Alt + Shift + T 를 클릭하여 [Position] 속성과 [Opacity] 속성에 키프레임을 설정합니다. 0초로 이동한 후 [Position]의 X-속성값을 [390]으로 설정하고, [Opacity] 속성값은 [0%]로 설정합니다.

02 1초에 위치한 [Position] 속성의 키프레임 ◆ 을 클릭하여 선택한 후 마우스 오른쪽 버튼에서 [Key-frame Assistant]>[Easy Ease In] (= Shift + F9) 명령을 적용하여 텍스트가 서서히 멈추도록 합니다.

03 2초로 이동한 후 [몽글G] Precomp 레이어 두 개를 동시에 선택하고 Alt + Shift + T 를 클릭하여 [Opacity] 속성에 키프레임을 설정합니다. 1초로 이동한 후 [Opacity] 속성값을 [0%]로 설정하고 Alt + I 를 클릭하여 1초 위치에 두 레이어의 IN점을 지정합니다.

04 자막들 간에 화면에 표시되는 시간차를 주기 위해 1초 10프레임에 2번 레이어의 IN점이 위치하고, 2초에 1번 레이어의 IN점이 위치하도록 각 레이어바를 클릭 앤 드래그하여 이동시킵니다.

05 Timeline 패널에서 [몽글G] 레이어를 더블클릭하여 프리–컴포지션을 활성화합니다. 메뉴바의 [Layer]〉[New]〉[Solid] (= Ctrl + Y)를 실행하여 컴포지션과 동일한 크기의 흰색 솔리드 레이어를 생성합니다. 솔리드 레이어가 선택된 상태에서 마우스 오른쪽 버튼(또는 메뉴바)의 [Effect]〉[Noise & Grain]〉[Fractal Noise] 이펙트를 적용합니다.

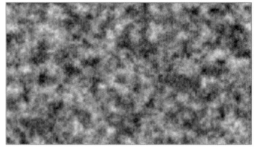

06 Project 패널 그룹 위치에 열린 Effect Controls 패널에서 [Contrast]의 속성값을 [150]으로, [Brightness] 속성값을 [−20]으로 설정하여 흑백의 대비가 좀 더 강해지도록 합니다.

❗ 만일 Effect Controls 패널이 보이지 않는다면 이펙트를 적용한 레이어를 선택한 후 메뉴바의 [Effect]〉[Effects Controls]을 선택하여 열도록 합니다.

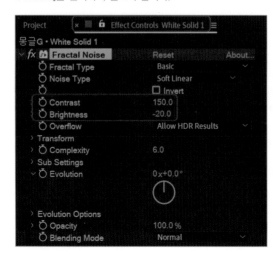

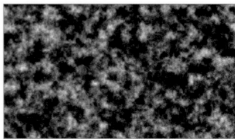

07 Home 키를 눌러 컴포지션의 시작 시간대(0초)로 이동한 후 [Evolution] 속성의 Stopwatch ⏱ 를 클릭하여 첫 키프레임을 설정합니다. End 키를 눌러 컴포지션의 마지막 프레임으로 이동한 후 7바퀴 회전값을 설정합니다. Timeline 패널에서 [White Solid 1]의 Video 👁 를 클릭하여 Off 하도록 합니다.

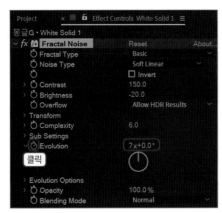

0초에서 [Evolution] 속성값은 [0x+0.0°]이고, 컴포지션의 마지막 프레임(3초 23프레임)에서 [7x+0.0°]이 되도록 설정합니다.

08 [몽글] 텍스트 레이어를 선택한 후 메뉴바의 [Effect] > [Distort] > [Displacement Map] 이펙트를 적용합니다. Effect Controls 패널에서 [Displacement Map Layer]를 [1. White Solid 1]과 [Effects & Mask]로 선택합니다. [Use For Horizontal Displacement]와 [Use For Vertical Displacement]를 모두 [Luminance]로 선택합니다. [Max Horizontal Displacement]와 [Max Vertical Displacement] 속성값은 [2]로 설정합니다.

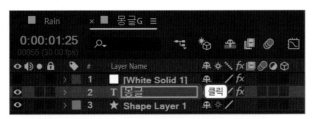
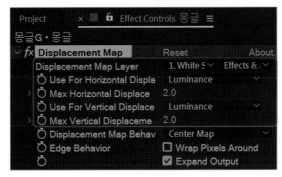

09 [Rain] 컴포지션을 다시 활성화하고 [Num 0] 키를 눌러 프리뷰합니다. [Ctrl] + [S] 를 눌러 [Rain-Master.aep]로 프로젝트를 저장합니다.

memo

애프터 이펙트로
유튜브 동영상
퀄리티 높이기

Chapter 01 **영상 보정하기**

Section 01 흔들리는 영상 보정하기 : Warp Stabilizer
Section 02 기울어진 영상 보정하기
Section 03 영상 색보정하기
Section 04 프리셋으로 영상 보정하기

Chapter 02 **화면의 움직임을 따라 합성하기**

Section 01 개체를 따라 움직이는 자막 : Track Motion
Section 02 카메라를 따라 움직이는 자막 : Track Camera
Section 03 얼굴 인식 추적으로 모자이크 가리기 : Face Tracking

PART 07

Chapter 01

영상 보정하기

기술이 발전하면서 전문적인 카메라 뿐만 아니라 휴대폰 카메라의 성능도 하루가 다르게 좋아지고 있습니다. 하지만 기기를 다루는 개개인의 능력과 촬영 당일의 주변 환경, 날씨 등에 따라 원하는 결과물을 얻지 못하기도 합니다. 애프터 이펙트는 이를 위해 다양한 보정 방법을 제공하고 있습니다. 그렇다고 해도 아주 형편없는 촬영 소스가 마술처럼 최고급의 결과물로 환골탈태하기를 기대하는 것은 무리가 있습니다. 좋은 결과를 얻으려면 같은 장면을 여러 번 촬영하고 그 중에 좋은 컷을 골라낸 다음 후보정으로 더 좋아보이도록 만드는 것이 최선이라고 할 수 있습니다.

● Section 01   흔들리는 영상 보정하기 : Warp Stabilizer

화면이 과도하게 흔들려 촬영된 영상은 화면 속의 오브젝트의 움직임을 추적하여 보정함으로써 안정화(Stabilizing)시킬 수 있습니다.

예제 파일 [SC]-[P07]-[Stabilizing.mp4]

01 예제의 [SC]–[P07] 폴더에서 [Stabilizing.mp4] 파일을 임포트하여 Timeline 패널에 레이어로 배치합니다.

02 [Stabilizing.mp4] 레이어가 선택된 상태에서 메뉴바의 [Animation]〉[Warp Stabilizer VFX] 명령을 실행하면 자동으로 2단계에 걸쳐 화면을 분석하고 안정화하는 작업을 시작합니다.

화면을 분석하는 과정　　　　　　　　　　　　　　화면을 안정화하는 과정

03 [Num 0] 키로 재생하여 흔들리던 화면이 안정화된 것을 확인합니다.

PLUS **Warp Stabilizer 이펙트의 세부 옵션으로 정밀하게 안정화하기**

■ Warp Stabilizer 이펙트를 적용하는 방법

적용할 레이어를 선택한 후

= 마우스 오른쪽 버튼 [Track & Stabilize]〉[Warp Stabilizer VFX]

= 메뉴바의 [Animation]〉[Warp Stabilizer VFX]

= 메뉴바의 [Effect]〉[Distort]〉[Warp Stabilizer]

= Tracker 패널에서 [Warp Stabilizer] 버튼 클릭

= Effects & Presets 패널에서 [Distort]〉[Warp Stabilizer]를 더블클릭

❶ 레이어에 적용된 마스크나 다른 이펙트들은 분석하지 않습니다. 만일 분석에 포함시키려면 Pre−compose하여 Precomp 레이어로 배치한 다음 [Warp Stabilizer] 이펙트를 적용합니다.

■ 자동 분석 및 안정화 단계

명령을 실행하면 Effect Controls 패널이 열리면서 [Warp Stabilizer] 이펙트를 표시하고, 곧바로 화면에 대한 1단계 영상 분석을 시작합니다. 분석이 끝나면 자동으로 2단계 안정화(Stabilizing)를 거쳐 최종 결과를 표시합니다.

 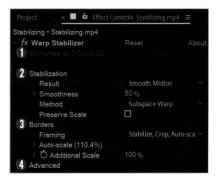

영상 분석 진행 상태 % 표시　　　　　　　　　　　　완료 상태

■ 안정화 옵션 조정

자동으로 진행된 안정화 결과가 만족스럽지 않을 경우 Effect Controls 패널에서 세부항목을 조절하여 오류를 조정할 수 있습니다.

❶ **Analyze** : 옵션 변경 후 다시 분석이 필요할 때 재활성화 됩니다.

Cancel : 분석을 도중에 멈추려면 클릭합니다.

❷ **Stabilization** : 안정화 과정을 제어하는 옵션입니다.

ⓐ **Result** : 카메라 안정화를 어떻게 할 것인지 선택합니다.

• Smooth Motion : 과도한 흔들림만 제거하고 카메라 움직임을 부드럽게 만듭니다. (선택 시 [Smoothness] 속성이 활성화됩니다.)

• No Motion : 카메라의 모든 움직임을 제거하여 정지된 카메라로 찍은 듯 고정시킵니다. (선택 시 [Advanced] 항목의 [Crop Less 〈─〉 Smooth More] 옵션 사용 불가)

ⓑ **Smoothness** : %가 낮을수록 촬영 원본에 가깝고, 높이면 움직임이 더 부드러워집니다.

ⓒ **Method** : 어떤 속성에 대한 분석을 기반으로 안정화할지 선택합니다. (데이터 추적이 충분치 않는 등의 문제가 생기면 특정 프레임에서 보다 간단한 방식인 바로 위 단계의 방식으로 자동으로 변경되어 안정화됩니다.)

• Position : 위치 데이터를 기반으로 안정화합니다.

• Position, Scale, Rotation : 위치, 크기, 회전 데이터를 기반으로 안정화합니다.

• Perspective : 원근을 기반으로 전체 화면을 효율적으로 모서리에 고정시킵니다. (카메라가 피사체를 정면으로 찍지 않았을 경우 화면 왜곡(Keystoning) 현상이 발생할 수 있으므로 이때는 보다 간단한 방식으로 바꾸어 진행하도록 합니다.)

• Subspace Warp : 화면의 다양한 부분을 서로 다른 방식으로 비틀어 전체 화면을 안정화합니다. (과도하게 화면이 비틀어지는 현상이 발생하기도 하므로 이때는 보다 간단한 방식([Position, Scale, Rotation] 방식 등)으로 바꾸어 진행하도록 합니다.)

ⓓ **Preserve Scale** : 체크하면 카메라를 앞뒤로 움직여 촬영하여 피사체의 크기에 변화가 생긴 경우에도 이를 맞추려고 조정하지 않습니다. (디폴트는 Off)

❸ **Borders** : 안정화가 끝나면 화면 테두리에 여백(투명/블랙)이 발생하는데 이에 대한 보정 옵션입니다.

ⓐ **Framing** : 화면 테두리 여백의 처리 방법을 선택합니다.

• Stabilize Only : 화면 테두리 여백을 채우거나 잘라내지 않고 그대로 둡니다. 주로 조정이 얼마나 되었는지 확인이 필요할 때 사용합니다. (선택 시 [Auto-scale] 옵션들과 [Advanced] 항목의 [Crop Less 〈─〉 Smooth More] 옵션 사용 불가)

• Stabilize, Crop : 크기 조절 없이 화면 테두리를 상하좌우 동일한 크기로 잘라냅니다. (선택 시 [Auto-scale] 옵션들 사용 불가)

• Stabilize, Crop, Auto-scale : 화면 테두리를 잘라내고 배경이 드러나지 않도록 자동으로 분석하여 컴포지션에 꽉 차게 크기를 조절합니다. ([Auto-scale] 옵션들을 사용하여 세부적인 제어 가능)

• Stabilize, Synthesize Edges : 움직인 화면 테두리를 이전/이후 화면 또는 그 두 화면 모두를 이용하여 채웁니다. (선택 시 [Auto-scale] 옵션들과 [Advanced] 항목의 [Crop Less 〈─〉 Smooth More] 속성은 사용할 수 없으며, 대신 [Advanced] 항목의 [Synthesis Input Range] 옵션으로 제어합니다.)

ⓑ **Auto-scale** : [Borders] 항목의 [Framing]에서 [Stabilize, Crop, Auto-scale]을 선택할 경우 활성화되며, 자동으로 조절된 크기가 %로 표시됩니다.

- **Maximum Scale** : 자동으로 크기를 조절할 때 최대 키울 수 있는 정도(%)를 제한합니다.
- **Action-safe Margin** : 화면의 제일 가장자리로부터 %로 지정한 만큼 여백을 남기고 레이어 크기를 키웁니다.

ⓒ **Additional Scale** : 레이어의 크기를 임의로 더 키우거나 줄이고자 할 때 사용합니다.

❹ **Advanced** : 추가 옵션 설정

ⓐ **Detailed Analysis** : 디폴트 안정화 결과가 좋지 않을 때 체크하면 더욱 정밀한 추적 분석을 추가합니다. 단, 프로젝트에 저장되는 데이터가 커지고 처리 속도도 느려집니다.

ⓑ **Rolling Shutter Ripple** : 디지털 카메라로 빠른 장면을 촬영할 때 롤링 셔터(Rolling Shutter)로 인해 직선이 기울어져 보이는 현상이 발생하는데 이러한 왜곡을 제거합니다. ([Stabilization] 항목의 [Method] 옵션에서 [Perspective]나 [Subspace Warp] 선택 시 활성화)

- **Automatic Reduction** : 왜곡을 자동으로 감소시킵니다.
- **Enhanced Reduction** : 롤링 셔터 카메라를 사용한 촬영 소스에 큰 왜곡이 있는 경우에 사용합니다.

❗ 롤링 셔터로 인한 왜곡의 섬세한 보정은 메뉴바의 [Effect]〉[Distort]〉[Rolling Shutter Repair] 이펙트를 사용합니다.

ⓒ **Crop Less 〈-〉 Smooth More** : 화면의 테두리를 자를 때 카메라 움직임을 부드럽게 하는 것과 크기를 조절하는 것 사이의 적당한 균형을 조절합니다. % 값이 클수록 카메라 움직임이 부드러워지지만 잘라내야 할 화면 테두리 영역이 많아집니다. 이 기능을 사용할 때 안정화를 재분석하는 과정은 필요 없습니다. ([Borders] 항목의 [Framing] 옵션에서 [Stabilize, Crop] 또는 [Stabilize, Crop, Auto-scale] 선택 시 활성화)

❗ 100%는 잘라낸 부분이 없는 것이므로 [Borders] 항목의 [Framing] 옵션에서 [Stabilize Only]를 선택한 것과 같은 결과를 보입니다.

ⓓ **Synthesis Input Range (seconds)** : 화면 테두리로 인한 여백의 픽셀을 앞/뒤 화면으로 채울 때 앞/뒤 몇 초까지 합성을 할지 지정합니다.

ⓔ **Synthesis Edge Feather** : 테두리 부분을 원래 화면과 어느 정도 부드럽게 합성할지 지정합니다.

ⓕ **Synthesis Edge Cropping** : 아날로그 비디오나 저화질 동영상에서 나타나는 거친 가장자리 부분을 지정한 [Left/Top/Right/Bottom] 만큼 잘라내고 합성합니다.

❗ [Synthesis …] 관련 속성들은 [Borders] 항목의 [Framing] 옵션에서 [Stabilize, Synthesize Edges]를 선택할 경우 활성화됩니다.

ⓖ **Objective** : 소스 레이어에서 추적한 안정화 데이터를 어떻게 사용할지 결정합니다.

- **Stabilize** : 카메라의 떨림을 안정화하기 위해 사용합니다. (디폴트)

- Reversible Stabilization : 화면의 흔들리는 개체를 안정화하기 위해 사용합니다.
  - Reverse Stabilization : [Reversible Stabilization] 작업을 하고 이펙트를 적용했을 때 이펙트가 장면의 움직임에 잘 어울리도록 흔들림을 다시 추가합니다.
  - Apply Motion to Target : 타겟 레이어에 안정화된 움직임 데이터를 적용합니다.
  - Apply Motion to Target Over Original : 원본 위에 합성되는 타겟 레이어에 안정화된 움직임 데이터를 적용합니다.

ⓗ **Target Layer :** [Objective]를 [Apply Motion to Target] 또는 [Apply Motion to Target Over Original]로 선택한 경우, 안정화된 움직임 데이터를 적용할 레이어를 선택합니다.

ⓘ **Show Track Points :** 트랙 포인트를 화면에 표시할지 체크합니다. (체크할 경우 상위 옵션과 속성들은 비활성화됩니다.)

ⓙ **Track Point Size :** [Show Track Points]가 체크되었을 경우 표시되는 트랙 포인트의 크기를 결정합니다.

ⓚ **Auto-delete Points Across Time :** Comp 패널에서 개체에 설정된 트랙 포인트를 삭제하면 모든 시간대에서 동일 개체에 설정된 해당 트랙 포인트를 삭제합니다.

    ❗ 특정 개체를 안정화하기 위해 그 이외의 불필요한 추적포인트들은 삭제할 수 있습니다.

ⓛ **Hide Warning Banner :** 안정화 과정에서 화면이 과도하게 잘리는 경우 경고 배너가 뜨는데, 결과에 만족할 경우 경고 배너가 표시되지 않도록 체크합니다.

TIP

안정화 작업 후 기존 화면이 너무 많이 잘리는 경우 대처 방법

- [Stabilization] 항목의 [Smoothness] 수치를 낮춥니다.
- [Advanced] 항목의 [Crop Less 〈－〉 Smooth More] 옵션의 % 값을 줄입니다.
- [Borders] 항목의 [Framing]에서 [Stabilize Only]를 선택한 후 수동으로 크기를 조절합니다.
- [Borders] 항목의 [Framing]에서 [Stabilize, Synthesize Edges]를 선택하여 가상의 테두리를 생성합니다.

● **Section 02**　**기울어진 영상 보정하기**

롤링 셔터(Rolling Shutter)는 DSLR이나 CMOS 센서에 채택된 전자식 셔터로, 화면 스캔이 위에서 아래로 진행됩니다. 이로 인해 피사체가 빠르게 움직이거나 카메라를 빠르게 움직여 촬영한 경우 랙(Lag)이 걸려 직선이 사선으로 왜곡되는 젤로현상(Jello Effect)이 발생합니다.

이런 화면 왜곡 현상을 애프터 이펙트의 [Rolling Shutter Repair] 이펙트로 약간은 보정할 수 있습니다. 많이 흔들리거나 크게 기울어져 촬영된 영상의 경우에는 만족도가 낮을 수 있습니다. 보정 방식은 이미지에서 특정한 점을 추적하여 이전 프레임과 비교하는 방법을 사용합니다.

01 예제의 [SC]-[P07] 폴더에서 [가로등.mp4] 파일을 임포트하여 Timeline 패널에 레이어로 배치합니다. Comp 패널 하단의 Grid and guide options  에서 [Grid]를 체크하거나 단축키 Ctrl + ⌐ (작은 따옴표)를 눌러 화면에 그리드를 표시합니다. 가로등이 약간 기울어져 촬영된 것을 알 수 있습니다.

❶ 기존의 초록색 그리드가 잘 보이지 않으면 메뉴바의 [Edit]〉[Preferences]〉[Grids & Guides]를 실행하여 [Grid]의 [Color] 항목에서 색상 상자를 클릭하고 색상 등을 변경합니다.

02 [가로등.mp4] 레이어를 선택한 후 메뉴바의 [Effect]〉[Distort]〉[Rolling Shutter Repair] 이펙트를 적용합니다. Effect Controls 패널이 자동으로 열리면서 해당 이펙트가 표시되고, Timeline 패널에도 레이어에 [Effects] 속성이 추가됩니다.

Effect Controls 패널이 열립니다.

레이어에 [Effects] 속성이 추가되고 Effect **fx** 스위치가 활성화됩니다.

❶ **Rolling Shutter Rate** : 기울어진 사선이 수직선에 가까워질 때까지 스캐닝 시간(프레임 레이트)을 %로 지정합니다. DSLR은 50~70%, 스마트폰은 100%에 가깝게 설정합니다.

❷ **Scan Direction ▼** : 스마트폰으로 기울여 촬영한 경우 스캔 방향을 조절할 때 사용합니다. 대부분의 디지털 카메라는 위에서 아래로(Top → Bottom) 스캔하므로 디폴트 설정을 유지하는 것이 좋습니다.

❸ **Advanced** : 추가로 조정 가능한 옵션입니다.

- **Method ▼** : 보정 방법을 선택합니다.
  - **Warp** : 트래킹 포인트 분석 작업을 통해 왜곡을 보정합니다.
  - **Pixel Motion** : 빠르게 움직이는 피사체의 움직임을 분석(Optical-flow)하거나 프레임이 부족한 영상의 픽셀 모션(Pixel-motion) 작업을 통해 앞뒤 프레임들을 비교하는 방식으로 보정합니다.
- **Detailed Analysis** : [Advanced]〉[Method]〉[Warp]가 선택된 경우에 체크하여 트래킹 지점에 대해 좀 더 정밀한 분석을 실행합니다.
- **Pixel Motion Detail** : [Advanced]〉[Method]〉[Pixel Motion]이 선택된 경우에 설정할 수 있습니다. 이전 프레임에서 특정한 지점(Vector Point)의 좌표가 이후 프레임에서 어떻게 변하는지를 좀 더 정밀하게 분석합니다.

03 Effect Controls 패널에서 [Rolling Shutter Rate]를 [100%]로 설정하고 [Detailed Analysis]를 체크하여 좀 더 정밀하게 분석하도록 설정합니다.

04 레이어의 Effect **fx** 스위치를 임시로 On/Off 해보면서 이펙트를 적용하기 전의 소스 원본과 비교하여 어떻게 보정이 되었는지 확인합니다.

● Section 03 영상 색보정하기

촬영된 영상 소스에 자신만의 느낌을 살려 다양한 색감으로 표현한다면 좀 더 특색있고 인상적인 크리에이터로 기억될 수 있을 것입니다.

01 컬러 코렉션 이펙트로 색보정하기

컬러 코렉션 이펙트는 소스 레이어를 선택한 후 메뉴바의 [Effect] 〉 [Color Correction]의 목록에서 원하는 효과를 선택하면 바로 적용됩니다. 보통 한가지 이펙트만 적용하기보다는, 본인이 표현하고자 하는 방향에 맞춰 여러 개의 이펙트를 섞어서 사용하게 됩니다.

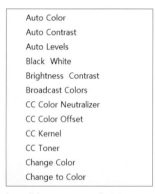  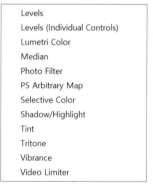

[Effect] 〉 [Color Correction] 이펙트 목록

이펙트의 이름을 기억하고 있다면 기타 패널 위치의 Effects & Presets 패널에서 검색 기능을 통해 빠르게 원하는 이펙트를 검색할 수 있습니다. 적용할 레이어를 선택한 후 검색으로 표시된 목록에서 원하는 이펙트를 더블클릭하면 해당 이펙트가 적용됩니다.

[Level] 이펙트 검색

원하는 이펙트의 스펠링을 일부 입력하면 해당 스펠링이 들어간 이펙트들만 표시됩니다.
전체 이펙트를 다시 보려면 검색창 오른쪽의 × 를 클릭합니다.

활용예제 생동감 있게 보정하기

예제 파일 [SC]-[P07]-[그네의자.mp4]

01 예제의 [SC]-[P07] 폴더에서 [그네의자.mp4] 파일을 임포트하여 Timeline 패널에 레이어로 배치합니다.

02 메뉴바의 [Effect]〉[Color Correction]의 목록에서 [Level] 이펙트를 적용하면 Timeline 패널의 소스 레이어에 Effect *fx* 스위치가 On 되면서 [Effects] 속성이 추가됩니다. 또한 Effect Controls 패널이 자동으로 열리면서 레이어에 적용된 이펙트를 표시합니다.

❶ Effect Controls 패널이 보이지 않는다면 레이어를 선택한 후 메뉴바에서 [Effect]〉[Effect Controls] 명령을 실행합니다.

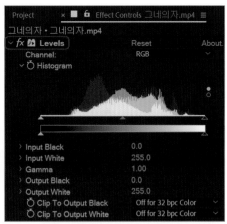

Timeline 패널에 표시된 [Level] 이펙트의 옵션들과 Effect Controls 패널의 이펙트 옵션은 동일합니다. Timeline 패널에서 속성값을 변경해도 되고, Effect Controls 패널에서 변경해도 됩니다.

03 [Level] 이펙트는 주로 화면의 어두운 영역, 중간 밝기 영역, 밝은 영역에 대한 정도를 조절하기 위해 많이 사용됩니다. Effect Controls 패널에서 [Histogram]의 슬라이드 ▲를 클릭 앤 드래그하여 영상의 밝고 어두운 영역이 조금 더 명확해지도록 보정합니다.

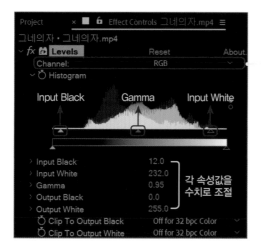

[Channel] 항목에서 RGB 채널을 각각 선택하여 별도로 조절하거나, 알파 채널이 있는 소스 레이어의 경우에는 투명 영역을 조절할 수도 있습니다.

Input Black	12
Input White	232
Gamma	0.95

❶ 직접 슬라이드 ▲를 드래그하여 조정하는 대신 각 슬라이드에 해당하는 속성값을 명확한 수치로 조정할 수 있습니다.

04 소스 레이어가 선택된 상태에서 메뉴바의 [Effect]〉[Color Correction]의 목록 중 [Color Balance]를 추가합니다. [Color Balance] 이펙트는 화면의 어두운 영역, 중간 밝기 영역, 밝은 영역에 각각 RGB 색상의 양을 조절할 수 있습니다. 다음과 같이 색상을 조정합니다.

Shadow Green Balance	−10
Shadow Blue Balance	−5
Midtone Green Balance	10
Highlight Red Balance	−30
Highlight Blue Balance	15

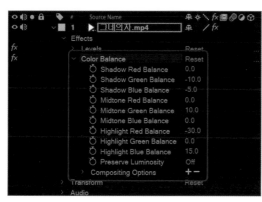

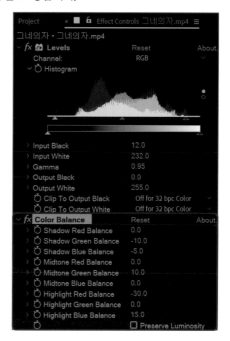

레이어에 추가된 [Color Balance] 이펙트의 옵션들

❶ 이펙트는 먼저 적용한 순서대로(위에서 아래 목록으로) 적용됩니다. 이펙트의 이름을 클릭하여 다른 이펙트의 위 또는 아래에 드래그하여 놓으면 이펙트의 적용 순서를 바꿀 수 있습니다. 그러면 영상에 적용된 결과도 바뀌므로 어느 것을 먼저 적용하면 좋을지 순서를 바꿔보며 선택하도록 합니다.

05 화면에 생동감을 주기 위해 이번에는 컬러 코렉션 이펙트 중 [Vibrance]를 추가합니다. [Vibrance] 이펙트는 채도를 조정하여 색을 좀 더 강조함으로써 화면에 색감이 풍부해지는 효과가 있습니다. 다음과 같이 옵션을 조정합니다.

Vibrance	20
Saturation	8

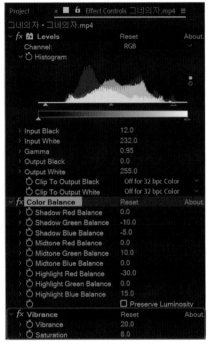

레이어에 추가된 [Vibrance] 이펙트의 옵션들

- **Vibrance** : 이미 채도가 높은 색상보다 채도가 낮은 색상에 영향을 주고자 할 때 사용합니다. 단, 마젠타부터 오렌지 컬러까지의 색조를 포함한 픽셀들은 영향을 덜 받기 때문에 피부색을 보호하면서 이미지의 채도를 높일 때 사용하면 좋습니다.

- **Saturation** : 화면 전체의 채도를 동일하게 조정할 때 사용합니다.

06 [Num 0] 키를 눌러 프리뷰 한 후 [Ctrl]+[S]를 눌러 [그네의자–Master.aep]로 프로젝트를 저장합니다.

보정 전

보정 후

❶ 영상의 보정 정도는 모니터에 따라 달라보일 수 있으며, 일부러 과도하게 보정하는 경우도 있고 거의 실제와 가깝게 보정하는 경우도 있으므로 본인의 프로젝트에 따라 가감하도록 합니다.

07 만일 이펙트를 적용하기 전의 소스 원본을 확인하고 싶다면 레이어 이름 오른쪽의 Effect *fx* 스위치를 클릭하여 임시로 Off 합니다.

❶ Timeline 패널이나 Effect Controls 패널에서 각 이펙트 앞에 있는 *fx* 스위치를 Off하면 해당 이펙트만 일시적으로 적용하지 않을 수 있습니다. 최종 아웃풋을 위해서는 레이어의 Effect *fx* 스위치와 각 이펙트 앞의 *fx* 스위치가 On 상태이어야 해당 이펙트들을 적용하여 렌더링합니다.

PLUS 화면 캡처로 영상 보정 화면 비교하기

동일 컴포지션 내에서 다른 시간대의 두 화면을 비교하거나, 이전의 설정값을 적용한 화면과 현재 화면을 비교하고 싶을 때, 다른 컴포지션이나 레이어 또는 원본 소스 화면과 비교하기 위해 Comp 패널 하단의 Take Snapshot 🔘 과 Show Snapshot 🔘 기능을 활용할 수 있습니다.

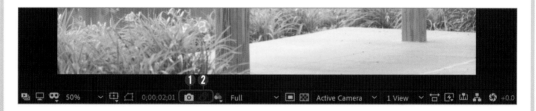

❶ **Take Snapshot** 🔘 : CTI가 위치한 현재 시간대의 화면을 한 장 캡처하여 키보드의 F5 키에 임시로 저장합니다. 아이콘을 클릭할 때마다 F5 키에 덮어쓰기 됩니다. Shift + F5 ~ F8 키를 클릭하면 F5 부터 F8 키까지 각기 다른 캡처 화면을 저장할 수 있습니다.

❷ **Show Snapshot** 🔘 : F5 키에 저장된 캡처 화면을 이 아이콘을 클릭하고 있는 동안만 일시적으로 화면에 표시합니다. 다른 시간대로 이동한 다음 이 아이콘을 누르면 캡처 화면과 현재 화면을 수시로 비교할 수 있으므로 여러 영상의 색감이나 효과 등을 맞추기 위해 사용할 수 있습니다.
F5 부터 F8 키에 여러 캡처 화면이 저장되어 있다면, 각각의 키를 클릭하고 있는 동안만 일시적으로 각 키에 저장된 캡처 화면을 볼 수 있습니다.

❶ 캡처 화면의 크기나 화면 종횡비(Aspect Ratio)가 현재의 뷰어와 다를 경우 뷰어에 맞게 재조정됩니다.

활용예제 특정 색상을 제외하고 흑백으로 만들기

예제 파일 [SC]-[P07]-[장미.mp4]

01 예제의 [SC]-[P07] 폴더에서 [장미.mp4] 파일을 임포트하여 Timeline 패널에 레이어로 배치합니다. [장미.mp4] 레이어가 선택된 상태에서 메뉴바의 [Effect] > [Color Correction] > [Leave Color] 이펙트를 적용합니다.

Timeline 패널의 레이어에 추가된 [Effects] 속성

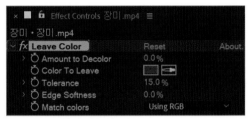

Effect Controls 패널이 자동으로 열립니다.

02 Effect Controls 패널에서 색상 상자 오른쪽의 Eyedropper █를 클릭한 다음 화면에서 장미의 빨간 색을 클릭하면 색상 상자가 클릭한 색으로 채워집니다.

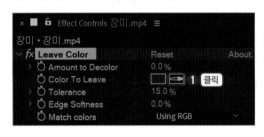

03 먼저 [Match colors] 옵션을 [Using Hue]로 변경한 다음, 빨간 색 이외에는 모두 흑백이 되도록 나머지 옵션을 조절합니다.

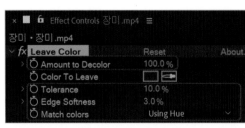

개개인이 화면에서 클릭한 지점에 따라 속성값은 약간 다를 수 있습니다.

- **Amount to Decolor** : 나머지 색상을 얼마나 제거할지 설정합니다. 100%는 흑백이 됩니다.

- **Color To Leave** : 남기길 원하는 색상을 지정합니다.
- **Tolerance** : 값이 크면 선택한 색상과 유사한 색상까지 포함하여 더 많은 색상이 보존됩니다. 100% 로 설정하면 모든 색상이 보존됩니다.
- **Edge Softness** : 선택한 색상과 인접한 색상과의 경계 부분을 부드럽게 처리합니다.
- **Match colors** : RGB와 Hue 중에서 컬러를 비교할 기준 컬러스페이스를 선택합니다.

04 ▶ ⌜Num 0⌟키를 눌러 프리뷰 한 후 [장미-Master.aep]로 프로젝트를 저장합니다.

❶ 지면 관계상 모든 컬러 코렉션 이펙트를 다룰 수 없지만, 저자의 다른 책『내가 알고 싶은 애프터 이펙트의 모든 것』(디지털북 스)에서 대부분의 기본 이펙트를 상세히 설명하고 있으므로 좀 더 많은 이펙트를 알고 싶은 분들은 참고하시기 바랍니다.

---

02 블렌딩 모드 활용하기

블렌딩 모드(Blending Mode) 합성은 각 레이어가 가진 HSV(색상Hue/채도Saturation/명도Value)값이 나 알파값을 이용하여 두 개 이상의 레이어를 합성하는 것으로 애프터 이펙트는 이를 위한 다양한 모드를 제공하고 있습니다. 블렌딩 모드는 상위 레이어에 설정을 하여 하위 레이어와 합성되는 방식으로, 키프레임 을 적용할 수는 없습니다.

활용예제 뽀샤시한 영상 만들기

예제 파일 [SC]-[P07]-[스위스.mp4], [빛망울.mp4]

01 ▶ 예제의 [SC]-[P07] 폴더에서 [스위스.mp4]와 [빛망울.mp4]를 임포트합니다. [스위스.mp4] 푸 티지를 Timeline 패널에 다음과 같이 레이어로 배치하고 패널 하단의 Toggle Switches/Modes `Toggle Switches / Modes` 버튼을 클릭하여 Switches 컬럼 대신 Modes 컬럼을 열도록 합니다.

❶ Timeline 패널 좌측 하단의 Transfer Controls pane 🔃을 클릭하면 Switches 컬럼을 유지한 채 Modes 컬럼을 열 수 있습니다.

02 [스위스.mp4] 레이어가 선택된 상태에서 [Ctrl]+[D]를 눌러 레이어를 복제합니다. 뽀샤시한 느낌을 주기 위해 1번 레이어의 Modes 컬럼에서 Normal ∨ 을 클릭하여 목록 중 [Screen] 모드를 선택합니다.

블렌딩 모드를 적용한 레이어의 Video 아이콘이 로 변경됩니다.

03 이번에는 장식 요소로 아른아른한 느낌을 추가하기 위해 [빛망울.mp4]를 최상위 레이어로 배치하고, Mode 컬럼에서 [Soft Light] 모드를 선택합니다.

다양한 모드를 적용해보고 자신이 표현하고자 하는 느낌을 살리도록 합니다.

04 [Num 0] 키를 눌러 프리뷰한 후 [Ctrl]+[S]를 눌러 [Mode-Master.aep]로 프로젝트를 저장합니다.

TIP

블렌딩 모드를 순차적으로 선택하기

레이어를 선택한 후 단축키 [+] (= [Shift]+[=]) 또는 [_] (= [Shift]+[-])를 클릭하면 Normal ∨ 의 모드 목록에서 순차적으로 다음 모드가 선택됩니다.

PLUS **블렌딩 모드의 종류**

예제의 [SC]-[P07] 폴더에서 [Paragliding.jpg]와 [Triangles.jpg]를 다음과 같이 레이어로 배치하고 각 모드를 적용해보도록 합니다.

1번 레이어(상위 레이어)

2번 레이어(하위 레이어)

Normal	❶
Dissolve	
Dancing Dissolve	

Darken	❷
Multiply	
Color Burn	
Classic Color Burn	
Linear Burn	
Darker Color	

Add	❸
Lighten	
Screen	
Color Dodge	
Classic Color Dodge	
Linear Dodge	
Lighter Color	

Overlay	❹
Soft Light	
Hard Light	
Linear Light	
Vivid Light	
Pin Light	
Hard Mix	

Difference	❺
Classic Difference	
Exclusion	
Subtract	
Divide	

Hue	❻
Saturation	
Color	
Luminosity	

Stencil Alpha	❼
Stencil Luma	
Silhouette Alpha	
Silhouette Luma	

| Alpha Add | ❽ |
| Luminescent Premul | |

❶ **표준(Normal) 모드 :** 상위 레이어의 불투명도(Opacity) 값에 따라 합성합니다.

- **Normal :** 상위 레이어의 불투명도가 100%인 경우 하위 레이어와 아무런 합성이 일어나지 않습니다.
- **Dissolve :** 상위 레이어의 [Opacity] 속성값이 감소하면 상위 레이어의 각 픽셀이 제각각 투명해지면서 노이즈 사이로 하위 레이어가 드러나 보입니다.
- **Dancing Dissolve :** [Dissolve] 모드와 같으나, 키프레임을 주지 않아도 각 픽셀의 투명도가 시시각각 변하여 노이즈가 움직이는 것처럼 보입니다.

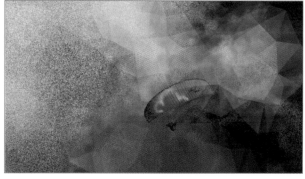

Dissolve / Dancing Dissolve (상위 레이어의 Opacity 50%)

❷ **감산(Subtractive) 모드** : 합성된 이미지가 어두워집니다.

- **Darken** : 겹치는 픽셀의 더 어두운(더 낮은) 색상 채널값이 최종 색상 채널값으로 결정됩니다.
- **Multiply** : 두 레이어의 각 색상 채널값을 곱한 후 현재 프로젝트의 색심도(Color Depth) 설정(8/16/32bpc)에 따라 픽셀의 최대값으로 나눕니다. 겹치는 두 레이어 중 하나가 블랙 픽셀인 영역이 있다면 최종 픽셀도 블랙으로 결정되고, 화이트 픽셀이면 다른 레이어의 색상이 최종 픽셀의 색상으로 결정됩니다.
- **Color Burn** : 상위 레이어의 대비를 높여 어두워진 색상을 최종 픽셀의 색상으로 결정하고, 상위 레이어의 픽셀이 순 화이트인 영역에서는 하위 레이어가 그대로 드러납니다.
- **Classic Color Burn** : 애프터 이펙트 5.0 이전 버전에 사용되었던 [Color Burn] 모드와 호환이 필요할 때 사용합니다.
- **Linear Burn** : 상위 레이어의 색상을 더 어둡게 만들어 최종 픽셀의 색상으로 결정하고, 상위 레이어의 순 화이트 영역에서는 하위 레이어가 그대로 드러납니다.
- **Darker Color** : 겹치는 픽셀의 더 어두운 색상값을 최종 픽셀의 색상값으로 결정합니다. [Darken] 모드처럼 개별 색상 채널값에 적용시키지는 않습니다.

Darken

Multiply

Color Burn

Linear Burn

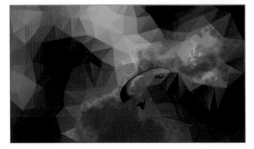

Darker Color

❸ 가산(Additive) 모드 : 합성된 이미지가 밝아집니다.

- **Add :** 두 레이어의 각 색상 채널값을 더하여 최종 픽셀의 색상 채널값으로 결정합니다. 빛이나 연기 등의 합성에 많이 쓰입니다.
- **Lighten :** [Darken] 모드의 반대 개념으로, 겹치는 픽셀의 더 밝은(더 높은) 색상 채널값을 최종 픽셀의 색상 채널값으로 결정합니다.
- **Screen :** [Multiply] 모드의 반대 개념으로 상위 레이어의 더 밝은 영역은 아래 레이어를 더 밝게 만들고, 상위 레이어의 어두운 부분은 무시됩니다. 빛이나 불 등의 합성에 많이 쓰입니다.
- **Color Dodge :** [Color Burn] 모드의 반대 개념으로 상위 레이어의 대비를 낮추어 상위 레이어의 밝은 영역이 최종 픽셀의 색상으로 결정되고, 상위 레이어가 순 블랙인 영역은 하위 레이어의 색상을 최종 픽셀의 색상으로 결정합니다.
- **Classic Color Dodge :** 애프터 이펙트 5.0 이전 버전에 사용되었던 [Color Dodge] 모드와 호환이 필요할 때 사용합니다.
- **Linear Dodge :** 상위 레이어의 명도를 높여 상위 레이어의 밝은 부분이 최종 픽셀의 색상으로 결정되고, 상위 레이어가 순 블랙인 부분은 하위 레이어의 색상을 최종 픽셀의 색상으로 결정합니다.
- **Lighter Color :** 두 레이어 중 더 밝은 색상값을 최종 픽셀의 색상값으로 결정합니다. [Lighten] 모드처럼 개별 색상 채널값에 적용시키지는 않습니다.

Add

Screen

Lighten

Color Dodge

Linear Dodge

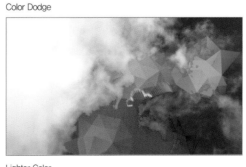

Lighter Color

❹ **복합(Complex) 모드** : 각 픽셀의 색상이 50% 회색보다 밝은지에 따라 두 레이어가 섞이는 방식이 결정됩니다.

- **Overlay** : 하위 레이어의 가장 밝은 부분과 가장 어두운 부분은 유지되고, 하위 레이어의 색상이 50% 회색보다 어두운 영역은 [Multiply]를 적용하여 더 어둡게, 50% 회색보다 밝은 영역은 [Screen]을 적용하여 더 밝게 만듭니다.
- **Soft Light** : 상위 레이어의 각 색상 채널 값이 50% 회색보다 밝은 영역은 [Dodge]를 적용한 듯 최종 픽셀의 색상이 하위 레이어의 색상보다 더 밝아지고, 50% 회색보다 어두운 영역은 [Burn] 모드를 적용한 듯 최종 픽셀의 색상이 하위 레이어의 색상보다 더 어두워져 마치 부드러운 스팟 조명을 비춘 듯 표현됩니다. 이때 순 블랙이나 순 화이트인 부분은 훨씬 더 어두워지거나 훨씬 더 밝아지지만 최종 픽셀의 색상이 순 블랙이나 순 화이트가 되지는 않습니다.
- **Hard Light** : 하위 레이어의 각 색상 채널 값이 50% 회색보다 밝은 영역은 [Screen]을 적용하여 더 밝아지고, 50% 회색보다 어두운 영역은 [Multiply]를 적용하여 더 어두워지면서 마치 강한 스팟 조명을 비춘 듯 표현됩니다. 이는 레이어에 그림자 형상을 만들 때 유용합니다.
- **Linear Light** : 하위 레이어의 색상이 50% 회색보다 밝으면 명도를 증가시켜 [Dodge]를 적용한 듯 더 밝아지고, 50% 회색보다 어두우면 명도를 감소시켜 [Burn]을 적용한 듯 레이어가 더 어두워지게 됩니다.
- **Vivid Light** : 하위 레이어의 색상이 50% 회색보다 밝으면 대비(Contrast)를 감소시켜 [Dodge]를 적용한 듯 더 밝아지고, 50% 회색보다 어두우면 대비를 증가시켜 [Burn]을 적용한 듯 더 어두워집니다.
- **Pin Light** : 하위 레이어의 색상이 50% 회색보다 밝으면 하위 레이어의 색상보다 더 어두운 픽셀들은 대체되고, 하위 레이어의 색상보다 더 밝은 픽셀들은 변화가 없습니다. 하위 레이어의 색상이 50% 회색보다 어두우면 하위 레이어의 색상보다 더 밝은 픽셀들은 대체되고, 하위 레이어의 색상보다 더 어두운 픽셀들은 변화가 없습니다.
- **Hard Mix** : 두 레이어의 색상이 강한 대비로 섞입니다.

Overlay

Soft Light

Hard Light

Linear Light

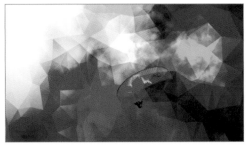

Vivid Light

Pin Light

Hard Mix

⑤ 차이(Difference) 모드 : 두 레이어의 컬러값 차이를 기준으로 하여 최종 색상을 결정합니다.

- **Difference :** 더 밝은 색상 채널 값에서 더 어두운 색상 채널값을 뺍니다. 각 레이어의 화이트 영역에서 다른 레이어의 색상이 반전되고, 각 레이어의 블랙 영역에서는 다른 레이어의 색상이 그대로 나타납니다.
- **Classic Difference :** 애프터 이펙트 5.0 이전 버전에 사용되었던 [Difference] 모드와 호환이 필요할 때 사용합니다.
- **Exclusion :** [Difference] 모드와 비슷하지만 대비를 더 낮춘 결과가 나타납니다.
- **Subtract :** 하위 레이어의 색상값에서 상위 레이어의 색상값을 뺍니다. (색심도 32bpc인 프로젝트에서는 최종 픽셀의 색상값이 0보다 작아질 수 있습니다.) 상위 레이어의 색상이 블랙이면 하위 레이어의 색상이 그대로 드러납니다.
- **Divide :** 하위 레이어의 색상값을 상위 레이어의 색상값으로 나눕니다. (색심도 32bpc인 프로젝트에서는 최종 픽셀의 색상값이 1보다 더 커질 수 있습니다.) 상위 레이어의 색상이 화이트인 부분에서 하위 레이어의 색상이 그대로 나타납니다.

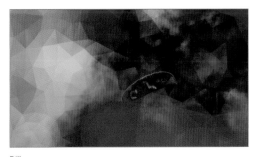

Difference

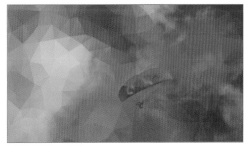

Exclusion

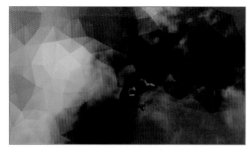

Subtract

Divide

❻ **HSL 모드 :** 하위 레이어의 각 픽셀의 색상(Hue)/채도(Saturation)/명도(Luminosity) 속성 중 하나 이상을 최종 픽셀의 색상에 반영합니다.

- **Hue :** 하위 레이어의 명도와 채도에, 상위 레이어의 색상으로 최종 픽셀이 결정됩니다.
- **Saturation :** 하위 레이어의 명도와 색상에, 상위 레이어의 채도로 최종 픽셀이 결정됩니다.
- **Color :** 하위 레이어의 명도에, 상위 레이어의 색상과 채도로 최종 픽셀이 결정됩니다.
- **Luminosity :** [Color] 모드의 반대로 하위 레이어의 색상과 채도에, 상위 레이어의 명도로 최종 픽셀이 결정됩니다.

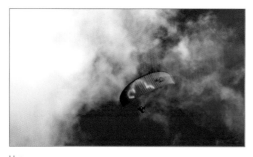

Hue

Saturation

Color

Luminosity

❼ **매트(Matte) 모드 :** 상위 레이어의 알파 채널이나 루미넌스 값을 하위 레이어의 매트로 사용하여 하위 레이어와 합성하는 방식입니다. 하위 레이어가 여러 개 있다면 모든 하위 레이어에 영향을 줍니다.

❗ 루미넌스(Luminance) : 영상이 가진 컬러의 밝기 차이를 말하며(컬러 정보 제외), 이를 루마 매트(Luma Matte)로 이용하여 화이트 부분에 영상을 남기고, 블랙 부분은 투명하게 만듭니다.

❶ 스텐실(Stencil) 모드는 알파 채널이나 루마 매트의 화이트 영역으로 하위 레이어들이 드러나게 하고, 실루엣(Silhouette) 모드는 알파 채널이나 루마 매트의 화이트 영역으로 하위 레이어들을 차단하는 방식입니다.

- **Stencil Alpha** : 상위 레이어가 가진 알파 채널의 화이트 영역을 통해 모든 하위 레이어가 드러납니다.
- **Stencil Luma** : 상위 레이어가 가진 루마값을 이용하여 밝은 픽셀일수록 불투명해져서 상위 레이어가 유지되고, 어두운 픽셀일수록 투명해져서 모든 하위 레이어가 드러납니다.
- **Silhouette Alpha** : [Stencil Alpha]의 반대로, 상위 레이어가 가진 알파 채널의 블랙 영역에 모든 하위 레이어가 드러납니다.
- **Silhouette Luma** : [Stencil Luma]의 반대로, 상위 레이어가 가진 루마값을 이용하여 밝은 픽셀일수록 투명해져서 모든 하위 레이어가 드러나고, 어두운 픽셀일수록 불투명해져서 상위 레이어의 픽셀이 유지됩니다.

❽ **유틸리티(Utility) 모드**

- **Alpha Add** : 가장자리에서 정확하게 맞붙는 두 레이어(또는 레이어가 가진 알파를 반전하여 동시에 합성해서 사용하는 경우)의 이음새는 알파 채널의 안티알리아싱 때문에 찌꺼기처럼 반투명하게 남는 부분이 생기는데(가령 투명도 50%의 두 레이어가 오버랩되면 곱하기 연산에 의해 75%의 투명도를 가지게 됩니다.) 여기에 알파를 채워서 두 레이어를 매끄럽게 연결하는 데 쓰입니다.
- **Luminescent Premul** : [Add] 모드로 합성하는 경우 알파 채널값을 넘어서는 색상값은 제거되는데, 이를 방지하기 위해 초과된 값을 그대로 유지하여 합성합니다. 따라서 빛과 같은 이미지를 합성할 때 [Add] 모드보다 더 풍부하고 리얼한 합성 결과를 가져옵니다.

● Section 04 프리셋으로 영상 보정하기

애프터 이펙트에서는 이미지 보정을 위한 여러 프리셋을 제공하고 있습니다.

기타 패널 위치의 Effects & Presets 패널에서 [Animation Presets] 항목을 열어보면 [Image] 관련 목록들이 있습니다.

❶ [Animation Presets]은 애프터 이펙트의 여러 이펙트를 조합하여 원하는 효과를 빨리 적용할 수 있도록 미리 만들어놓은 이펙트 묶음입니다.

레이어가 선택된 상태에서 각 폴더를 열어 원하는 프리셋을 더블클릭하거나, 레이어 위로 드래그 앤 드롭하면 프리셋이 적용됩니다.

활용예제 프리셋을 이용하여 낡은 TV 효과 만들기

예제 파일 [SC]-[P07]-[턴테이블.mp4]

01 예제의 [SC]–[P07] 폴더에서 [턴테이블.mp4]를 불러들인 후 Timeline 패널의 빈 컴포지션에 다음과 같이 레이어로 배치합니다.

02 [턴테이블.mp4] 레이어가 선택된 상태에서 Effects & Presets 패널의 [Animation Presets] 항목을 열고 [Image – Special Effects]〉[Bad TV 2 – old]를 더블클릭하여 프리셋을 적용합니다. Effect Controls 패널에서 다음과 같이 일부 옵션을 조정합니다.

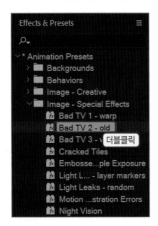

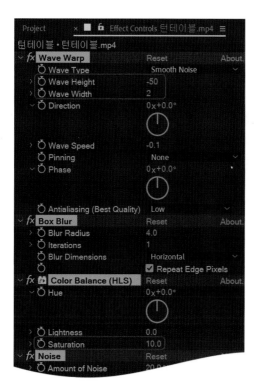

Wave Warp	
Wave Height	−50
Wave Width	2
Color Balance (HLS)	
Saturation	10

03 메뉴바의 [Layer]〉[New]〉[Adjustment Layer] (= Ctrl + Alt + Y)로 조정 레이어를 생성합니다. 조정 레이어가 선택된 상태에서 Effects & Presets 패널의 [Animation Presets]〉[Image – Creative]〉[Vignette Lighting]을 더블클릭하여 비네팅을 적용합니다.

❶ 조정 레이어(Adjustment Layer)는 이펙트나 마스크를 적용하여 아래에 놓인 모든 레이어에 영향을 줄 수 있는 레이어입니다.

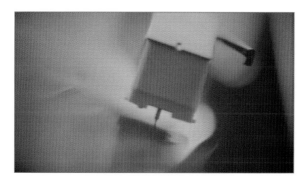

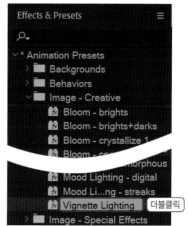

04 불규칙한 점멸 효과를 주기 위해 조정 레이어가 선택된 상태에서 Effects & Presets 패널의 [Animation Presets] > [Image – Special Effects] > [Light Leaks – random]을 더블클릭하여 적용한 후 다음과 같이 일부 옵션을 조정합니다.

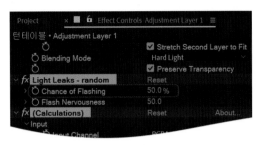

05 메뉴바의 [Layer] > [New] > [Solid] (= Ctrl + Y)로 블랙 솔리드 레이어를 하나 생성하고 제일 하위 레이어로 배치합니다. 단축키 T를 눌러 [Opacity] 속성을 연 후 [50%]로 변경합니다.

06 Num 0 키를 눌러 프리뷰한 후 Ctrl + S 를 눌러 [턴테이블−Master.aep]로 프로젝트를 저장합니다.

Chapter

02 화면의 움직임을 따라 합성하기

트래킹(Tracking)은 동영상의 움직임 데이터를 추적하여 다른 레이어나 이펙트가 그 움직임을 그대로 쫓아가게 하는 방식입니다. 애프터 이펙트에서는 앞뒤 프레임의 이미지 데이터를 비교하여 움직임을 추적합니다.

TIP

트래킹 작업환경으로 세팅하기

워크스페이스 프리셋 중에 트래킹 작업을 위한 맞춤 작업환경으로 [Motion Tracking]이 있습니다. 인터페이스 상단에 있는 워크스페이스바의 확장메뉴 ≫ 에서 [Motion Tracking]을 선택하면 트래킹 작업에 효율적인 워스크페이스로 세팅할 수 있습니다.

메뉴바의 [Window]〉[Workspace]〉[Motion Tracking]을 선택해도 됩니다.

● Section 01 개체를 따라 움직이는 자막 : Track Motion

동작 추적(Track Motion)은 주로 영상에서 특정 개체의 움직임을 추적하는 것을 말합니다. 하나의 레이어에서 여러 개체를 추적할 수도 있고, 추적하여 얻은 데이터를 여러 레이어가 쫓아가도록 할 수도 있습니다.

예제 파일 [SC]-[P07]-[Note.mp4]

01 예제의 [SC]-[P07] 폴더에서 [Note.mp4]를 불러들인 후 Timeline 패널의 빈 컴포지션에 레이어로 배치합니다. Horizontal Type Tool **T** 을 클릭하고 화면 위에 "오늘의 할 일"이라고 타이핑합니다. 원하는 서체와 크기를 결정합니다.

예제에서는 무료 폰트인 [고도마음체]를 폰트 크기 [270]으로 사용하였습니다.

나중에 위치를 이동시킬 것이므로 텍스트를 입력하는 첫 위치는 크게 상관 없습니다.

02 흔들리는 노트에 트래킹을 적용해보도록 하겠습니다. [Note.mp4] 레이어를 선택하고 기타 패널 위치에 있는 Tracker 패널을 클릭하여 확장하도록 합니다. [Track Motion] 버튼을 클릭하면 자동으로 [Motion Source] 항목의 팝업 목록에서 소스 레이어로 [Note.mp4]가 선택됩니다.

❗ Tracker 패널이 보이지 않는다면 메뉴바의 [Window]〉[Tracker]를 선택하여 열도록 합니다.

선택한 레이어가 자동으로 소스 레이어로 지정됩니다.

소스 레이어를 제외하고 동일 컴포지션 내에 타겟으로 지정할 레이어가 하나뿐이라면 자동으로 설정됩니다.

동시에 [Note.mp4]의 Layer 패널이 열리면서 화면 중앙에 트랙 포인트(Track Point 1) 하나가 표시됩니다.

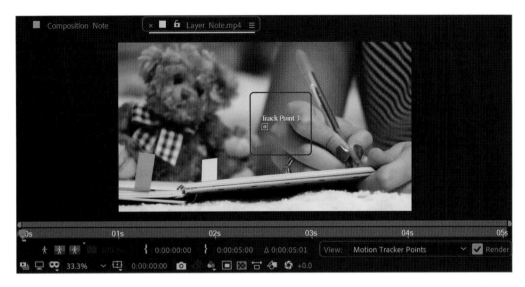

❗ 화면에 트랙 포인트가 보이지 않는다면 Layer 패널 하단의 [View] 팝업메뉴에서 [Motion Tracker Points]를 선택하고 [Render] 항목에 체크를 합니다.

03 [Track Type]은 소스 레이어에서 어떤 속성을 추적할 것인지를 결정하는 항목입니다. 디폴트로 지정된 [Transform]의 속성 중 [Rotation]을 추가로 체크합니다.

기본적으로 트래커는 하나(Tracker 1)만 주어집니다. 동일 레이어에서 제각기 움직이는 여러 개체를 추적하려면 트래커를 추가할 수 있습니다.

디폴트로 [Track Type]이 [Transform]으로 설정되며, 처음에는 속성 중 [Position]에만 체크되어 있습니다.

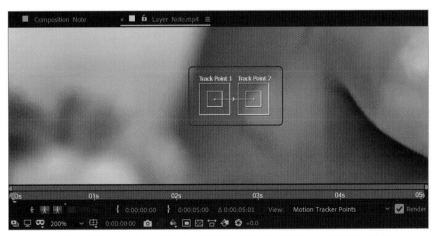

트랙 포인트는 위치만 추적할 때는 하나가, 회전이나 크기 변화를 추적할 때는 두 개가 Layer 패널에 표시됩니다.

트랙 포인트 설정하기

트랙 포인트(Track Point)는 추적을 진행하고 추적 데이터를 저장하는 기능을 합니다.

꼭 첫 프레임에서 지정할 필요는 없으며 마지막 프레임에 지정하여 거꾸로 분석하거나, 중간 프레임에 지정하여 앞뒤로 분석을 진행할 수 있습니다.

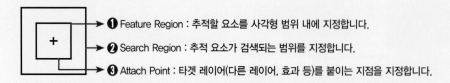

❶ Feature Region : 추적할 요소를 사각형 범위 내에 지정합니다.

❷ Search Region : 추적 요소가 검색되는 범위를 지정합니다.

❸ Attach Point : 타겟 레이어(다른 레이어, 효과 등)를 붙이는 지점을 지정합니다.

❶ Feature Region 지정하기

- 트랙 포인트 위에서 커서가 ▶⊹ 일 때 박스의 내부를 클릭 앤 드래그하면 트랙 포인트 전체가 이동합니다.
- Feature Region과 Search Region 박스의 크기는 각 꼭지점 핸들 위에서 커서가 ▷ 일 때 클릭 앤 드래그하여 조절합니다.
- 색상/명암 차이가 분명하고 조명이나 카메라 위치가 변해도 식별할 수 있는 위치에 지정합니다.
- 가급적 동영상이 플레이 되면서 끝까지 화면에서 사라지지 않는 위치에 지정합니다.
- 가급적 하나의 요소(개체)를 둘러싸되 배경이 가능한 포함되지 않도록 지정합니다.

❶ 처음에는 Attach Point가 Feature Region의 중심에 붙어 있으므로 + 위치를 추적 기준점으로 잡도록 합니다.

❷ Search Region 지정하기

- Search Region은 Feature Region 박스가 추적하면서 움직이는 영역으로 Feature Region은 Search Region 내부를 벗어나지 못합니다.
- 커서가 ▷⌐ 일 때 Search Region의 가장자리(Edge)를 클릭 앤 드래그하여 이동합니다.
- 작게 설정하는 것이 검색 시간을 줄이고 검색도 수월하지만, 영상이 많이 흔들릴 때는 간혹 추적 요소를 검색 영역에서 찾지 못해 빠져버리는 경우가 발생합니다.
- 추적 요소의 움직임이 빠를 경우에는 검색 영역이 커야 추적 위치가 이탈되는 것을 방지합니다.
- 트랙 포인트를 X축만으로 또는 Y축만으로 움직이도록 제한하려면 Search Region의 크기가 Feature Region 박스의 가로 또는 세로 크기와 동일하도록 조절합니다.

❸ Attach Point 지정하기

- 트랙 포인트 중앙의 + 표시 위에서 커서가 ▷⊹ 일 때 클릭 앤 드래그하여 Feature Region이나 Search Region 밖으로 이동시킬 수 있습니다.
- Feature Region의 가장자리에서 커서가 ▷⊹ 일 때 클릭 앤 드래그하면 Attach Point는 고정하고 Search Region과 Feature Region만 움직일 수 있습니다.

❹ Timeline 패널에서 트랙 포인트 속성 보기

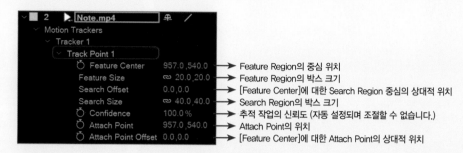

Feature Center 957.0 ,540.0	→ Feature Region의 중심 위치
Feature Size 20.0 ,20.0	→ Feature Region의 박스 크기
Search Offset 0.0 ,0.0	→ [Feature Center]에 대한 Search Region 중심의 상대적 위치
Search Size 40.0 ,40.0	→ Search Region의 박스 크기
Confidence 100.0 %	→ 추적 작업의 신뢰도 (자동 설정되며 조절할 수 없습니다.)
Attach Point 957.0 ,540.0	→ Attach Point의 위치
Attach Point Offset 0.0 ,0.0	→ [Feature Center]에 대한 Attach Point의 상대적 위치

❺ 트랙 포인트 추가하기 : 현재의 트래커에 트랙 포인트를 추가하려면 Track 패널의 패널 메뉴 ☰ 에서 [New Track Point] 명령을 실행합니다.

❻ 트랙 포인트 삭제하기 : Layer 패널의 해당 트랙 포인트 위에서 커서가 ▶⊹ 일 때 클릭하여 선택하거나 Timeline 패널에서 [Track Point #]를 선택한 다음 Delete 키를 누릅니다.

---

04 컴포지션의 시작 시간(0초)에서 마우스휠을 위로 드래그하여 화면을 확대한 후 파란색 포스트잇의 양 귀퉁이에 각각 트랙 포인트를 이동시켜 설정합니다.

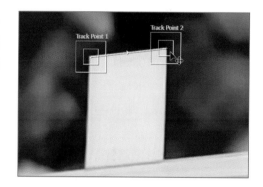

05 Tracker 패널의 [Analyze] 항목에서 Forward ▶버튼을 누르면 0프레임부터 한 프레임씩 자동으로 분석을 시작합니다. 분석이 끝나면 소스 레이어의 모든 프레임에 키프레임이 적용됩니다. Layer 패널에 표시된 추적 데이터 모션 패스를 한 프레임씩 확인하여 각각의 트랙 포인트가 제대로 개체의 움직임을 따라가는지 확인합니다.

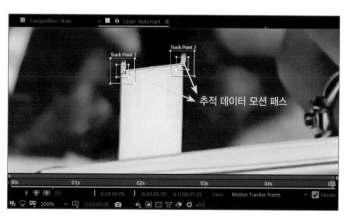

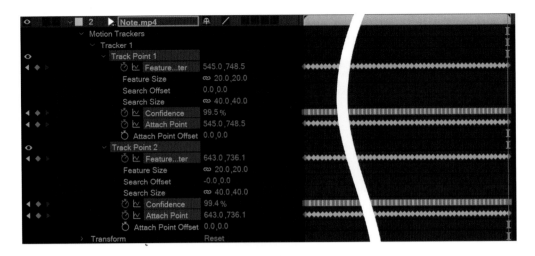

❶ 만일 컴포지션의 마지막 프레임에서 트래커 설정을 한 경우에는, CTI를 마지막 프레임에 놓은 후 Backward ◀ 버튼을 눌러 역방향으로 추적하도록 합니다. 복잡한 움직임을 추적할 때는 1 Frame Forward ▶ 버튼이나 1 Frame Backward ◀ 버튼을 이용하여 한 프레임씩 이동하며 분석하는 것이 좋습니다.

❶ 추적한 데이터가 마음에 들지 않으면 [Reset] 버튼을 눌러 트랙 포인트의 위치와 추적 데이터를 초기화 시킨 후 트랙 포인트의 위치를 처음부터 다시 지정합니다.

06 이제 타겟 레이어(소스 영상을 따라 움직일 레이어)에 추적한 데이터를 적용해보겠습니다. Tracker 패널에서 타겟 레이어는 자동으로 [오늘의 할일] 텍스트 레이어로 지정되어 있습니다. 단축키 [Home] 을 눌러 시작 프레임으로 이동한 후 [Apply] 버튼을 클릭합니다. 〈Motion Tracker Apply Options〉 대화창이 열리면 X–Y축의 움직임이 모두 필요하므로 기본 설정대로 [X and Y]가 선택된 상태에서 [OK] 버튼을 클릭합니다.

❶ 타겟 레이어를 변경하려면 [Apply]를 적용하기 전에 [Edit Target] 버튼을 클릭하여 다른 레이어를 선택합니다.

07 자동으로 Comp 패널이 활성화되면서 [오늘의 할일] 텍스트 레이어의 Transform 속성 중 [Position]의 X–Y 좌표값과 [Rotation] 속성에 추적 데이터가 입혀지며 키프레임이 자동으로 생성됩니다.

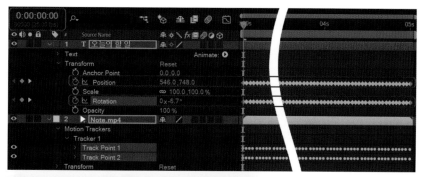

08 [오늘의 할일] 텍스트 레이어의 [Position] 속성 이름을 클릭하여 속성에 적용된 모든 키프레임을 선택합니다. 커서로 Comp 패널의 텍스트 레이어를 클릭하여 위치를 적당하게 이동시키도록 합니다.

❗ 반드시 [Position] 속성의 모든 키프레임이 선택된 상태에서 레이어를 이동해야 추적 데이터가 어긋나지 않습니다.

09 Num 0 키를 눌러 텍스트가 노트의 움직임을 잘 따라가는지 확인합니다. Ctrl + S 를 눌러 프로젝트를 [Note–Master.aep]로 저장합니다.

분석 도중 추적 오류 수정하기

트래킹 작업은 촬영 소스에 따라 자동 추적을 제대로 수행해내지 못할 때가 많습니다. 이런 경우에는 일부 수동으로 전환합니다.

■ 트랙 포인트가 처음부터 추적 요소를 제대로 따라가지 못할 때

1. – 색상/명도/채도가 좀 더 확실한 추적 요소를 Feature Region으로 지정합니다.

  – Feature Region이나 Search Region의 크기가 너무 작아서 추적 요소를 놓칠 수 있으므로 크기를 조절합니다.

  – Tracker 패널의 [Options] 버튼을 눌러 [Tracker #]에 설정된 세팅을 변경합니다.

2. 기준 프레임(트랙 포인트를 설정한 프레임)으로 돌아가서 [Analyze]의 Forward ▶ 버튼(또는 Backward ◀ 버튼)을 다시 클릭합니다.

❶ 새로운 분석이 기존 분석 데이터를 덮어 씌우므로 굳이 기존에 생성된 키프레임을 지울 필요는 없습니다.

■ 트랙 포인트가 분석 도중에 추적 요소를 놓치는 경우

1. 도중에 Stop ■ 버튼 (또는 [Esc]키, 또는 인터페이스의 아무 곳이나 클릭)을 눌러 정지시킵니다.

2. CTI를 어긋나기 시작한 시간대로 이동시킵니다.

3. Attach Point를 제외하고 어긋난 Feature Region/Search Region만 [Alt] + 클릭하여 추적 요소가 있는 정상위치로 옮깁니다. 필요한 경우 Feature Region/Search Region의 박스 크기를 좀 더 크게 조절합니다.

4. 어긋난 시간대부터 [Analyze]에서 Forward ▶ 버튼(또는 Backward ◀ 버튼)을 클릭합니다.

■ 도중에 추적 요소를 가로막는 물체로 인해 추적 요소를 놓치는 경우

1. 추적 요소를 가리는 물체로부터 벗어나는 시간대로 CTI를 이동시킵니다.

2. Feature Region과 Search Region을 추적 요소가 있는 위치로 옮깁니다.

3. 해당 시간대부터 [Analyze]에서 Forward ▶ 버튼(또는 Backward ◀ 버튼)을 클릭합니다.

4. 물체로 가려진 부분에서 어긋난 키프레임들은 Timeline 패널에서 선택하여 [Delete] 키로 삭제합니다.

■ 추적 요소가 화면 밖으로 사라져 추적 요소를 놓치는 경우

추적 요소가 화면 밖에 놓일 위치를 대략 짐작하여 Layer 패널에서 커서로 해당 시간대의 포인트를 직접 클릭하여 이동시킵니다. 경우에 따라 주요 포인트 몇 개만 남기고 중간의 오류 키프레임들은 삭제해도 무방합니다.

  ■ 그 외의 모든 애매한 경우에는 Layer 패널에 표시된 추적 데이터 모션 패스에서 오류가 있는 시간대의 포인트를 커서로 직접 클릭하여 위치를 일일이 수동으로 변경해야 할 수도 있습니다.

❶ 애프터 이펙트에서는 트래킹 작업을 도와주는 써드파티 프로그램인 모카(Mocha)를 메뉴바의 [Effect]〉[Boris FX Mocha]〉[Mocha AE CC]에서 인앱으로 제공하고 있습니다.

● Section 02 카메라를 따라 움직이는 자막 : Track Camera

애프터 이펙트에서는 카메라의 움직임에서 3D 공간의 무빙데이터를 자동으로 추적한 다음 특정 3D 오브젝트가 카메라의 움직임을 따라가도록 합성할 수 있습니다.

❶ 만일 레이어에 마스크나 다른 이펙트가 이미 적용되어 있는 상태라면 레이어를 Pre-compose 한 후 이 Precomp 레이어에 카메라 추적을 적용합니다.

예제 파일 [SC]-[P07]-[Travel.mp4]

01 ▶ 예제의 [SC]-[P07] 폴더에서 [Travel.mp4]를 불러들인 후 Timeline 패널의 빈 컴포지션에 다음과 같이 레이어로 배치합니다.

02 ▶ [Travel.mp4] 레이어가 선택된 상태에서 마우스 오른쪽 버튼을 클릭하고 [Track & Stabilize] 〉 [Track Camera] 명령을 적용합니다. Effect Controls 패널에 [3D Camera Tracker]가 추가되면서 1단계 분석을 시작합니다.

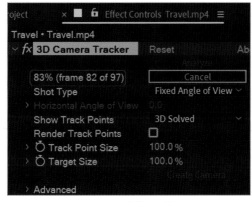

Effect Controls 패널에 분석 진행률(%)을 표시합니다.

영상 분석 단계

카메라 추적 명령 적용하기

소스 레이어가 선택된 상태에서(여러 레이어를 선택하여 동시에 분석 가능)

방법1 마우스 오른쪽 버튼 클릭 후 [Track & Stabilize]〉[Track Camera]

방법2 기타 패널 위치의 Tracker 패널에서 [Track Camera] 버튼 클릭

방법3 메뉴바의 [Animation]〉[Track Camera]

방법4 메뉴바의 [Effect]〉[Perspective]〉[3D Camera Tracker]

방법5 Effects & Presets 패널에서 [Perspective]〉[3D Camera Tracker]를 더블클릭

03 2단계로 카메라 해석이 끝나면 화면에 트랙 포인트들이 표시됩니다.

카메라 해석 단계

트랙 포인트 생성

❶ 화면에 트랙 포인트들이 보이지 않는다면 Effect Controls 패널에서 [3D Camera Tracker] 이펙트 이름을 클릭합니다.

04 화면에 트랙 포인트들이 보이는 상태에서 커서를 화면 위로 가져가면 자동으로 3개의 트랙 포인트를 꼭지점으로 하는 반투명 삼각형과 함께 빨간색 원형 타겟이 표시됩니다. 타겟의 위치와 크기, 기울기를 통해 타겟에 첨부할 3D 오브젝트가 어떤 위치와 크기, 기울기를 가질지 가늠할 수 있습니다. 글씨를 놓기에 적당한 타겟이 표시되면 클릭하여 선택합니다.

❶ CTI를 드래그하여 재생시간 동안 화면에서 사라지는 트랙 포인트가 있는지 확인하고 가급적 재생시간 내내 유지되는 트랙 포인트를 선택하는 것이 좋습니다. 반드시 컴포지션의 시작 프레임에서 타겟을 설정할 필요는 없으며 타겟을 설정하기에 적절한 시간대로 이동한 후 타겟을 고릅니다. 주로 합성의 최종 레이아웃이 결정되는 마지막 프레임에서 타겟을 설정하는 경우가 많습니다.

자막을 바닥에 눕힐 예정이므로 바닥에 있는 타겟 중에서 기울기가 적당한 것을 선택하여 클릭합니다. 컴포지션의 시작 프레임에서 타겟을 선택하였습니다.

PLUS **트랙 포인트를 직접 선택하여 타겟 정하기**

- Ctrl 또는 Shift 를 누르고 트랙 포인트를 클릭하면 여러 개를 선택할 수 있습니다. 3개 이상 선택되면 자동으로 반투명 평면과 함께 원형 타겟이 표시됩니다.

- Selection Tool ▶로 트랙 포인트 주변을 클릭하면 커서가 ▶로 바뀌고 올가미로 둘러싸듯이 드래그하여 여러 트랙 포인트를 선택할 수 있습니다.

Ctrl 또는 Shift 를 누르고 트랙 포인트를 여러 개 클릭

올가미 커서 ▶로 트랙 포인트들을 둘러싸듯이 드래그

- 이미 선택된 타겟이 있는 상태에서도 Ctrl 또는 Shift 나 올가미 커서 ▶를 이용하여 트랙 포인트를 타겟 영역에 추가할 수 있습니다.

- 타겟 영역이 아닌 빈 곳을 클릭하면 모든 선택이 해제됩니다. Ctrl 또는 Shift 로 선택된 트랙 포인트를 클릭하여 일부만 선택을 취소할 수도 있습니다.

- 트랙 포인트가 너무 많아 선택이 어려우면 불필요한 트랙 포인트들을 선택하여 Delete 키로 제거합니다. 화면 속에서 움직이는 개체가 추적 데이터를 산출하는 데 방해가 될 경우에도 이 움직이는 개체에 대한 트랙 포인트들을 선택한 후 삭제하도록 합니다.

05 타겟이 지정되었다면 타겟 위에서 마우스 오른쪽 버튼을 클릭하여 합성할 3D 오브젝트와 카메라를 선택합니다. 이 예제에서는 텍스트를 배치할 것이므로 [Create Text and Camera]를 선택합니다.

06 자동으로 3D 텍스트 레이어와 [3D Tracker Camera] 레이어가 추가로 생성됩니다.

레이어에 3D Layer 🎲 스위치가 켜지면 레이어의 변형축으로 Z축이 추가됩니다.

07 3D 텍스트 레이어를 더블클릭한 후 텍스트를 [TRAVEL]로 변경하여 입력하고 Character 패널에서 서체나 폰트 사이즈를 조절합니다. Timeline 패널에서 단축키 R 을 눌러 텍스트 레이어의 방향 및 회전 속성을 연 후 [Z Rotation] 속성값을 조절하여 보기 좋은 방향으로 회전시킵니다. 위치도 조정하고 싶다면 단축키 Shift + P 를 눌러 [Position] 속성을 추가로 열고 위치를 조절합니다.

❗ 처음 화면에 표시되는 [Text]의 크기는 Character 패널의 폰트 크기와 무관하게 원형 타겟의 크기에 맞춰 생성됩니다. 단, Character 패널의 폰트 크기가 너무 큰 상태에서 3D 텍스트 레이어가 생성되면 폰트를 더 키우는 데 한계가 있으므로 Character 패널의 폰트 크기를 줄인 상태에서 생성하도록 합니다.

각 속성의 조절값은 영상 분석 결과와 개개인이 선택한 타겟에 따라 달라집니다.

본 예제에서는 무료 폰트인 [나눔스퀘어]를 사용하였습니다.

08 Num 0 키를 눌러 텍스트가 카메라를 잘 따라가는지 확인합니다. 텍스트 레이어가 모랫바닥에 좀 더 어우러지도록 Timeline 패널 하단의 Toggle Switches / Modes 를 클릭하여 Modes 컬럼을 연 후 블렌딩 모드를 [Overlay]로 설정합니다. 단축키 T 를 눌러 [Opacity] 속성을 열고 [70%]로 설정합니다. 프로젝트가 완성되었으면 Ctrl + S 를 눌러 [Travel-Master.aep]로 저장합니다.

거리나 카페 등 사람이 많은 곳에서 촬영한 영상을 유튜브에 올릴 때는 초상권을 신경 써야 합니다. 사전에 허락을 받지 않은 타인의 얼굴이 적나라하게 화면에 노출된 영상은 너그러이 넘어갈 수도 있지만 본인의 신고를 통해 삭제 요청을 받을 수도 있기 때문입니다. 그 외 반드시 가려야 할 표식이나, 일부러 화면에 재미를 주기 위해서 모자이크 또는 블러를 활용할 수 있습니다.

예제 파일 [SC]-[P07]-[행인.mp4]

01 예제의 [SC]-[P07] 폴더에서 [행인.mp4]를 불러들인 후 Timeline 패널의 빈 컴포지션에 다음과 같이 레이어로 배치합니다.

❶ 트래킹 작업 시에는 추적이 잘 되도록 소스 레이어의 Quality and Sampling 스위치를 Best ◪ 로 유지합니다.

02 [행인.mp4] 레이어가 선택된 상태에서 [Ctrl]+[D]를 클릭하여 레이어를 복제합니다.

03 앞에 지나가는 사람 때문에 얼굴이 가려지는 부분에서는 모자이크가 필요치 않으므로 얼굴이 사라지는 3초 10프레임과 다시 나타나는 3초 14프레임에서 각각 [Ctrl]+[Shift]+[D]를 눌러 복제 레이어를 분할합니다. 분할 후 행인의 얼굴이 가려지는 부분인 2번 레이어는 선택 후 [Delete] 키를 눌러 제거합니다.

04 행인의 얼굴이 잘 보이는 3초 20프레임으로 이동합니다. 1번 레이어가 선택된 상태에서 Pen Tool

 을 클릭하여 행인의 얼굴을 마스킹합니다.

❗ 얼굴 추적을 할 때는 가급적 얼굴 정면이 보이는 장면에서 마스킹 작업을 하는 것이 좋습니다.

마스크는 실제 얼굴보다 약간 크게 따도록 합니다.

05 1번 레이어가 선택된 상태에서 단축키 M을 눌러 마스크 패스 속성이 열리도록 합니다. [Mask 1] 속성을 선택하고 기타 패널 위치의 Tracker 패널을 클릭하여 확장합니다.

❗ Tracker 패널이 보이지 않는다면 메뉴바의 [Window]〉[Tracker]를 선택하여 열도록 합니다.

06 Tracker 패널에서 [Method] 항목의 팝업 메뉴 중 [Face Tracking (Outline Only)] 또는 [Face Tracking (Detailed Features)]를 선택합니다. 본 예제에서는 [Face Tracking (Outline Only)]를 선택하였습니다.

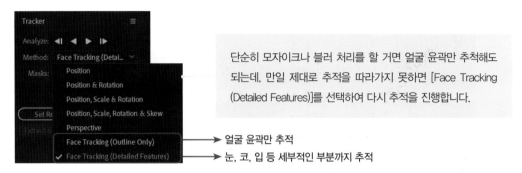

단순히 모자이크나 블러 처리를 할 거면 얼굴 윤곽만 추척해도 되는데, 만일 제대로 추적을 따라가지 못하면 [Face Tracking (Detailed Features)]를 선택하여 다시 추적을 진행합니다.

→ 얼굴 윤곽만 추적

→ 눈, 코, 입 등 세부적인 부분까지 추적

07 Tracker 패널의 [Analyze]에서 Forward ▶ 버튼을 클릭하여 현재 시간(3초 20프레임)에서 뒷부분의 분석을 진행합니다. 분석이 끝나면 다시 마스크를 만들었던 기준 시간(3초 20프레임)으로 돌아와 이번에는 Backward ◀ 버튼을 클릭하여 남은 앞부분의 분석을 진행합니다.

[Face Tracking (Outline Only)]를 선택한 경우 레이어의 [Mask Path] 항목에 키프레임 데이터가 생성됩니다.

08 이번에는 2번 레이어를 선택하고 행인의 얼굴이 모두 드러나는 3초 6프레임에서 마찬가지로 얼굴에 마스크를 생성합니다.

09 2번 레이어의 [Mask1] 속성이 선택된 상태로 Tracker 패널의 [Analyze]에서 Forward ▶ 버튼을 클릭하여 현재 시간(3초 6프레임)에서 뒷부분의 분석을 진행합니다. 분석이 끝나면 다시 마스크를 만들었던 기준 시간(3초 6프레임)으로 돌아와 이번에는 Backward ◀ 버튼을 클릭하여 남은 앞부분의 분석을 진행합니다.

10 CTI를 스크러빙하여 두 레이어의 마스크가 각각 얼굴을 잘 쫓아가는지 확인되면 이제 모자이크를 적용해보겠습니다. 1번과 2번 레이어가 동시에 선택된 상태에서 메뉴바의 [Effect]〉[Stylize]〉[Mosaic] 이펙트를 적용합니다. Effect Controls 패널에서 다음과 같이 세팅을 변경하여 모자이크의 크기를 지정합니다.

Horizontal Blocks	80
Vertical Blocks	45

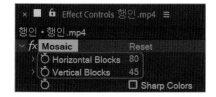

11 [Num 0] 키를 눌러 프리뷰 한 후 [Ctrl]+[S]를 눌러 [행인-Master.aep]로 프로젝트를 저장합니다.

❶ 모자이크 대신 블러로 뿌옇게 처리하고 싶다면 마스크를 적용한 레이어를 선택한 후 메뉴바의 [Effect]〉[Blur & Sharpen]에서 [Fast Box Blur]나 [Gaussian Blur]를 적용합니다.

애프터 이펙트로 유튜브 동영상 끝내기

1판 1쇄 인쇄 2019년 11월 15일
1판 1쇄 발행 2019년 11월 20일

—

지 은 이 현수진
발 행 인 이미옥
발 행 처 디지털북스
정　　가 23,000원
등 록 일 1999년 9월 3일
등록번호 220-90-18139
주　　소 (03979) 서울 마포구 성미산로 23길 72 (연남동)
전화번호 (02)447-3157~8
팩스번호 (02)447-3159

—

ISBN 978-89-6088-279-9 (13000)
D-19-22

DIGITAL BOOKS
디지털북스